城市轨道交通职业教育系列教材——城市轨道交通运营管理
CHENGSHI GUIDAO JIAOTONG ZHIYE JIAOYU XILIE JIAOCAI
CHENGSHI GUIDAO JIAOTONG YUNYING GUANLI

城市轨道交通客运组织（含实训指导）

主　编　丛　丛　李俊辉
副主编　宋以华　张凌亮　刘智勇
　　　　高　扬　张　宝　徐秋梅

西南交通大学出版社
·成都·

图书在版编目（CIP）数据

城市轨道交通客运组织：含实训指导 / 丛丛，李俊辉主编. —成都：西南交通大学出版社，2017.9（2019.2重印）

城市轨道交通职业教育系列教材. 城市轨道交通运营管理

ISBN 978-7-5643-5692-7

Ⅰ.①城… Ⅱ.①丛…②李… Ⅲ.①城市铁路－轨道交通－客运服务－客运组织－职业教育－教材 Ⅳ.①U239.5

中国版本图书馆 CIP 数据核字（2017）第 212867 号

城市轨道交通职业教育系列教材——城市轨道交通运营管理

城市轨道交通客运组织
（含实训指导）

主编　丛　丛　李俊辉

责任编辑	王　旻
助理编辑	宋浩田
封面设计	何东琳设计工作室

出版发行	西南交通大学出版社 （四川省成都市二环路北一段 111 号 西南交通大学创新大厦 21 楼）
邮政编码	610031
发行部电话	028-87600564
官网	http://www.xnjdcbs.com
印刷	成都中永印务有限责任公司

成品尺寸	185 mm×260 mm
印张	14.25
字数	353 千
版次	2017 年 9 月第 1 版
印次	2019 年 2 月第 2 次
定价	36.00 元
书号	ISBN 978-7-5643-5692-7

课件咨询电话：028-87600533
图书如有印装质量问题　本社负责退换
版权所有　盗版必究　举报电话：028-87600562

前 言

近年来，随着城市轨道交通的快速发展，全国各城市轨道交通企业急需一大批具备城市轨道交通运营专业知识的一线技能型人才。目前，虽然很多职业院校开设了城市轨道交通相关专业，但缺乏系统、与专业岗位职业能力要求适应的学习教材，而各地铁公司内部的培训教材又没有考虑学生在知识接受方面的特点，过于制度化的教材不适合在校学生的学习，为此西南交通大学出版社组织一些职业院校长期从事城市轨道交通运营管理专业的老师编写了城市轨道交通运营管理系列教材，以满足当前城市轨道交通人才培养的需求。

城市轨道交通客运组织工作是城市轨道交通运营的核心内容之一，车站现场主要工作岗位站务系列需要掌握城市轨道交通客运组织相关知识。因此《城市轨道交通客运组织》是城市轨道交通运营管理专业的一门专业核心课程。随着高等职业教育的迅速发展，为了更好地落实教育部《面向21世纪教育振兴行动计划》中提出的"职业教育课程改革和教材规划"的要求，满足地铁、轻轨、城际轨道等现场生产单位对中、高职人才知识和技能的新需要，本课程通过对城市轨道交通运营管理的新近发展情况以及人才需求进行了调查研究，基于站务员、客运值班员、站长等岗位的职业能力分析的基础上提炼构成。

本课程适应于城市轨道交通运营管理专业面向的站务员、客运值班员等站务系列岗位能力结构，主要包含车站设备操作、客流组织、应急组织、车站运作组织能力。该课程所包含的四种能力是轨道交通运营管理专业的学生从事未来职业岗位及发展未来职业岗位所必须具备的能力。

参与本书编写工作的有：广东交通职业技术学院丛丛编写第一章、第二章、第四章、第六章；广东交通职业技术学院李俊辉编写第五章、第七章、第九章；广东省交通职业技术学院宋以华、丛丛编写第三章；广东交通职业技术学院丛丛、彭湘涛编写第八章。全书实训设计汇编由丛丛、李俊辉、宋以华共同编写。全书由丛丛、李俊辉担任主编，宋以华等担任副主编。

本书在编写中得到了广州地铁、深圳地铁等公司的大力支持，本书在编写过程中参考引用了许多专家、学者发表、出版的关于城市轨道交通客运组织的文献，吸收了广州地铁、深圳地铁等城市轨道交通企业的培训教材、客运规章制度，在此表示衷心的感谢。

由于编者水平有限，不足之处，敬请读者批评指正。

编 者

2017 年 08 月

目 录

第一章　城市轨道交通客运系统概述 ································· 1
　　第一节　城市客运交通系统 ·· 1
　　第二节　城市轨道交通系统 ·· 4
　　第三节　城市轨道交通客运组织概述 ······························ 12
　　实训项目：城市客运交通模式选择 ································ 14

第二章　城市轨道交通车站 ·· 16
　　第一节　城市轨道交通车站站点设置 ······························ 16
　　第二节　城市轨道交通车站分类 ·································· 19
　　第三节　城市轨道交通车站的功能组成及布局 ······················ 24
　　第四节　城市轨道交通车站换乘 ·································· 28
　　实训项目：城市轨道交通车站实训 ································ 40

第三章　城市轨道交通客运设备设施 ································ 42
　　第一节　电梯系统 ·· 42
　　第二节　屏蔽门系统 ·· 56
　　第三节　火灾自动报警系统 ······································ 70
　　第四节　环控系统 ·· 79
　　第五节　乘客信息系统 ·· 82
　　第六节　地铁专用电话系统 ······································ 86
　　实训项目一：城市轨道交通电梯设备操作实训 ······················ 87
　　实训项目二：城市轨道交通车站屏蔽门操作实训 ···················· 88
　　实训项目三：城市轨道交通FAS系统操作实训 ······················ 88

第四章　城市轨道交通自动售检票系统 ······························ 90
　　第一节　自动售检票系统概述 ···································· 90
　　第二节　AFC终端设备 ·· 92

实训项目：城市轨道交通 AFC 系统操作实训 ································· 101

第五章　城市轨道交通客流 ································· 104
第一节　客流特征分析 ································· 104
第二节　客流流线分析 ································· 114
第三节　客流调查 ································· 121
第四节　城市轨道交通客流预测 ································· 128
实训项目一：城市轨道交通客流特征分析 ································· 136
实训项目二：城市轨道交通客流特客流流线分析 ································· 138
实训项目三：某地铁站客流调查实训 ································· 140
实训项目四：城市轨道交通客流预测实训 ································· 141

第六章　城市轨道交通客流组织 ································· 143
第一节　城市轨道交通客运组织概述 ································· 143
第二节　城市轨道交通大客流组织 ································· 145
第三节　城市轨道交通车站客流控制 ································· 154
第四节　城市轨道交通车站突发事件应急组织 ································· 156
实训项目 ································· 160

第七章　城市轨道交通应急处理 ································· 161
第一节　车站公共区域火灾事件的应急处理 ································· 161
第二节　车站水灾（水淹）应急处理程序 ································· 165
第三节　车站大面积停电应急处理程序 ································· 167
第四节　车站、列车发生严重治安事件应急处理程序 ································· 169
第五节　车站或列车恐怖袭击类事件应急处理 ································· 173
第六节　车站其他类事件应急处理 ································· 178
实训项目一：车站公共区域火灾事件的应急处理实训 ································· 183
实训项目二：车站水灾（水淹）应急处理实训 ································· 184
实训项目三：车站大面积停电应急处理实训 ································· 185

第八章　车站各岗位职责及工作标准 ································· 187
第一节　车站管理架构 ································· 187
第二节　各岗位的职责 ································· 187
第三节　各岗位的工作流程 ································· 192

第四节　车站日常管理 ·· 196
　　实训项目：车站岗位职责模拟演练实训 ······································ 200

第九章　城市轨道交通运营危机处理 ·· 201
　　第一节　城市轨道交通运营危机处理概述 ···································· 201
　　第二节　城市轨道交通运营危机处理方法 ···································· 205
　　第三节　典型案例分析 ·· 208
　　实训项目一：城市轨道交通危机处理案例分析 ···························· 217
　　实训项目二：新媒体在城市轨道交通危机处理的应用分析 ·········· 218

参考文献 ·· 219

第一章 城市轨道交通客运系统概述

【本章导读】

主要内容：城市客运交通系统的构成；城市客运交通结构的主要影响因素；城市客运交通结构模式的选择；城市轨道交通系统的构成及特点；国内外城市轨道交通系统的发展。

教学目标：能够认识城市客运交通系统的组成及特点，能进行城市客运交通系统模式选择，能描述城市轨道交通系统的构成及各种模式的特点，了解国内外城市轨道交通系统的发展。

建议教学方法：采取理论教学，教师课堂讲授和学生课外阅读，并与作业的完成相结合。

第一节 城市客运交通系统

城市轨道交通客运系统是城市客运交通系统的重要组成部分，城市客运交通系统是由多种交通方式构成的，并且不同的交通方式在不同的国家和城市有其限制性和优势，这是由于各个国家和城市的政策、经济发展水平、城市用地规模、交通基础设施、自然条件等存在很大差异。

一、城市客运交通系统结构的构成

城市客运交通系统结构指城市中某一时期各种交通方式在完成城市客运量中各自的份额比重。这种方式构成反映了城市交通需求的特点和不同层次、不同性质对出行的交通服务水平的需求，也在一定程度上反映了国民经济的发展水平。城市居民是城市活动的主体，城市交通的主要功能也就是实现人和物在空间上的移动，而这种空间上的位移必须依靠交通来实现。城市客运交通系统凭借四通八达的运输网络和不同功能、形式的交通工具，把居住区和工作区、市区和郊区联系起来，为发展生产、方便生活、沟通城乡、繁荣经济文化服务，客运交通系统是整个城市正常运转中不可缺少的重要组成部分。城市轨道交通系统框架如图1-1所示。

二、城市客运交通结构的主要影响因素

城市客运交通结构受交通政策，经济发展，城市规模，城市用地规模、布局，交通基础设施，城市自然条件，城市环境容量等因素的影响。

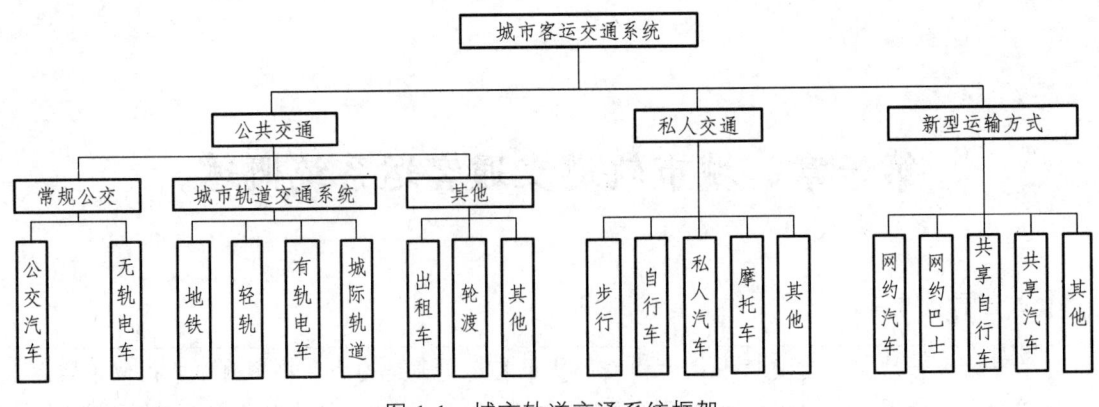

图 1-1 城市轨道交通系统框架

1. 交通政策对城市客运交通结构的影响

通过制订交通政策，对城市客运交通的发展方向、交通结构和控制指标，制订指令性条文或某些规定。

地方政府的政策也对交通结构有很大影响，如地方政府对地铁、快速公交和普通公交等公共交通的鼓励和对私人小汽车的限制。

2. 经济投资对城市客运交通结构的影响

政府或业务部门对某种交通方式的工程建设提供了优惠的投资政策与贷款条件，以鼓励该项目的建设，也可以在贷款或投资方面进行限制，以延缓或限制某种交通方式的发展。如新加坡实行交纳新车购置注册费，有效地控制了私人汽车的增长，从而保证了公交的优先发展。

3. 城市用地规模，布局对城市客运结构的影响

随着城市用地规模扩展，居民平均出行距离增大，必然造成步行比重的减少和乘坐公交比重的增长，这也是现在许多大城市公交规模扩大的原因之一。如 2010 年城市实际居住人口规模 394 万人，城市建设用地规模 365 km²；到 2020 年城市实际居住人口规模 460 万人，城市建设用地规模 458 km²。

用地形态概括起来有单中心团状如北京，天津，广州，西安，郑州，南京；多中心组团式如武汉；多中心带状如重庆；带状轴向式如大连，兰州；星形等多种类型。我国城市多为单中心团状密集布局类型，此类城市中心区的交通量一般占全市总交通量 30%~35%，而多中心或带状式城市中心区的交通总量的比重则相对较低。单中心团状大城市的中心区多为公交线网密集，因人流、车流多而成为交通最复杂，最繁忙的地带。

城市用地功能的划分，对出行量的大小，出行距离长短和空间分布有明显影响。购物中心和就业岗位集中区与居民居住区相距的远近，影响了出行的平均距离，也影响了交通结构。因为工作出行和学生上学要占城市总出行的 80%左右，特别是对早高峰客流的影响巨大，如能在城市功能布局与规划上减少上班、上学的距离，使其出行的分布不要集中到某几条线路上，就可大大减小道路交通的压力，减少公交的负荷，也必将有利于交通结构的合理优化。

4. 交通基础设施对城市客运交通结构的影响

交通基础设施包括道路网络，路网密度，公共交通设施等。交通设施对客运交通结构的影响，主要有两个方面：一方面是城市的基础设施薄弱，道路面积率，人均道路长度，人均拥有公共汽车数量严重不足，使公共汽车线路的网络密度低，覆盖率低，有不少地区或街坊无公共汽车通过。公交站点距出行者出发地点距离较长，公交的服务水平有所下降，使一些人不愿意乘坐公交车以至影响了公交车系统的发展。另一方面是许多古老的大中城市由于城市布局的限制，使得支路较多，汽车难以通行，而想要改变客运交通中自行车过多的问题，就必须大力加强交通基础设施建设，特别是主次干道的修建，为公共汽车或其他大容量运输方式的发展创造一个良好的条件。

5. 城市自然条件对城市客运交通结构的影响

自然条件对城市客运交通结构的影响包括地形，地势，地理起伏，地理环境与气候条件对城市客运交通结构的影响。

6. 城市环境容量对城市客运交通结构的影响

对于城市客运交通而言，其制造的污染占了整个城市交通污染源的绝大部分，因此，对客运交通结构的安排必须考虑到城市环境容量问题，只有在环境容量限制内组织的城市客运交通才是可靠的。城市交通所引发的环境问题主要是大气污染和噪声污染。城市环境可以看做是一个立体的容器，其容量是有限的，当人类生产、生活制造的污染超过了环境的自净能力，就会产生环境报警。

三、我国城市客运交通结构模式的选择

在城市客运交通方式结构中，必然有一种或几种交通方式起主导作用，而另外几种作为辅助方式，配合主导方式共同满足客运需求，这样就会形成不同的城市客运交通方式结构模式。

（一）国际上的交通方式结构

城市客运交通方式结构模式因城市的不同而千差万别，国内有专家将国际上的交通方式结构概括成六种典型模式。

（1）以美国和一些经济发达的西欧国家为代表的，以经济发达又地广人稀为特点的城市所采用的"小汽车交通为主体，公共交通辅助"的模式。然而我国城市随着小汽车出行数量的增多，道路负荷也逐渐增加，土地资源被占用的也越来越多，不利于城市的可持续发展。所以该模式不适合现阶段我国的城市去采用。

（2）以英国伦敦、日本东京为代表的，以经济发展水平高、人口密度大、城市布局紧凑为特点的城市所采用的"轨道交通为主体，常规公交和小汽车交通为辅"的模式。这种交通方式结构是对城市发展最有利的模式，但这必然要求承载这些客运量的轨道交通发展具有一定的规模，如东京的轨道交通系统承担了全部客运量的80%。这一方面与其自身的特点，即市区人数多、人口密度大及集约型土地利用模式相关，另一方面也与其高额的交通投资是分不开的，但其作用亦很明显，很大程度上缓解了其地面交通的压力。这种模式是我国拥有轨道交通的大城市的发展目标。

（3）人口密度高、又采取大力发展常规公交、限制私人机动车交通政策的城市所采用的"常规公交为主体，轨道交通作为长距离运输骨架"的模式。此模式适合刚刚开始建设地铁且经济实力较高的城市。

（4）人口密度较高、城市规模大、人们生活水平不高的城市所采用的"自行车、摩托车和常规公交并重"的模式。适合我国的大部分还没有建设地铁的城市。

（5）采取全方位优先发展大规模、多层次公交网络措施的城市所采用的"快速公交网络为绝对主导，其他方式适当补充"的模式。

（6）采取步行交通和轨道交通并重发展策略的城市所采用的"轨道交通+步行交通"的模式。这就要求一方面城市需要建设地铁，另一方面地铁设置的站点密度高、且在居民步行半径范围内。

（二）我国的交通方式结构

结合我国城市发展情况，本书提出几种符合我国城市发展的客运交通方式结构模式。

（1）模式一："轨道交通+常规公交、步行和自行车"，以轻轨、地铁或两者兼有的轨道交通作为主要出行方式，以地面公交为辅，以步行和自行车作为短距离出行主体、同时作为换乘轨道交通前的交通方式，合理引导私人小汽车的使用，严格限制摩托车的使用。

（2）模式二："常规公交+轨道交通、步行和自行车"，以常规公交为主要出行方式，轨道交通作为中长距离出行的辅助，以步行和自行车作为短距离出行主体、同时作为乘坐轨道交通前的交通方式，控制私人小汽车的使用，严格限制摩托车的使用。

（3）模式三："常规公交+自行车和步行"，在没有轨道交通系统的情况下，以常规公交为主体，以步行和自行车作为短距离出行的主体，控制私人小汽车的使用，限制摩托车交通。

（4）模式四："常规公交+快速公交、步行和自行车"，以常规公交为主体，以快速公交作为其补充方式，以步行和自行车为短距离出行主体，控制私人小汽车及摩托车的使用。

（5）模式五："步行、自行车+常规公交"以步行、自行车为主体，公交为中长距离客运交通的补充方式。

（6）模式六："快速公交、常规公交+自行车、步行"以快速公交为骨干、常规公交为主体，以步行和自行车为短距离出行主体，合理引导私人小汽车的使用，限制摩托车的使用。

第二节　城市轨道交通系统

一、城市轨道交通系统概况

拓展阅读：公共交通方式单向客运能力

城市轨道交通系统是指服务于城市旅客运输，通常以电力为动力，轮轨运行方式为特征的车辆或列车与轨道等各种相关设施的总和。或者说，一般将在城市中使用的，在固定导轨上运行并主要用于城市客运的交通系统称为城市轨道交通。

根据基本技术特征的不同，城市轨道交通可分为：地下铁道、轻轨交通、单轨铁路和有轨电车、市郊铁路、磁悬浮铁路等类型。

1. 地下铁道

地铁是沿着地面铁路系统的形式逐步发展形成的一种用电力牵引的快速、大运量城市轨道交通模式，其线路通常敷设在地下隧道内，有的在城市中心以外，采用从地下转到地面或高架桥上的敷设方式。

2. 轻轨铁路

轻轨铁路的含义是指就车辆对轨道施加的荷载而言，轻轨车辆与地下铁道车辆比较相对较轻。早期的轻轨系统一般是直接对旧式有轨电车系统进行改建而成的。20世纪年代后期，一些国家才开始修建全新的现代轻轨系统。现代轻轨系统与旧式有轨电车系统相比，具有自动控制、乘坐舒适、动力大、速度快、噪声低等优点。对世界各国轻轨系统进行分类研究表明，轻轨也存在多种技术标准并存发展的情况。高技术标准的轻轨接近于轻型地铁，而低技术标准的轻轨则接近于有轨电车。

视频：单轨列车传奇

3. 单轨交通

单轨交通是一种采用橡胶车轮的车辆跨座或悬挂在高架的轨道梁上运行的交通方式，从构造形式上可分为跨骑式单轨与悬挂式单轨两种，跨骑式单轨是列车跨坐在轨道梁上运行的形式，而悬挂式单轨是列车悬挂在轨道梁下方运行的形式。

4. 有轨电车

有轨电车通常采用地面线，有时也有隔离的专用路基和轨道。隧道或高架区间仅在城市中心交通拥挤的地带采用。

5. 城际轨道（市郊铁路）

城际轨道（市郊铁路）是运行于市区、市郊以及卫星城之间，以地面专用线路为主，为城区及市郊地区或卫星城之间提供铁路客运服务，满足通勤、城市及郊区之间居民往来需要的大运量快速轨道交通系统。

6. 磁悬浮铁路

磁悬浮铁路是根据电磁学原理，利用电磁铁产生的电磁力将列车浮起，并推动列车前进的高速交通工具。由于它运行时悬浮于轨道上，因而没有轮轨的摩擦，突破了轮轨黏着极限速度的限制，成为人们理想的现代化高速交通工具。目前有多种制式，其主要技术特征的差别在于：导体材料、工作温度、直线电机类型、悬浮方式、驱动方式等。

视频：科技之光 磁悬浮列车

交通是城市的动力系统，是城市发展的生命线。"城市发展，交通先行"，交通运输是人类进行生产和生活的必要手段，是物质与文化流通的基本条件。在运输领域里，包含了多种运输方式，每一种运输方式均有自身的技术特色，以及最适用的范围，如图1-2所示。运输市场中多种运输形式共同存在，并不断向着更加理想的形势发展。

城市轨道交通所服务的城市交通是指城市内部的交通，特别指城市中心区域内的交通。城市交通一般分为公共交通和私人交通两种，其中公共交通主要包括传统公交（公共汽车和电车）和城市轨道交通（包括地铁和轻轨），私人交通多指乘坐私人轿车出行。随着城市发展进程的逐步推进，城市人口迅速增加，城市与郊区之间的经济联络日益密切，导致城市出行人口数量逐年上升及出行密度逐年上升。高密度人群加剧了出行在城市中心的积聚效应，使城市内交通承受了沉重压力。沉重的交通压力必然会导致城市道路出现交通拥堵。交通拥堵不仅带来了出行者的时间损失，还会造成能源浪费、环境污染、交通事故等直接或间接的经济损失，使城市运行付出极大的代价，严重影响城市化进程。

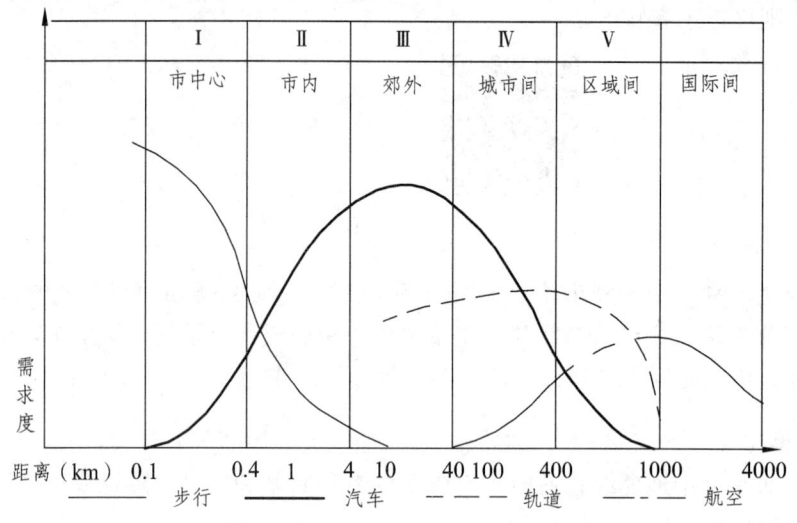

图 1-2　各种运输系统形式运输距离与需求关系图

国外大城市解决交通拥堵的经验告诉我们，城市轨道交通的发展可以大大缓解城市发展过程中交通供需失衡的现象。例如东京、首尔等城市，城市轨道交通在公共交通系统中承担的出行量高达 60%。由于城市轨道交通具备运行平稳、占用地面土地少，以及对城市生活干扰小等特点，发展城市轨道交通已经成为当前乃至今后城市交通发展的主要方向。

二、城市轨道交通系统特点

城市轨道交通系统按照用途可分为城市铁路、市郊铁路、地下铁道、轻轨交通、城市有轨电车、独轨交通、磁悬浮线路、机场联络铁路、新交通系统等。与其他现代交通运输方式相比，城市轨道交通具有大运力、更安全、全天候、低能耗与乘坐舒适等一系列技术经济优势。

1. 大运力

城市轨道交通的运输能力远远高于其他城市公共交通工具。地铁的运输量最大，单向每小时可以运送 4 万至 6 万人次，轻轨可以运送 2 万至 3 万人次，有轨电车的运输量最小，每小时有1万人次。而公共电汽车为2 000至5 000人，小轿车为1 000至2 000人。

2. 更安全

城市轨道交通零伤亡事故是其他任何现代交通运输方式难以达到的。城市轨道交通采用了先进的列车运行控制系统，几乎与行车有关的固定设施与移动设备都有信息化程度很高的诊断与监测设备，针对一些有可能危及行车安全的自然灾害设有预报预警装置。相比于其他城市公共交通工具而言，城市轨道交通的安全系数最高。

3. 全天候

城市轨道交通运行极其稳定，除可能危及行车安全的自然灾害外，几乎不受天气和气候条件的影响，正点率非常高，且24 h内都可正常运行。日本东海道新干线列车平均晚点不到0.3 min，几乎与钟表一样准。这一点，其他任何一种现代交通运输方式都无法做到。

4. 低能耗

从单位能耗来看，若将城市轨道交通每人每千米消耗的能量作为基准则1，则公共汽车为1.5，小汽车为8.8。日本每人千米消耗能源的实际统计是：城市铁路为136 Cal，小汽车为765 Cal，飞机为714 Cal。城市轨道交通单位能耗大约是小汽车和飞机的1/5。此外，由于城市轨道交通使用的是二次能源，在一次能源相对缺乏的情况下，在能源消耗方面城市轨道交通的优势将会更加突出。

5. 乘坐舒适

城市轨道交通线路平顺，由于采用先进的缓震设备，除非出现极端天气，一般全程都是平稳运输。车厢布置舒适，宽敞的座位、先进的设施、齐全的设备使得乘坐全程都是一种享受。这些是公共汽车无法与之相比的。

三、国外城市轨道交通系统发展

1. 东京圈城市轨道交通系统

东京是日本的首都，是世界级的大城市，是日本政治、经济和文化的中心，其交通服务始终与城市发展紧密相连，逐步走向国际化。以东京为核心，包括附近的千叶、琦玉、神奈川3县，构成日本最大的城市圈——"东京圈"。目前，"东京圈"发展到半径达70 km的范围，支持"东京圈"居民通勤和商贸往来的轨道交通网络建设采用了放射线与环线结合的方式，如图1-3所示。

东京轨道交通网络最显著的特色之一就是针对每一个区域分别建立不同的模式。为了缩短通勤时间，郊区的私营轨道线路直接与中心区的地铁线路贯通运营，而且轨道系统形成了多层次结构（表1-1）。长距离出行可以利用更快的轨道线路或快速列车，比如，50~100 km的出行距离可以选择新干线（高速客车），30~50 km选择快速列车，距离再短时可选用地铁和独轨交通。

日本东京都地铁共12条线，平均每条线长24.3 km，共设站274个，平均站距为1.1 km，地铁主要修在城市干道下面，集中分布在以东京火车站为中心的5 km半径范围内。

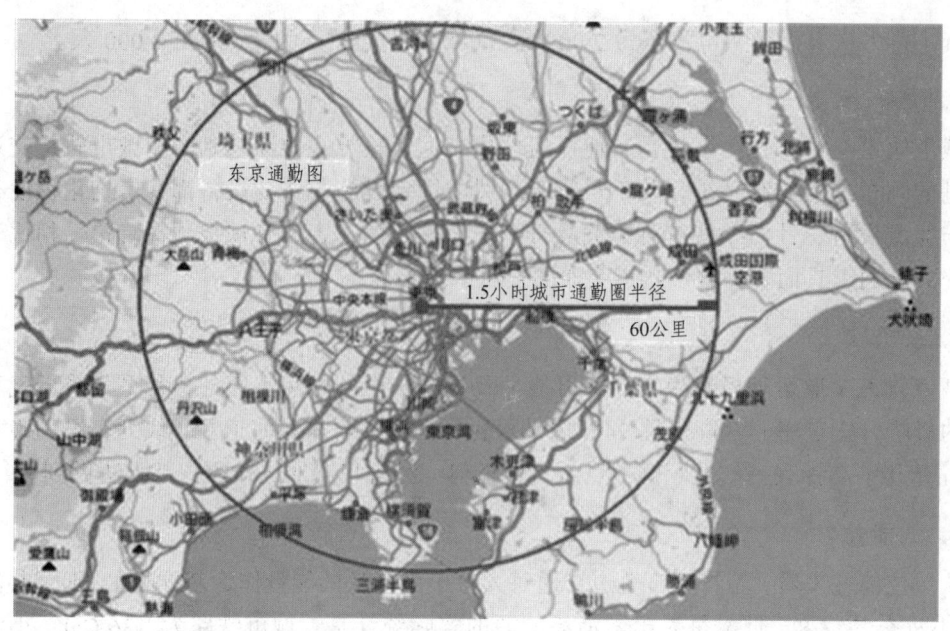

图 1-3　东京轨道干线网与城市轨道交通网络示意图

东京首都圈的公共交通每天可运送 4 315 万人次，地铁、城际列车、私营铁路运送人数为 3 658 万人次，达到公共交通总数的 84.8%。东京地铁系统每天向 815 万乘客提供服务，占轨道交通方式的 22.3%，城际轨道线路日运送乘客达 1 456 万人次，占轨道交通方式的 39.8%。

表 1-1　东京城市轨道系统结构

轨道类型	站间距	运营速度
新干线	30～50 km	120～130 km/h
城际列车（JR） 快速列车（私营）5～6 km	5～6 km	50～60 km/h
普通列车	1～2 km	40～45 km/h
地铁	0.5～1 km	20～35 km/h
单轨铁路 自动导轨电车	0.5～1 km	20～30 km/h

2. 巴黎城市轨道交通系统

法国巴黎大区位于北部法兰西岛，是法国的一个行政区域（法国共有个 22 大区），面积 12 012 km^2，人口约 1 169 万（2008 年数据）。在全球大都市中，巴黎大区是仅次于纽约和东京的第三大经济区，面积为全国的 2.2%，人口却占全国的 19%，是法国的政治、经济、文化中心。

巴黎大区之所以如此发达，占有如此重要的地位，与其先进、完善的交通系统是密切相关的，而公共交通中的轨道交通又起到了关键作用。巴黎大区轨道交通系统主要有地铁、轻轨、市域快速轨道交通和市郊铁路等不同形式，主要由 16 条地铁线，5 条市区快线，8 条市郊铁路线，3 条有轨电车，1 条铁路有轨电车组成。其中，地铁和轻轨主要服务于主城区内的旅客运输；市域快速轨道交通和市郊铁路有线路里程长、站间距大、列车运行速度快等特点，主要承担巴黎市中心—市郊、市郊—市郊之间的旅客运输。

巴黎是世界上最早建设城市轨道的城市之一，发展至今已经拥有纵横交错的 16 条线路，线路总长 214 km，形成了四通八达的地下交通网络。巴黎地铁线路全部由巴黎运输公司负责运营，其线路布局情况详见图 1-4。巴黎地铁每天的客流量超过 600 万人次，年客流量达 12 亿人次。

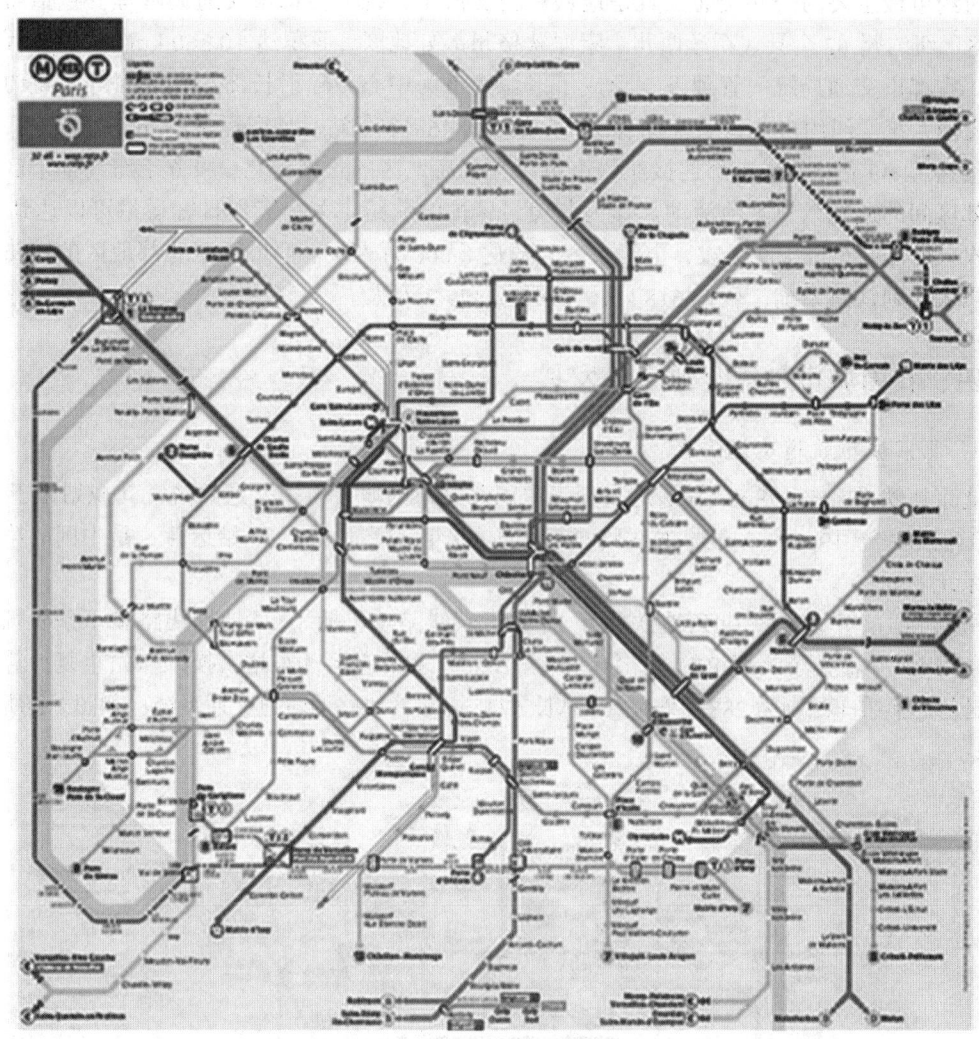

图 1-4　巴黎城市轨道交通路网

3. 伦敦城市轨道交通系统

英国首都伦敦是国际金融中心城市，其轨道交通系统发展最早，是世界上第一条地铁的诞生地，并已形成了世界规模最大的地铁系统。

伦敦的行政区划分为伦敦城和 32 个市区，伦敦城外围的 12 个市区称为内伦敦，其他 20 个市区称为外伦敦。伦敦城、内伦敦和外伦敦构成大伦敦市，面积为 1 580 km²，其中伦敦城 2.6 km²，内伦敦区 294 km²，外伦敦区 1 259 km²。如果从更大范围计算，伦敦大都市圈包括大伦敦地区和东南英格兰地区的主要城市，面积达 27 000 km²。

伦敦轨道交通线路呈放射状布置，地铁共有 12 条线，总长 415 km。市郊铁路长 3 003 km，日客流量达 300 万人次，2007 年总客流量达 10 亿人次，占伦敦公交总运送人数的 48%。伦敦地铁建设因地制宜,在郊区地段,地铁上地面;在城区某些繁华地段,就变成了高架;地铁和轻轨线与开往英国各地的个火车站和汽车长途站连接和换乘。

4. 纽约城市轨道交通系统

纽约市最主要的公共交通工具是地铁和公交汽车,统一由都市交通局管理。包括纽约市五个区、纽约州 62 个县、新泽西州、康涅狄格州部分地区,面积达 10 360 km^2,1 200 万居住人口。在都市交通局统一管理下,形成了以纽约市为中心,辐射长岛、新泽西等大纽约都市轨道交通系统。纽约市地铁系统拥有 26 条线路和 468 个车站,日客运量约 400 万人次,全年客运量达 14.49 亿人次。东部连接纽约市市区与长岛地区的长岛铁路,服务于纽约都市区内城区与郊区间的通勤以及其他活动。作为北美最繁忙的铁路,每个工作日客运量可以达到 28.2 万人次,每日列车班次 728 次,全年旅客人数达 8 000 万人次。都市区至北部地区的铁路是美国第二大通勤铁路系统,全长 618 km,共服务 479.7 万人。

四、我国城市轨道交通系统发展

1. 北京城市轨道交通系统

北京地铁(Beijing Subway)是服务于中国北京市的城市轨道交通系统。其规划始于 1953 年,工程始建于 1965 年,最早的线路竣工于 1969 年,于 1971 年开始运营,是中国的第一个地铁系统。

截至 2016 年 12 月,北京地铁共有 19 条运营线路(包括 18 条地铁线路和 1 条机场快速轨道),组成并覆盖了北京市的 11 个市辖区,拥有 345 座运营车站(换乘车站重复计算,不重复计算的换乘车站则为 288 座车站)、总长 574 km 运营线路的轨道交通系统,如图 1-5 所示。

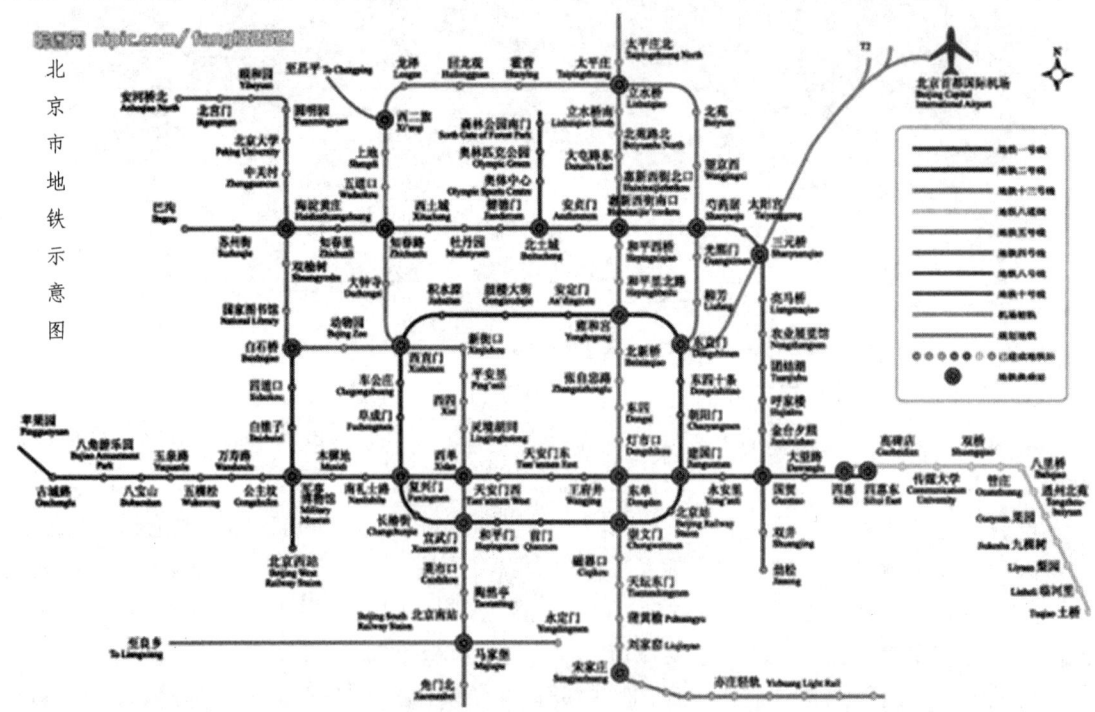

图 1-5 北京地铁线路图

北京地铁工作日的日均客运量在1 000万人次左右,2016年4月29日,北京地铁创下单日客运量最高值,达到1 269.43万人次。

2. 上海城市轨道交通系统

上海轨道交通,又称上海地铁,其第一条线路——上海轨道交通1号线于1993年5月28日正式运营,是继北京地铁、天津地铁建成通车后的中国投入运营的第三个城市轨道交通系统。截至2016年12月,上海轨道交通共开通线路14条,全网运营线路总长617 km,车站366座。上海大都市轴向辐射圈层的城市分布图见图1-6。

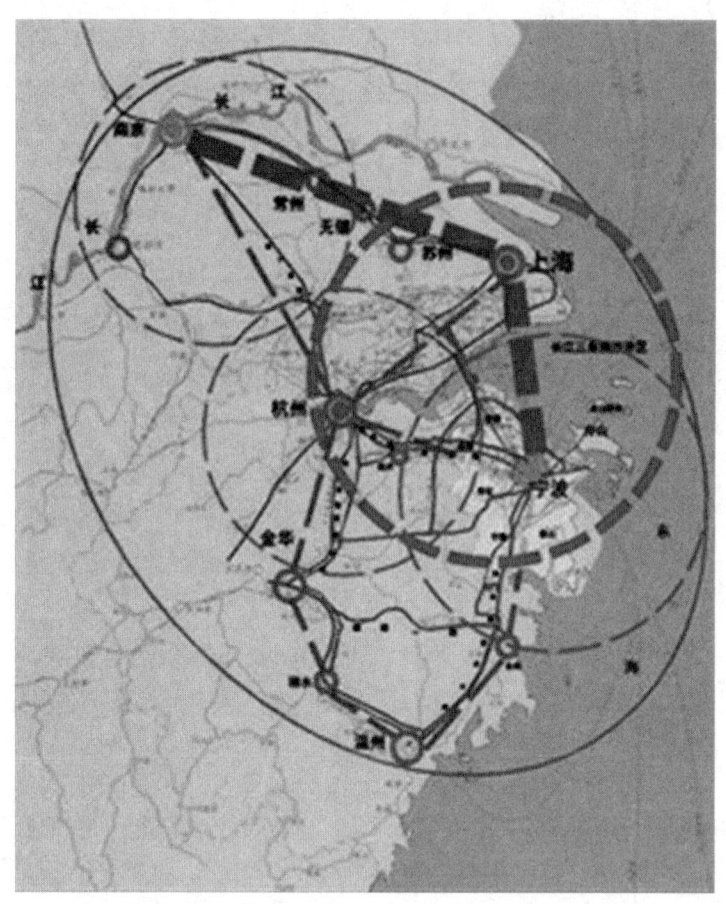

图1-6 上海大都市轴向辐射圈层的城市分布图

3. 广州城市轨道交通系统

为适应珠三角客运需求,缓解交通运输紧张的状况,推进城镇化和经济一体化进程,建设以广州为中心,以广深、广珠城际轨道交通为主轴,覆盖区内主要城市,衔接港澳地区的城际轨道交通网络。到2020年,珠三角城际轨道交通总里程约达600 km,线网布局满足区域经济社会发展要求,主要技术装备达到国际先进水平。

广州地铁作为中国第三大城市广州市的城市轨道交通系统,首条线路于1997年6月28日开通,广州市也成为中国第四个开通并运营地铁的城市。截至2016年12月,广州地铁共有10条营运路线,总长为308.7 km,共167座车站,开通里程居全国第三,世界前十,日均客流量预计达 777 万人次，客流强度全国第一。

广州地铁由广州市地下铁道总公司负责营运管理，并且还是广佛地铁的实际建设及营运者，因此广州地铁的服务范围亦延伸至佛山市。广州地铁已经成为广州市民最主要的交通工具之一，截至 2016 年 5 月，广州地铁单日客流纪录达到 900 万人次。

第三节　城市轨道交通客运组织概述

城市轨道交通主要通过合理的客运组织来完成其大容量的客运任务。城市轨道交通客运组织是指通过合理布置客运有关设备、设施，对客流采取有效的分流或引导措施来组织客流运送的过程。

一、城市轨道交通客运组织的特点

（1）客运组织服务的对象是市内交通乘客，不办理行李包裹托运服务。
（2）全日客流分布在时间上有较为明显的高峰（一般为早晚高峰）和低谷之分。
（3）全年客流分布在时间上按季、月、周、节假日有较大起伏。

二、城市轨道交通客运组织的宗旨

（1）安全。
（2）准时。
（3）迅速。
（4）便利。
（5）优质服务。

三、客运组织工作的基本要求

（一）站容整洁

车站内、外应明亮、整洁，各种设备和设施摆放整齐、有序；站台、站厅、通道及出入口墙壁光洁，地面无痰迹和废物（卫生间清洁、卫生）。

（二）导向标识清晰、完备

车站内、外应有清晰、完备的导向标识系统，为乘客全过程、不中断地提供导向信息；车站外应有明显标识引导乘客进站，在车站出入口应设置地铁标识；乘客进站后应有指示客服中心、进站方向、紧急出口等各方向的引导标识；在站台应设置列车运行方向、换乘方向等导向标识。

（三）优质服务

客运服务人员应遵守职业道德，文明礼貌，规范地为乘客提供服务。对老、弱、病、残、孕等需要帮助的乘客应主动、热情地提供协助，耐心、正确地回答乘客提出的问询，帮助乘客解决疑难问题。应经常征询乘客的意见，及时完善服务细节，不断提高客运服务水平。

（四）遵章守纪

客运服务人员应认真执行各项客运规章制度，服从命令、听从指挥。执行客运工作任务时，客服人员应按规定着装并佩戴标志，仪表整洁，体现良好的精神风貌。

（五）掌握客流规律

分析客流统计资料，掌握车站客流在时间、空间上的分布与变动，对可预见发生的大客流要做好充分的准备工作，及时应对。

（六）与其他部门紧密配合

客运作业人员应与地铁控制指挥中心（OCC）、列车驾驶员、故障维修部门、公安、消防等有关部门加强联系，密切配合，协同工作，确保列车按图运行，保障行车安全与乘客安全。

【拓展阅读】

我国城市客运交通面临的问题

1. **交通拥挤**

城市交通拥堵问题，已经成为中国所有大城市普遍面临的一个共性问题，发展趋势也日益恶化。交通拥挤堵塞给人们带来了很多危害，诸如交通拥挤堵塞使大量汽车滞留，汽车尾气排放量在拥挤堵塞地带大大增加，尾气中排放出来的一些有毒气体和挥发性有机复合物、铅等有害气体浓度增加，造成城市空气污染汽车在整个行驶过程中停车等待的时间过长，不仅使工作效率降低了，而且汽车的能量消耗增加，造成直接经济损失由于城市生活节奏越来越快，而交通速度缓慢，这种不协调会增加人们的身心压力。

2. **交通污染**

随着城市机动车数量的快速增长，机动车排气污染已成为城市大气污染的主要贡献者。进入20世纪，汽车生产增长速度和销售量增长速度更是以两位数高速增长，从而加剧了机动车对城市的污染。2001年"环境与交通工作组"指出在一些大城市机动车排放的污染物对多项大气污染指标的贡献率已达到60%以上，根据预测到年汽车尾气排放量将占空气污染源的64%。机动车排放污染已对城市大气环境构成了严重威胁，严重地危害了人们的健康，而落后的交通又加剧了机动车排放的污染程度。

3. **资源紧缺**

城市交通系统所消耗的不可再生资源主要是土地和能源。据有关资料介绍，各国运输部门的石油消耗量占整个国家石油消耗总量的比例为美国34%，英国30%，法国28%，日本 26.9%，并且每年都在上升，其主要原因就是汽车的石油消耗量在增加。如果由于交通堵塞，还会使汽车燃油经济性下降而造成能源消耗的浪费，这一点在城市中心区表现得尤其严重。

目前，我国交通能耗已占全社会总能耗的 20%，如不加以控制，将达到总能耗的 30%，超过工业能耗，2020 年我国交通能源占能源消耗的比例将高达 16%～17%。我国私人汽车的数量将超过 1 亿辆，这方面的交通能耗将飞速增长，数量巨大。目前，我国各类汽车平均每百公里油耗比发达国家高 20%以上。而在能源资源上，我国人均占有量很低，交通运输发展需要能源的支撑，有效节约和合理利用能源，既关系交通运输的可持续发展，又关系到我国能源安全。

另一方面，我国人口众多，土地资源相对不足，并且国家实行严格控制城市建设用地的政策，保持城市的高密度发展以减少耕地占用，在城市人口、机动车量急剧膨胀的情况下这更加剧了城市土地资源的绝对短缺和交通用地的供给不足，制约着城市路网的建设和扩展。以天津市为例，2002 年城市交通用地仅占全市土地面积的 1.2%，建成区路网密度不足 11%，低于纽约、东京等交通系统比较完善的城市 10 年前的水平

导致以上问题的原因是多方面的，而城市客运交通系统结构发展不合理是重要的原因之一，不同的交通方式对城市客运交通的影响是不同的。不同的交通方式具有各自的特点，下为各种交通方式的运输特性比较。

交通方式		特征参数			特 点
		单向车道输送能力/（人/h）	运输速度/（km/h）	道路面积占用/（m²/人）	
自行车		2 000	10～15	6～10	成本低、无污染、灵活
小汽车		3 000	20～50	10～20	成本高、投入大、能耗多、污染严重
常规公交方式		6 000～9 000	20～50	1～2	成本低、投入少、人均资源消耗和环境污染较小
铁道交通方式	轻轨	1 000～30 000	40～60	高架轨道 0.25 专用道 0.5	建设、运营成本较高、运输成本较低，能耗和环境污染较小，运输效率高
	地铁	30 000 以上	40～60	不占用地面面积	建设、运营成本高，运输成本较低，能耗和环境污染小，运输效率高

与小汽车相比，公共交通工具具有人均占用道路资源少、客运量大及节能环保的特点，是集约化运输方式。

实训项目：城市客运交通模式选择

一、实训目的与要求

明确城市客运模式的分类、构成和特点；掌握城市客运交通系统模式选择。

二、实训内容、步骤与方法

1、选择一个典型城市进行客运交通模式分析，进行资料查阅、文献检索，收集关于该城市的交通现状数据，并撰写报告。

2、判断该城市目前属于哪种客运交通模式，并描述该模式的特点，以及对该城市的适应性，需举例说明。

3、提出模式改进意见，并说明理由，需举例说明。

三、考核要求

1、能够使用各种检索方法方式，进行资料收集汇总分析。

2、能够对资料进行分析总结。

3、提交报告 word 文本，要求格式规范。

4、制作 ppt 进行展示，要求美观、简洁。

第二章 城市轨道交通车站

【本章导读】

> 主要内容：城市轨道交通车站站点的设置；城市轨道交通车站功能及分类；城市轨道交通车站的构成；城市轨道交通车站换乘。
> 教学目标：能够理解城市轨道交通车站的功能，能认识城市轨道交通车站站点设置的影响因素和设置原则，能描述城市轨道交通车站站间距的要求，能熟知城市轨道交通车站的功能和分类，能熟知城市轨道交通车站的构成，能熟知城市轨道交通车站的换乘方式。
> 建议教学方法：采取理论教学和现场教学，教师课堂讲授和网络课程学习，并与作业的完成相结合。

城市轨道交通对客流的服务功能首先是通过车站实施的，它是出行者进入（接受）和离开（结束）运输服务的接口，是系统服务功能的主要执行设施。站点是城市轨道交通线网中的重要节点，站点的建筑表现形式就是车站，车站规模与能力的大小直接影响到地铁工程造价的高低和效益的好坏。在城市轨道交通运输过程中，车站起着极其重要的作用。就运输企业内部而言，车站不仅是线路上供列车到、发及折返的分界点，保证行车安全和必要的通行能力，而且也是客运部门办理客运业务和各工种联合劳动协作进行运输生产的基地；就运输企业外部而言，车站是乘客旅行的起始、终点以及换乘的地点，是运输企业与服务对象的主要联系环节。

城市轨道交通车站功能一般包括以下几点：① 车辆的折返、存车、停车检修、临时待避等；② 为乘客提供同种交通方式或不同交通方式间的换乘服务；③ 为乘客提供上下车服务；④ 为乘客提供休息、餐饮等增值服务；⑤ 乘客的集中和疏散。

第一节 城市轨道交通车站站点设置

一、城市轨道交通车站站点设置的影响因素分析

拓展阅读：车站的布置原则

一般情况下，影响车站分布的因素有城市规模大小、城市地貌及建筑物布局、建设成本、大型客流集散点、城市轨道交通路网及城市道路网状况、线路长度、出行需求、城区人口密

度、对站间距的要求。

（一）城市规模及布局形态

城市规模由已建设完毕城区和规划城区两部分组成。如城区人口稀疏，城区面积小，乘客的乘距短，搭乘城市轨道交通的客流量较小，城市轨道交通车站宜密集分布以期服务更多人口。反之，城市轨道交通车站分布宜稀疏一些。

规划轨道车站时，一般在医院、住宅区、公园等人口密集的客流集散中心应设站；相反，在城市人口稀疏的地区可以不设车站。大型客流集散点往往人流量集中，给交通带来很大压力，在该点设置车站显得很有必要。

（二）线路长度及沿线人口密度

根据国内外车站布设经验：线路长度一定程上影响了车站布设的疏密程度，通常线路短适合密集布设轨道车站，吸引短距离出行乘客；线路长则适合稀疏布设轨道车站，吸引长距离出行乘客。受轨道交通线路走向影响，城市轨道交通沿线人口密度也不尽相同，人口密度越大，发生交通客流量越大，车站分布宜密集一些；反之则稀疏一些。

（三）城市轨道交通出行需求

城市轨道交通出行需求是指居民为完成某一目的，耗用一定的时间，从出发地点经某一路径到达目的地的位移过程中派生的对轨道交通的需求。轨道交通出行需求是影响车站分布的重要因素。城市轨道交通出行需求主要受居民的性别、年龄、职业，家庭规模和人员的构成，收入等的影响。

（四）城市轨道交通与其他交通方式的衔接

大城市根据城市条件，应逐步建立以公交为主体，轨道交通为骨干，各种交通方式相结合的多层次、多功能、多类型的城市综合交通体系。在已经确定的轨道交通线路上车站时，实现旅客便捷地与其他交通方式换乘也是重要的考虑因素。

1. 与公交的衔接

城市大型客运站点由城市轨道交通线网连接，形成城市交通主体路网，公交主要负责将城市轨道交通乘客疏散到各目的地，形成城市交通支线路网。城市轨道交通和公交常见的换乘方式有以下几种：① 轨道车站设在地下，公交车站设在路面，地下通道实现公交车站和轨道车站间的乘客输送。② 公交车站和轨道车站均修筑在路面或地下，两者使用同一站台。③ 轨道车站和公交车站异面，轨道交通到达站和公交出发站合用一个站台，轨道交通的出发站和公交到达站合用一个站台，该方式下的换乘最方便。④ 在周转客流量大的轨道交通车站，可以通过开通以该车站为起点站的公交线路，实现旅客快速疏散。

2. 与地面铁路车站的衔接

轨道交通与地面铁路车站的换乘方式常见的有以下几种：① 在修建有一定年限的火车站的地下修建轨道交通车站，实现乘客疏散。如广州火车站。② 对于新建的火车站，则将轨道交通与火车站作为一个整体，在地下设置轨道车站，实现旅客快速换乘。如广州南站。③以高架形式或在地面上修筑轨道车站，实现客流的归一化集散。

3. 与其他城市轨道交通线路的衔接

城市中轨道交通线路的数量大多数情况下不止一条，当轨道交通线路交汇时，经常通过设置换乘站的方式方便乘客转乘其他轨道线路。

4. 与私人小汽车、自行车等的衔接

在大型轨道交通车站设置停车场，大大有助于实现轨道交通与私人交通工具的换乘。

（五）站间距对车站布局的影响

在布设城市轨道交通车站时，大型客流集散点在确定线路走向时往往被预先确定为起点站或终点站，换乘站也受轨道线网的控制，因此该类站点的布设受站间距影响不大；但其他中间站点受站间距影响颇大。站间距应视具体情况而定，距离太短虽能方便旅客上下，但会降低列车运行速度，从而增加出行时间。较长的站间距虽然对行车速度有了保证，但由于乘客到站距离的增大也会引起吸引客流量的减少。

（六）站间距对线路建设成本的影响

当轨道线路的站点站间距较小时，车站的数量相应的就会多，导致了线路建设成本的上升，虽然因乘客乘坐轨道交通到站时间较少从而吸引了更多的客流量，但是由于线路站点过密，列车频繁的加速、减速、停车，会使车辆与轨道的磨损严重，使线路的运营成本升高。

当轨道线路站点的站间距较大时，其车站的数量相应的就会减少，虽然节省了建设费用，但是乘客到站时间增加，降低了线路的吸引范围，使单个车站的负荷量有所增加，车站的建设规模也随之增大。

二、城市轨道交通车站设置原则

一般的，轨道交通站点布设应遵循以下原则：

（1）站点选址与城市土地开发现状、土地利用规划、道路网建设现状及规划等结合起来，充分考虑城市后续发展的需要，与城市规划发展相协调，充分体现总体的发展战略规划。

（2）有利于区域经济发展。

（3）以人为本，最大限度地满足旅客出行的便利要求，合理选址，方便居民换乘，提高居民出行质量，应尽可能布设在大型客流集散点，并提供足够方便的进出站条件。

（4）经济技术可行，尽量避开地质不良的地段，尽可能减少对周围环境的干扰。

（5）符合交通安全规范要求，站点设置以保证路段交通畅通有序为前提。

（6）考虑列车性能发挥，站点尽量均衡分布，站间距在道路安全等条件许可的前提下，依据便民原则，参照相关标准设置。

三、站间距确定

国际上站间距的设计尚无统一的标准。传统轨道交通系统站间距一般为 0.5～1.0 km，现代轨道交通系统站间距则为 1.5~2.5 km 以上。国外不同种类的轨道交通及与之对应的站间距见表 2-1。城市轨道交通站间距规划的原则是缩小乘客出行时间，注重车辆的运营速度和运营效率，站间距的设置有较之前变长的趋势。

表 2-1 国外轨道交通类型与站间距分类

轨道交通类型	最大设计速度/(km/h)	站台速度/(km/h)	站间距（直线距离）/m		
			CBD 地区	非 CBD 地区	
				传统系统	现代系统
轻轨	80~105	25~55	300~600	—	600~1 500
地铁	80~110	25~55	300~750	500~1 000	1 000~2 500
区域快速 MRT	110~135	55~90	600~900	—	1 800~9 000

我国《地铁设计规范》（GB 50175—2013）规定：地铁车站的站间距应按需设置，通常市区站间距可设为 1.0 km 左右，郊区站间距相应地增加但不宜大于 2 km。其中我国已建部分的地铁平均站间距见表 2-2。

表 2-2 我国已建部分地铁平均站间距

城市	线路	运营长度/km	车站数/个	平均站间距/m
北京	四号线	28.2	24	1 175
上海	一号线	36.9	28	1 318
广州	一号线	18.5	16	1 156
天津	三号线	33.8	26	1 300
成都	二号线	44.0	32	1 375

（1）一般城市轨道交通的合理站间距范围为 0.8~1.6 km，由于城区人口密度较大，车站分布密集，站间距较小；郊区人口密度较小，车站分布较稀疏，站间距较大。

（2）同一线路的轨道交通站间距应均衡设置，不宜部分过大或部分过小。

（3）轨道交通车站的布设应充分考虑城市总体规划及城市交通规划，考虑不同地域的发展需要。

（4）具体站位还要考虑施工条件、道路状况、交叉口等道路形态及地面交通状况。

第二节 城市轨道交通车站分类

一、按车站与地面的相对位置分类

根据车站内线路与地面的高低关系，可以将车站分为三种形式，如图 2-1 所示。

（一）地下站

线路平面在地面以下的车站（图 2-2）。城市轨道交通地下站点一般都分布于城市人流密集区，商业发达的区域和换乘枢纽站，站点的建立会对周边商业带来更大的拉动，所以站点在规划建设过程中应该充分考虑未来站点周边的结构规划。

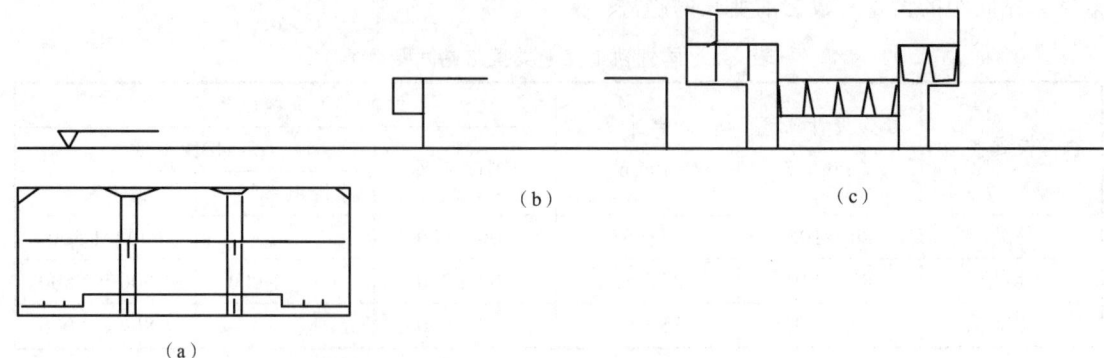

图 2-1 地下站、地面站、高架站示意图

图 2-2 地下车站

（二）地面站

线路平面在地面的车站（图 2-3）。造价比较低，但会对轨道交通线路所经过的区域造成分割，一般修建在用地面积不受限制的区域（如市郊地区）。在城市中心区范围，由于已有的地面建筑往往难以改变，地面空间资源十分有限，所以一般不采用地面站的形式。

（三）高架站

线路平面在地面以上的车站（图 2-4）。高架车站多采用双层设计，站台层在上方，站厅层在下方，也可以将高架桥的站外广场设置为站厅层。

 视频：奔跑在高架上的地铁

城市轨道交通站点在地面和高架上一般都是设置在较空旷的或者土地资源不紧张的地域，这些站点的周边相对于地下站点并不具备高度发达的商业和客流量。而综合商业中心与地区活动广场相衔接，组成了一个区域性的交通枢纽和公共活动中心。

二、按地下车站埋深分类

按地下车站埋深的不同可分为浅埋车站和深埋车站。

图 2-3　地面车站

图 2-4　高架车站

（一）浅埋车站

车站轨顶至地表距离在 20 m 以内，一般采用明挖法或盖挖法施工。通常为矩形断面，分为单跨、双跨、三跨及多跨框架结构，一般分为两层。

（二）深埋车站

车站轨顶至地表距离在 20 m 以上，一般采用暗挖法施工。

按横断面形式分为单拱、双拱、三拱及多拱式，一般设置二至三层，最多四层。深埋式车站通常受到周围环境影响和线路走向等条件的制约，必须建于地下较深处，一般设在稳定地层或坚固地层内，技术难度、土方量及投资量大。

三、按车站运营性质分类

（一）中间站（一般站）

仅供乘客上下车之用，是轨道交通线路中最常见的一种车站，尤其是轨道交通路网建设初期，线路交叉点数目不多的时候。与车辆段或停车场相连的中间站应有联络线路。有的中间站设有折返设备可供列车折返和进行列车运行调整，以便在相邻区段上组织密度不同的行车和恢复正常的列车运行秩序，轨道交通路网中的车站大多属于中间站。

（二）区域站（折返站）

当轨道交通线路在地域上表现为客流不均衡时，为了满足乘客乘车需求的同时提高营运效率，可按客流量安排行车密度，中间设置区域站，使列车在站内折返或停车，也称为折返站。有了区域站就可以在与之邻接的两个区段上组织不同密度的行车，一般至市中心区段的密度较高，而至郊区区段的密度较低。

（三）换乘站

能够使乘客从一线转乘另一线的车站。它除了配备供乘客上下车的站台、楼梯或电梯之外，还要配备供乘客由一线站台至另一线站台的设施，如天桥等。

（四）枢纽站

位于两条或多条城市轨道交通线路交叉的地方，可以在两个或多个方向上接车和发车，用于多条线路间的换乘和轨道交通与其他交通方式间的换乘。

（五）起（终）点站

线路两端的车站，除供乘客上下车外，还能供列车折返、停留和临时检修用。为便于列车运营组织安排，终点站除布设折返线路外，一般还有存车线，以备列车暂时存放；与停车场或车辆端相连的终点站还有出入段或出入停车场的联络线。如果线路需要延长时，则终点站可作为中间站或区域站来使用。

（六）车辆段和停车场

轨道交通车辆段分为检修车辆段（简称车辆段）和停放车辆段（简称停车场）。在车辆段配备了必要的停车线及检修设备，列车可以在这里进行试运转、段内编组、停车、日常检查、一般故障处理和清洗，还可以进行车辆的技术检查、月修、定修和临修等作业。停车场是一种简单的车辆段，其与车辆段的差别是：线路数目少，检修设备也较少，因而需要进行定修和月修等技术作业。

四、按车站站台形式分类

（一）岛式站台车站：站台位于上、下行线路之间

由于两侧上下行方向上的乘客可以同时利用站台，可以有效地调节客流，避免上下行客流的不均衡导致站台利用效率低下或客流过度聚集的状况，因此岛式站台具有方便乘客使用、站台面积利用率高的优点。但是，使用岛式站台的车站规模一般较大，造价较高，不易压缩，所以，岛式站台一般适用于客流量较大的车站，如图 2-5 和图 2-6 所示。

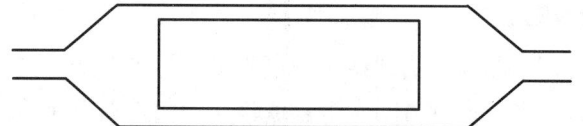

图 2-5　岛式站台示意图

图 2-6　岛式站台车站

（二）侧式站台车站：站台位于上下行线路的两侧

　　侧式站台一般设置在轨道交通上下行线路的两侧，每一次对应列车开行方向的乘客上下车。在客流量较大的站点，会专门针对一个方向的列车设置侧式站台，列车到达车站后开启两侧车门，上下车客流分离，缩短列车停站时间，提高运行效率，如图2-8所示。侧式站台造价较低，施工难度小，但是一般站台面积较大，且面积利用效率不如岛式站台。

　　侧式站台根据环境条件可布置成平行相对式（图2-7（a））、平行交错式（图2-7（b））、上下重叠式和上下错开式（图2-7（c）、图2-7（d））。

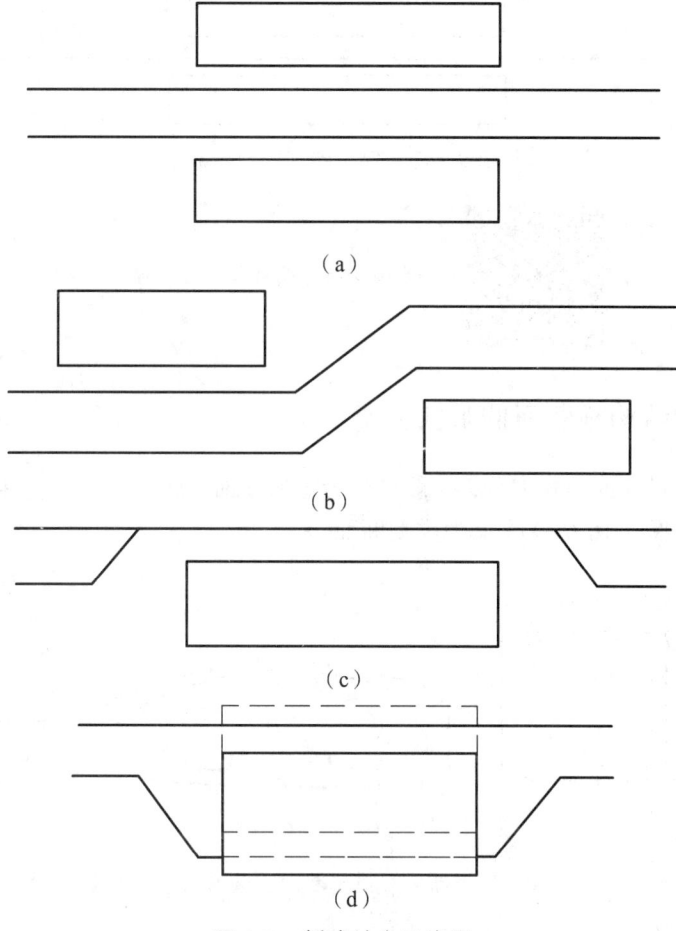

图2-7　侧式站台示意图

图2-8　侧式站台车站

（三）岛、侧混合式站台车站

将岛式站台和侧式站台同设在一个车站内，乘客可同时在两侧的站台上下车，也可满足列车中途折返的需要，如图2-9所示。

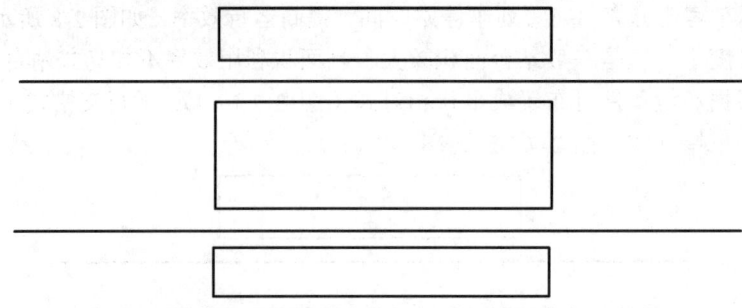

图2-9 岛、侧混合式站台示意图

拓展阅读：岛式站台和侧式站台比较

五、按车站结构横断面的形式分类

按照车站结构横断面形式来分，一般可分为矩形断面（图2-10（a））、拱形断面（图2-10（b））、圆形断面（图2-10（c））、其他类型断面。

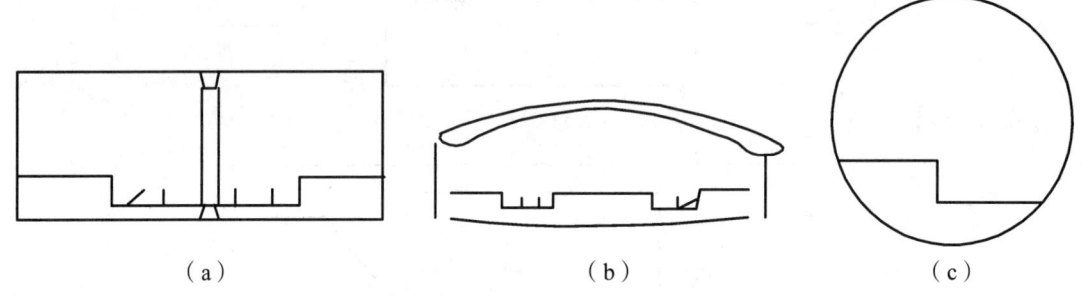

（a） （b） （c）

图2-10 矩形断面、拱形断面、圆形断面示意图

第三节 城市轨道交通车站的功能组成及布局

城市轨道交通车站是一个复杂的系统，构成为：主体、出入口及通道、通风道及风亭（地下）和其他附属建筑物，如图2-11所示。

一、车站主体

车站主体是轨道车站最重要的组成部分，列车到站停放的地方就是车站主体。就乘客而言，车站主体为乘客提供上下车服务、候车服务；就轨道交通运营企业而言，车站主体是企业处理业务和设置运营设备的场所。按功能分类，车站主体分为车站用房和乘客使用空间。

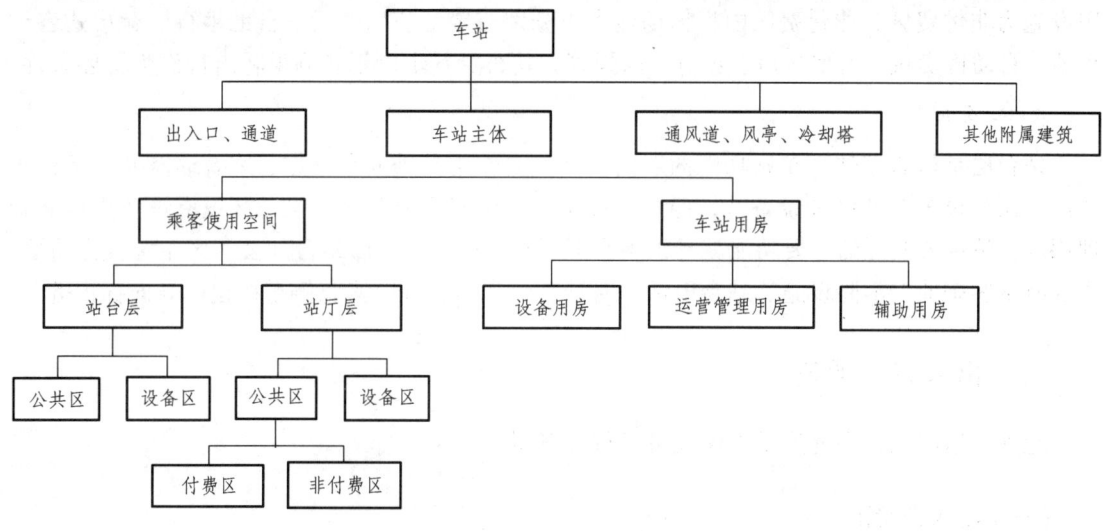

图 2-11 城市轨道交通车站组成结构图

（一）车站用房

车站用房由运营管理用房、辅助用房和设备用房组成。

1. 管理用房

管理用房是车站工作人员的办公用房，包括车站控制室、AFC 票务室、站长室（轴心站）、广播室、会议室、公安保卫室等。

2. 辅助用房

辅助用房是为保证车站内部工作人员正常工作生活而设置的，主要包括党政通信室、更衣室、等候室、休息室、卫生间、备品库、垃圾间、储藏室以及清扫工具间等。

3. 设备用房

设备用房是为安置保证列车正常运行、保证车站内良好环境条件和灾害情况下乘客安全所需要的各类设备，并进行日常维修及保养设备的场所。主要分为车站计算机房、票务维修室、民用通信机房、车站通信设备室、信号机械室、弱电综合电源室、环控配电室、照明配电室、低压配电室、蓄电池室、环控机房、气瓶间、污水泵房、混合风室、风机房、电缆井、屏蔽门控制室、电梯机房、变电所控制室、动力变压器室、变电所储藏室、高压开关柜室、低压开关柜室、整流器柜及直流开关柜室等。

（二）乘客使用空间

乘客使用空间分为站厅层、站台层。

1. 站厅层

站厅层是换乘列车的中转层，其主要作用是集疏客流，为乘客提供售、检票等服务。按其用途分为公共区和设备区，车站站厅层公共区为供乘客完成售检票到达乘车区及出站的区域；设备区主要设有设备用房和管理用房。站厅层公共区分为付费区与非付费区，以购票进入闸机作为间隔，乘客在轨道车站内集散区域、工作人员检票区域，以及其他车站修建的公用设施为非付费区，非付费区内根据场地大小分别布置了公用电话、自助银行、触摸式咨询系统、自动售卖机、售票机房、银行、商铺等，其布置基本以不影响乘客出行作为首要条件。

2. 站台层

站台层是最直接体现车站功能的层面，其主要作用是供列车停靠、乘客候车及上下列车之用。站台也分公共区和设备区，两端为设备区，中间为公共区。设备区设有设备用房和管理用房。站台公共区的主要功能就是供乘客上下车、候车。所以站台的公共区布置较为简单：主要有乘客座椅、消防设施、站台电话、时钟、乘客信息牌、紧急停车按钮、导向标识等。

二、出入口、通道

地铁车站出入口和通道是人流大量通行的场所。

（一）出入口设置

车站出入口是连接地铁和城市的纽带，出入口设置有卷帘门，在非运营时间关闭。地下站及半地下站出入口须有防洪和防台风设施，避免地面积水涌入地下车站。每个车站至少保证有一个出入口设置垂直电梯，专为残疾人和行走有困难的乘客服务。车站出入口与站厅相连的通道，从安全角度考虑，通道内置安装一定数量的摄像头，并通过设有一定数量和类别的导向标志来引导乘客的出行。

出入口的设置需考虑交通疏散功能，经济引导功能，还要考虑在紧急状态下，对人员安全疏散和救援实施的影响。总的来说，出入口的布置遵循以下原则。

（1）在条件允许的情况下，出入口应尽量与周边建筑物结合设置。如果目前无法实施的但存在将来建设的可能时，可考虑设置临时出入口或预留，根据规划，可以在实施时再行建设，但近期出入口不得少于两个，且其位置应分别位于车站公共区两端。

（2）出入口的位置一般应选在城市道路两侧、交叉路口及人流较大的广场附近并考虑与地面交通站点相结合以满足与地面公交、出租车等其他交通方式方便换乘的条件，客流量较大的车站应配置一定面积的站前广场。出入口宜分散、均匀布置，出入口之间的距离应尽量拉开，使其能够大范围地吸引客流。

（3）出入口还可以兼顾过街功能，与市政总体规划协调一致并充分体现人性化的一面：不仅方便地铁本身的客流，也方便了过街客流。

（4）车站出入口地面应预留足够的与公交、出租车换乘的空间，满足自行车存放需求，考虑合理的行人流线。

（5）设在交叉口处的出入口应方便各个方向乘客的进出站，出入口应有明显的导向标志，便于乘客识别。

（6）出入口通道衔接站厅处应保证有足够的集散面积，方便乘客选择合理的进出站路线，出入口通道及接口和转角部位不应有影响乘客疏散的障碍。

（7）出入口通道的数量跟出入口数量一致，是根据远期客运需求和疏散需求确定的。由于一般的出入口通道均为双向混行，进、出站客流的相互对向干扰较大，降低了乘客的行进速度，尤其在客流高峰时段，会形成高密度客流群，造成通道内拥堵。

依据布置方式，可将地铁出入口分为三类：

（1）第一类有明确边界条件、明确的客流走向或地面位置非常重要，此类型必须在该位置布置出入口如在主干道靠近十字路口的两侧。

（2）第二类位置可在一定的范围内摆动，完全通过地面建筑物的吸引程度来确定出入口是否应连接到就近商厦的地层。

（3）除以上两类出口外，其他的出口均可划为第三类。对第三类出入口应谨慎分析各个可能位置的优劣性，并应精心设计，强化在紧急状态下其排烟散热、救援与疏散的特殊功能的发挥。对第三类出入口，在设置时还应遵循以下原则：车站出入口一般都应设置在客流密集、与地面交通衔接较好的位置，出入口前需有合适的空间容量，满足乘客进站、出站的空间要求。

此外，出入口造型影响着人们对城市轨道交通的印象，其设计形式，风格应与周围环境融为一体。出入口是乘客进入城市轨道交通系统的起点，应具有很好的可视性和可达性。

（二）通　道

通道是乘客进出车站的必经之路。通道的数量和宽度不仅要满足乘客出入车站的便捷性和高峰小时的乘客通行需求，还要满足紧急情况下的乘客快速疏散，同时还要兼顾与城市公路的立交功能。通道主要由楼梯、自动扶梯和步行道构成。

三、风亭、冷却塔

风亭是主要的为车站提供换风的设施。快捷和舒适是地铁作为现代交通工具的特点之一，地铁车站和区间是通过通风空调环控系统来控制和保持适宜的温度、湿度的，为乘客、列车提供舒适的候车环境和良好的运行环境，保证火灾状况下烟气的排除、新鲜空气的输送。而地面风亭作为地铁通风环控系统的一部分，也是地铁车站和区间与外界进行空气交换的端口。风亭的设置一般遵循与城市环境结合原则，如图 2-12 的武汉地铁风亭。

图 2-12　武汉地铁风亭设计图

拓展阅读：地铁车站的设计知多少

冷却塔是主要为中央空调提供散热的设备，能间接消除车站的余热，为乘客创造一个舒适的过渡性环境。

第四节　城市轨道交通车站换乘

城市客运交通是由多种交通工具和交通方式组成的立体化的大系统，除私人交通方式外，通常情况下采用一种交通工具或同一路线，不可能完成所有的门到门服务，因而，各交通工具之间或同一工具不同路线间的相互转换是不可避免的。换乘是公共交通的一大特点，也是与私人交通不同的地方。所谓"换乘"，是指乘客从一种交通工具转换到另一种交通工具，或从一条路线转换到另一条线路。

城市轨道交通换乘是指出行者为到达目的地，进行城市轨道交通间的换乘或轨道交通与其他交通方式换乘的一种行为活动。城市轨道交通换乘主要包括：轨道交通线路之间的换乘、轨道交通与其他交通方式的换乘。

城市轨道交通换乘方式应根据各城市换乘枢纽的具体情况，在预测远期换乘客流流量、流向的基础上，还应考虑到全局性、必要性、可行性、合理性和实用性，按照"以人为本"的原则，因地制宜，不拘一格，选择能充分满足换乘需求而又经济合理的方式。轨道交通的换乘形式的确定应遵循以下原则。

（1）满足换乘客流量的需要。
（2）调整相交线路方向，创造良好的换乘条件。
（3）尽量缩短乘客的换乘步行距离、换乘时间。
（4）努力提高服务水平，吸引乘客。
（5）结合地形确定车站布置形式，保证工程实施的可行性。

另外，在换乘的实际应用中，若单独采用某种换乘方式不能奏效时，可采用两种或多种换乘方式组合的方式，以达到比较好的效果。例如，同站台换乘方式辅以站厅或通道换乘的方式，使在所有的换乘方向上都能换乘；结点换乘方式在岛式站台中，必须辅以站厅或通道换乘方式，才能满足换乘能力；站厅换乘辅以通道换乘方式，可减少预留工程量等。这些换乘方式组合的目的，是力求车站换乘功能更强大，既保证具有足够的换乘能力，又方便工程实施及乘客使用。

一、影响城市轨道交通换乘方式选择因素的分析

任何换乘站的换乘方式都是以满足换乘客流功能需要为首要目的。不同的换乘方式具有不同的功能特点，具有各自的优缺点，其使用的条件也不一样，针对具体情况采用合适的换乘方式能够极大地提高轨道交通的运输效率和服务水平。因此，有必要对影响城市轨道交通换乘方式的选择因素进行分析，有如下几点：

（一）换乘客流的特点

换乘方式应满足换乘客流功能需要，因此换乘客流的特点对于换乘方式的选择十分重要。

轨道交通的不同换乘客流需要有合适的换乘方式与之相适应，这样便于客流的疏散，缓解交通压力，提高换乘站的换乘效率与换乘功能。

（二）轨道交通线网与车站的规划

随着轨道交通线路间交叉点不断地增加，一些复杂的枢纽也逐步形成。纵观国外的轨道交通车站枢纽设计，一个非常重要的原则是：车站和线路应作为一个整体来考虑，在一定程度上，与车站设计相关联的线路走向应该服从车站布置要求。在我国目前城市轨道交通车站和线路的设计中，由于考虑工程造价等诸多因素，往往是在线路完全确定以后，再考虑车站枢纽设计，这样留给车站设计的空间就比较小了。造成的后果是既影响了轨道交通大容量、快速等特性的发挥，又不利于整个城市公交效率的提高。

（三）换乘站上两条线路的修建顺序、交织形式和车站位置

轨道交通是随着经济、人口的增长带来交通需求的增长，而逐步规划建设的。轨道交通的建设过程是整个线网的丰富完善过程，随着线路的增加，线路间交叉点也不断增加，由于不同的线路修建的顺序不同，为将来换乘方式选择、车站设计预留的条件不同，从而导致在进行具体的换乘方式选择时会受到一定的影响。因此，线路的建设顺序以及线网的稳定性是影响换乘方式选择的相关因素之一。线路的交织形式和车站位置的选择就是换乘站换乘方式的选择，要保证线路换乘主导客流在车站内的平均步行距离最短。例如北京西直门站的客流大量集中在A口，往动物园、展览馆方向，A口客流为西直门的主导客流，一部分流向城铁，一部分流向公交，但是其换乘距离相较于B、C、D口却较远，尤其在地下换乘通道未建成的情况下，绕行更增加乘客的出行不便。

（四）换乘站的换乘客流量和组织形式

换乘客流量以及客流的组织形式是换乘方式选择的重要影响因素。采用不适当的换乘方式会导致换乘站的压力过大，客流无法及时疏散，造成乘客拥挤堵塞，客流混乱，影响乘客的出行。对于这一类的换乘站宜采用站台换乘与站厅换乘的形式，典型代表有：香港地铁的太子站、旺角站和上海地铁的人民广场站。

（五）与换乘站周围商业区、公交站等环境相联系

随着城市经济的发展、城市化进程的加快与现代化建设的开展，城市的建设是立体的、全面的，换乘站的建设需要与城市规划、地下空间开发以及周围的地形条件相协调；人们对交通出行的要求越来越高，希望能方便、快捷、舒适地到达目的地，因此在进行地铁站换乘形式的选择设置时，考虑与周围商业区、公交站点的联系是必要而且重要的。同时，交通的发展需要与环境的可持续发展相协调，轨道交通系统的建设是大系统、大范围的工程，影响的范围与程度较大，在进行线网规划与换乘站设置、换乘方式选择的时候，要考虑与环境的协调性，要把工程对环境的影响降低到最小。

例如北京西直门换乘站，是北京的客流中心之一，是大型的客流集散地，2号线和13号线在此相交换乘，设在高梁桥立交桥下，该地区周围建有西环广场、华堂购物中心、动物园、大型的公司，商业发达，地下管线复杂，多条公交线路通过。因此要以西直门的客流量与客流组织形式作为依据选择合适的换乘方式,与周边商业通过联络通道和出入口建立良好的联系;考虑周围的环境,减少大气污染,营造良好的工作、生存环境,为乘客出行提供方便。

二、城市轨道交通换乘形式

城市轨道交通换乘按其位置与功能可分为两大类:城市内外交通换乘和城市内部换乘。

(一)城市内外交通换乘

指轨道交通与城市对外交通系统(如民航、铁路、公路)之间的换乘。大容量的轨道交通理应作为旅客集散的重要工具。轨道交通的车站应直接延伸至相应的港站区域。其换乘方式一般有通道换乘、垂直换乘、层间换乘等3种。

1. 通道换乘

此方式功能较单一(仅为换乘流),且因地下空间上的制约,常带来换乘通道较长的弊病,有时需要与自动步道相辅助。其优点是:施工较方便,易实现不相邻、不同层面站厅的联接,为未来项目预留通道方便。

2. 垂直换乘

国外一些大型航空港、铁路客运枢纽站多采用此种形式。如法国的戴高乐航空港、美国首都华盛顿火车站等。这种方式体现了现代交通一体化的概念,在同一建筑内通过自动扶梯和站厅层,实现多种交通方式的换乘,换乘较便捷。但其难点在于对规划的前瞻性要求高,需要合理的城市规划(含垂直空间利用)予以保证,并要求尽可能地同时进行施工,以减少运营与施工的矛盾。

3. 层间换乘

在交通枢纽区域内,通过多层的衔接,使人流可在地下方便地集散、流动。如日本国铁东京新宿火车站、法国巴黎里昂火车站等。对于综合性的城市大型枢纽站,这种方式可充分发挥地上和地下空间的优势,分散与疏解人流、车流的交叉,常可做到交通与商业功能并举。

综上所述,通道换乘一般只用于换乘流量不大的换乘站或因规划调整而采取的调整措施。新建的大型铁路客运站、国际机场等重要进出门户,应大力提供垂直和层间换乘,将轨道交通的换乘系统纳入交通枢纽建设的总体规划中。

(二)城市内部换乘

城市内部换乘指在城市范围内轨道交通之间以及轨道交通与其他交通方式间的换乘。

1. 同类换乘

同类换乘即轨道交通之间的换乘,一般位于两条及以上轨道交通线交叉或汇合处。常采用的换乘形式有以下几种。

(1)平行换乘:利用共用的站厅层或站台层供乘客换乘,是最为方便的换乘形式,无需进出闸机进行二次付费,适用于有大量直接换乘客流的换乘站。其不足处是:地下站厅宽,轨道线间竖向平行布置,易引起线路的绕行和产生较大的工程数量。

（2）结点换乘：随站台与站台在不同站厅层布置形式不同，可有一点换乘（换乘量较小）、二点换乘和四点换乘（换乘量较大）等。不足处是：换乘距离稍长，对站厅层间自动扶梯通道要求高。

（3）通道换乘：通过一地下联络通道，将两条轨道交通线衔接起来。它属于一种间接换乘，有时乘客需二次付费，换乘距离一般较长。

上述形式中最佳的是平行换乘。

2. 异类换乘

对每个轨道交通车站来说，都存在不同交通方式间的换乘要求，即异类换乘。这就需要以车站为节点，通过规划改造周边道路（含进出口），配以公交线路，构成点面辐射形的公共交通服务网络。换乘枢纽站以紧凑型立体布局最佳，这样有利于减少乘客换乘步行距离（即换乘时间）。在郊外地铁车站修建庞大的停车场，方便停车换乘。另外，大多数过路的公交车也都进入地铁站港湾，停车上下客，最大限度地减少市民出行的换乘次数，减少换乘时间，吸引市民使用轨道交通。

（三）城市轨道交通之间换乘

根据线路的布置方式，城市轨道交通线网可分为两种基本类型。

1. 联合式线网

相交线路在同一平面内交叉，在交叉处用道岔联接，各条线路之间可以互通列车并可实行联运，相交线路可以共用同一座车站站台，乘客也可以直接到达位于另一条线路上的目的地车站。因此该类路网中不存在轨道线路之间的换乘方式选择问题。

2. 分离式线网

相交线路在不同标高的平面上交叉，路网中各条线路独立运营，不同线路上的列车不能互通，并且不同的线路必须拥有各自专用的车站站台，乘客也必须通过交叉处的换乘站中转才能到达位于其他线路上的目的地车站。因此线路之间换乘方式的选择和换乘枢纽的布局是该类线网规划中的一项重要内容。由于我国城市的轨道网都是按分离式路网规划和建设的，因此主要针对分离式路网进行轨道线路之间换乘布局模式的分析。轨道枢纽的布局模式与轨道线路之间的换乘方式、相交的线路条数以及车站埋设的深浅密切相关。换乘方式可分为同站台换乘、结点换乘、站厅换乘、通道换乘、站外换乘和混合换乘这六种形式。

视频：地铁同台换乘

1）同站台换乘。

同站台换乘是指乘客在同一站台即可实现的转线换乘，乘客只要走到车站站台的另一边就可以换乘另一条线路的列车。对乘客来说，这是最佳的换乘方式，尤其是在客流很大的时候更能体现出来。但这种车站往往要花费较大的工程投资，由于这种换乘方式要求两条线具有足够长的重合段，近期需要把车站预留线及区间交叉预留处理好，工程量大，线路交叉复杂，施工难度大，因此，尽量选用在建设期相近或同步建设的两条线的换乘站上。同站台换乘的基本布局是双岛式站台的结构形式，可以在同一平面布置，也可以双层布置，如图 2-13 所示。这两种形式的换乘站都只能实现 4 个换乘方向的同站台换乘，而另外 4 个换乘方向则要采用其他换乘方式。

 视频：南宁地铁-堪比香港水平的同站台换乘车站

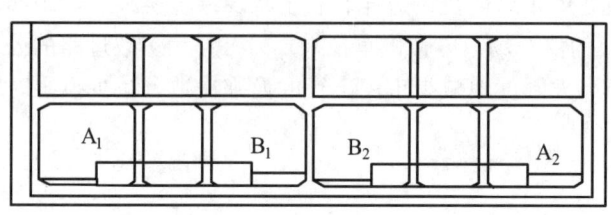

（a）站台同平面换乘　　　　　　　　　（b）站台上下平行换乘

图 2-13　同站台换乘示意图

（1）站台同平面换乘（即并列式）。

站台同平面换乘是将供两条线路使用的车站站台相互并列，且平行地布置在同一平面上，形成并列式的站位（图 2-13（a））。站台同平面换乘车站一般有双岛四线车站和双岛五线车站两种形式。

① 双岛四线换乘。

双岛四线车站，是由城市轨道交通中两条并行线路构成的换乘站，是同站台换乘车站的主要形式。它将两条运营线路的上行线布置在一个站台上，将两条下行线布置在另一个站台上。乘客下车后在本站台即可换乘另一条线同方向行驶的列车，使用非常方便。这种形式的车站在两个站台的端部设有一条单渡线，作为两条线的联络线，用于调转运营列车，如图 2-14 所示。

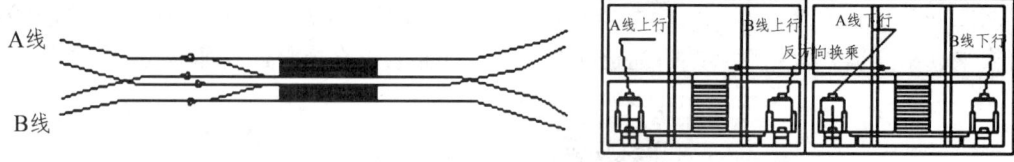

图 2-14　双岛 4 线车站平面和横断面图

双岛四线换乘站的优点是便于同站台同方向的换乘，且车站埋深较浅，便于施工。其缺点是反方向换乘不方便，换乘反方向列车的乘客必须经过站厅层下到对面的站台上乘车，走行距离较长。

② 双岛五线换乘。

双岛五线换乘站由双岛四线车站演变而来。在某些城市，为使盾构机能够通过车站，须扩大中间两股道的线间距，故在两股道中间增加了一条停车线，形成了双岛五线式车站。图

2-15 是由两条相互交叉线路构成的双岛五线换乘车站的平面和横断面图：A 线的两股道设在中间，B 线的两股道设在外侧，两线在站外进行立体交叉。在站台右端设置了两条单渡线，既可作为 A、B 两条线的联络线，也可通过该渡线组织列车共线运营。车站中间的停车线可用于停放 A 线的故障列车，或在降级运营时供列车折返。为增加停车线的灵活性，在其两端设置了单渡线和交叉渡线。

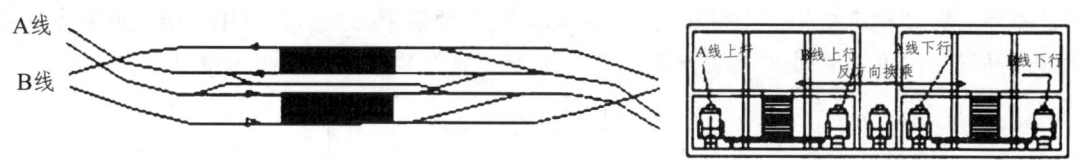

图 2-15 双岛 5 线车站平面和横断面图

2）站台上下平行换乘（即行列式）。

上下平行站台换乘是将供两条线路使用的车站站台采用上下平行的立体布局的形式，即将站台同平面换乘方式中的两个岛式站台上下叠置，一个岛式站台位于另一个岛式站台的正上方，形成行列式的站位。这种换乘又称为单岛四线同站台换乘车站，是由双岛四线车站变化而来。两个岛式站台分成上下两层重叠设置，由此形成了单岛三层同方向换乘车站。地下一层为站厅层，第二层、第三层为站台层，如图 2-16 所示。

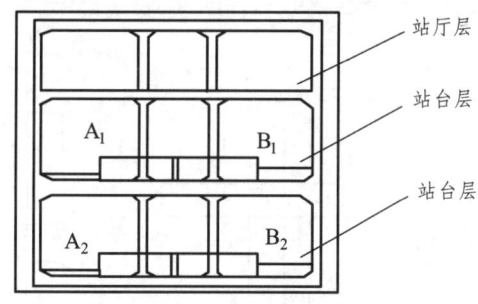

图 2-16 站台上下平行换乘车站布局示意图

与站台同平面换乘站相比，站台上下平行换乘站的使用更加灵活。如果将 A、B 两条线的上行线组合在一个站台上，两条下行线组合在另一个站台上，乘客可进行同站台同方向换乘；经过楼梯到上层站台或下层站台也可进行反方向换乘。如果将两条线的上行线和下行线组合在一个站台上，乘客可进行同站台反方向换乘。

站台上下平行的同站台换乘站具有以下优点：

① 由于线路重叠设置，取消了车站两端的立体交叉点，改善了线路条件。
② 车站的宽度较小，因此占地少便于工程实施。
③ 既可进行同站台同方向换乘，经上下层站台进行反方向换乘也很方便。
④ 通过线路组合也可进行同站台反方向换乘。
⑤ 土建工程量小，工程造价低。

3）结点换乘。

在两条轨道地下线路的交叉处，将两线隧道重叠部分的结构做成整体的结点，并通过楼梯或自动扶梯连接两座车站的上下站台，从而实现结点换乘，这样任一方向的乘客只需通过上下楼梯或自动扶梯一次，便能换乘到另一条线路。

结点换乘方式的站台建设要求一次性完成，因此初期投资较大，同时预留线路的界限净空及线路位置受到限制，这就要求对预留线要有一定的研究设计深度，避免因预留工作做得不尽合理而造成后续工程实施困难。

结点换乘设计的关键是要注意上下楼的客流组织，避免进出站客流与换乘客流的交织紊乱。该方式与同站台换乘方式一样，多用于两线之间的换乘，如用于三线或三线以上的换乘，因此枢纽布置和建筑结构会变得相当复杂，必须与其他换乘方式组合应用。结点换乘方式依两线车站交叉位置的不同，分为十字、T字、L字三种布置型式，如图2-17所示。

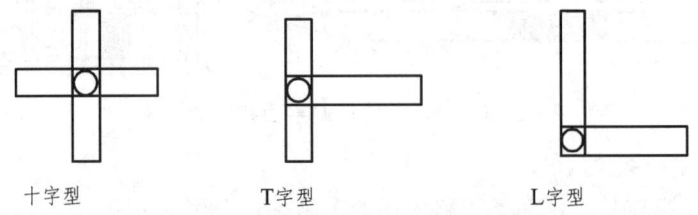

图 2-17 结点换乘三种布置型式示意图

（1）十字换乘。

两线路车站呈十字型交叉，一个车站直接布置在另一个车站的上部，换乘是通过配置在交叉处的楼梯或自动扶梯进行的。该换乘方式根据站台布置形式又可分为岛式与侧式换乘、岛式与岛式换乘、侧式与侧式换乘三种情况，如图2-18所示。

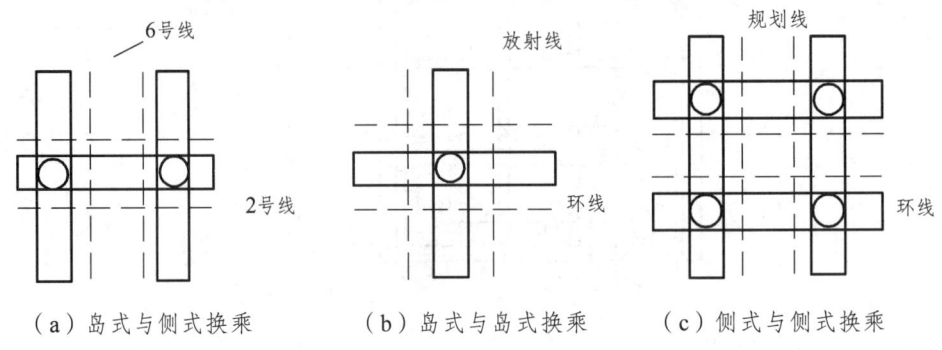

图 2-18 "十"型结点换乘的三种结构示意图

十字换乘的三种布置形式各有特点，各个方向的换乘都只需要通过一次上楼梯或下楼梯完成。其中以侧式与岛式和侧式与侧式换乘的最为理想，能满足较大的客流换乘量的要求。岛式与岛式换乘由于是一点相交，楼梯宽度往往受岛式站台宽度的限制，如果布置不当会造成乘客拥挤堵塞现象，如能布置得当也能满足一定数量的换乘量。同时为了方便乘客上下和缩短楼梯的长度以利于站台的布置，必须将上下两站台之间的高差尽可能地缩至最小。

（2）"T"型和"L"型换乘。

"T"型换乘和"L"型换乘都与其车站主体相脱离，前者是一座车站中间的侧面与另一车站的端部通过换乘设施相衔接，后者是两站的端部通过换乘设施相衔接，而且主体与换乘设施间不一定要直接或者垂直相联，也可以在中间增加一条直的或者斜的短通道，使两站斜交并离开得更大一些。对两站的高差也没有严格的限制，如果高差较大，上、下可设自动扶梯。

由于这两种换乘方式布置比较灵活，明挖、暗挖施工均可；修建第一条线路时，对换乘设施需要预建的工程量较小；换乘通过能力较大，因而国内外地铁采用者较多。

4）站厅换乘。

站厅换乘是将设置两条线或多条线的公用站厅，或将不同线路的站厅相互连通形成统一的换乘大厅。乘客下车后，无论是出站还是换乘，都必须经过站厅，再根据导向标志出站或进入另一站台进行换乘。由于下车客流只朝一个方向流动，减少了站台上人流交织的情况出现，乘客行进速度快，在站台上的滞留时间减少，可避免站台拥挤，同时又可减少楼梯等升降设备的总数量，增加站台有效使用面积，有利于控制站台宽度规模，因此，站厅换乘是一种较为普遍的换乘方式。

站厅换乘一般用于相交车站的换乘。它的换乘距离比站台直接换乘要长，很多情况下，乘客在垂直方向上往返行走，带来一定的高度损失。站厅换乘方式与站台直接换乘相比，乘客换乘路线通常要先上（或下）再下（或上），换乘总高度大，换乘距离长。

若是站台与站厅之间是通过自动扶梯连接，可改善换乘条件。由于所有乘客都必须经过站厅进行集散和换乘，因此站厅内客流导向和指示标志以及各种信息显示屏等换乘诱导系统设施的设置便显得尤为重要，它是保证旅客有序流动必备的硬件环境。

依据轨道线路以及车站站台的不同形式，站厅换乘有三种典型的布置方式，现就上海已建或规划的轨道线网中的换乘站进行说明。已建成的地铁1号线（侧式站设置在地面层，地铁和轻轨线的联合站厅设置在地上第二层，并通过高架通道与铁路站台相连，三者之间的换乘均在联合站厅中进行，如图2-19（a）所示；地铁1号线与规划地铁8号线的人民广场站在地下二层采用并列岛式站台形式，通过地下一层共用站厅来完成换乘，如图2-19（b）所示；高架轨道明珠线与规划轻轨C-C线的虹口体育场站，采用上下平行侧式站台形式，通过夹在中间的公用站厅来完成换乘，如图2-19（c）所示。

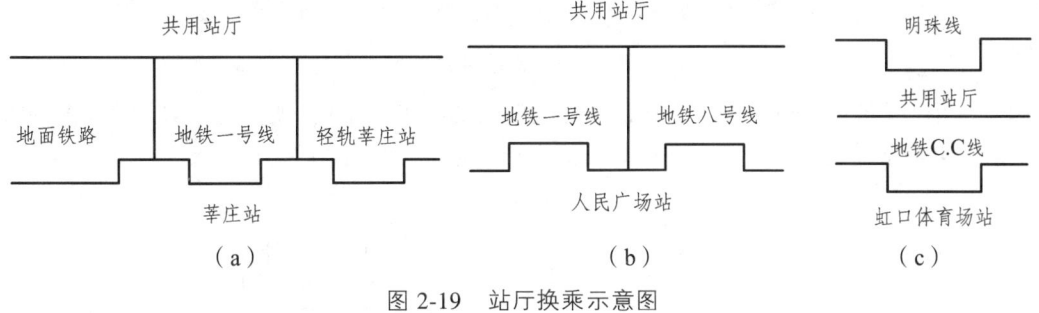

图2-19 站厅换乘示意图

5）通道换乘。

如果两轨道线路的车站靠得很近，但又无法建造成同一车站，那么可以采用通道换乘的形式。这种换乘方式是通过专用的通道以及楼梯或自动扶梯将两座结构完全分开的车站连接起来，供乘客换乘。通道可以连接两个车站的站台或站厅的付费区，也可以连接两个车站站厅的非付费区。通道长度不宜太长，可设置有一定的坡度，并朝向换乘客流较多的方向。

缺点：通道换乘对乘客来说不是一种理想的换乘方式，换乘条件取决于通道的长度及其通过能力。由于换乘通道的通过能力有限，且不能无限制地拓宽通道宽度和增加通道的数量，因此通道换乘一般与其他换乘方式配合使用。纯通道换乘常常作为线网考虑不周、规划失控、线网实施受阻等情况下的一种补救措施，在线网规划中应尽量避免采用。

优点：通道布置较为灵活，对两线的交角和车站的位置有较大的适应性，预留工程少。并可根据换乘客流量来决定通道的宽度，也可根据不同方向换乘客流的大小分别采用两个方向换乘客流使用同一通道的单通道换乘和两个方向换乘客流分离的双通道换乘的换乘组织方式。

下列三种情况下常采用通道换乘。

（1）当一条线路的区间与另一条线路的车站"T"型交叉时，可按图 2-20 所示的换乘站形式组织换乘。

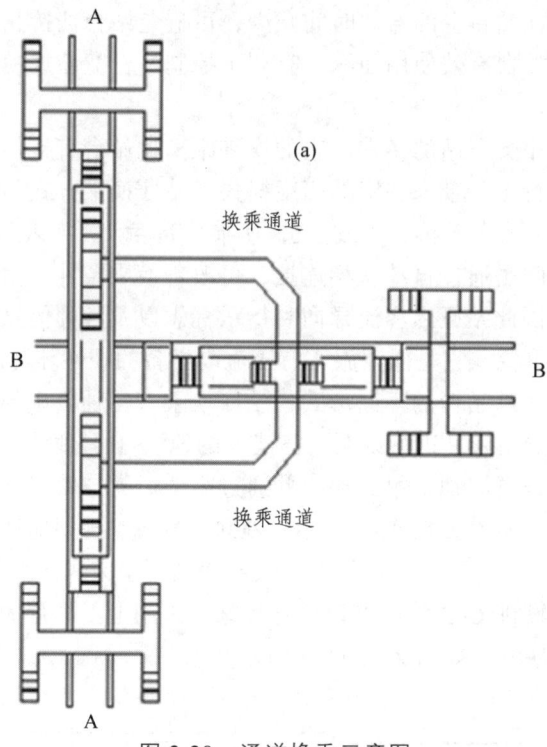

图 2-20　通道换乘示意图

（2）当两条城市轨道交通线路在区间相交时，两线车站布置构成"L"型，两线上的轨道交通车站均应靠近交叉点设置，并用专用的人行通道联接，如图 2-21 所示。

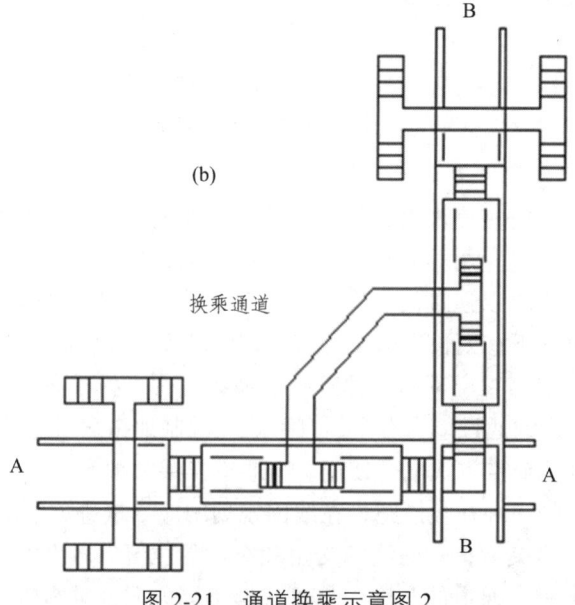

图 2-21　通道换乘示意图 2

（3）如果两线车站的站位平行或接近平行，且靠得很紧，但又无法采用同站台换乘，那么可以采用"H"型站位的通道换乘方式，如图2-22所示。

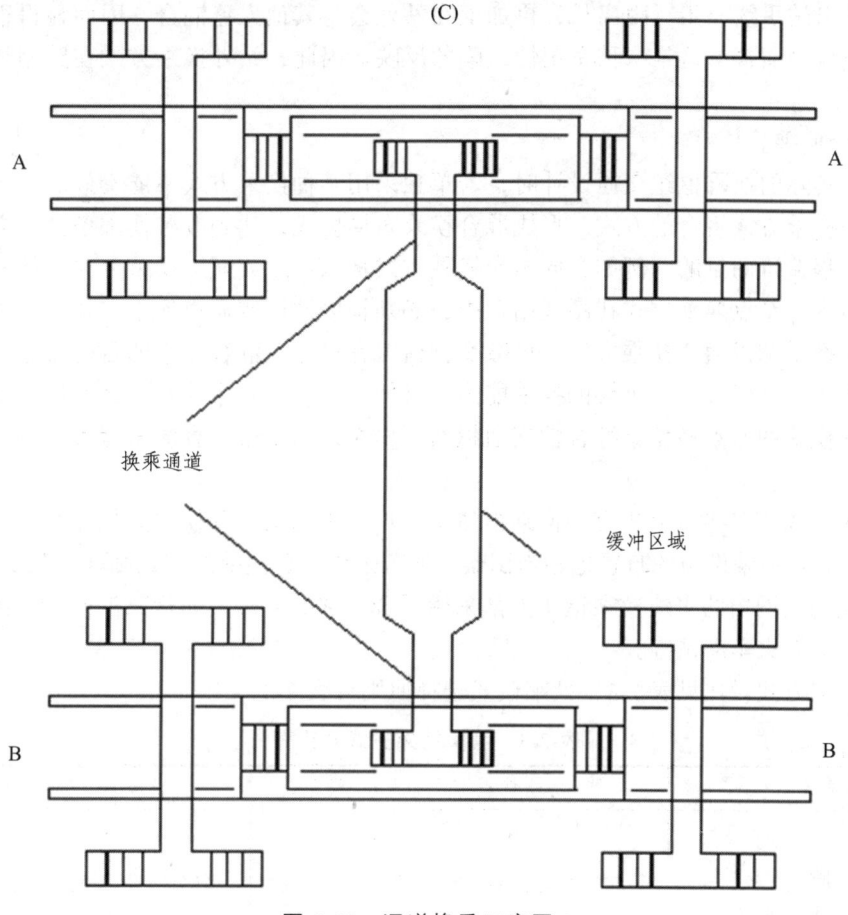

图2-22 通道换乘示意图3

"T"型和"L"型站位与结点换乘中的"T"型和"L"型换乘相似，只是在两车站的联结部位，考虑到建筑结构设置的困难，可以不设置换乘设施，乘客的换乘通过设置在其他部位的专用换乘通道进行。上海地铁2号线中山公园站（地下2层）与轨道明珠线长宁路站（高架2层站台）呈"T"型站位，利用两条地下通道连接两车站站厅层进行换乘，如图2-20所示；地铁1号线人民广场站与2号线人民公园站呈"L"型站位，利用2号线地下2层站厅层与1号线地下1层站厅层，通过10m宽的地下通道来完成换乘，如图2-21所示。上海地铁2号线东方路站与正在建设的轨道明珠线二期工程张扬路站呈"H"型站位，利用地下通道进行换乘，如果通道较长，那么应在通道的中间插入缓冲区域，如图2-22所示。

6）站外换乘。

站外换乘是乘客在车站付费区以外的区域进行的换乘，实际上是没有专用换乘设施的换乘方式。它在下列情况下时可能会出现：

（1）高架线与地下线之间的换乘，因条件所迫，不能采用付费区内换乘的方式。

（2）两线交叉处无车站或两车站相距较远。

（3）规划不周，已建线未作换乘预留，增建换乘设施又十分困难。

采用站外换乘方式，往往是无路网规划或其他重大困难无法克服而造成的后遗症，如上海地铁1号线和轨道明珠线上海火车站目前就采用在付费区以外进行换乘的方式。由于乘客增加一次进出站手续，步行距离长，再加上在站外会与其他人流混合，因而显得很不方便。对轨道交通自身而言，这是一种系统性缺陷的反映。因此，站外换乘方式在路网规划中应尽量避免出现。

7）混合换乘。

在进行实际的换乘枢纽交通设计时，若单独采用某种换乘方式不能奏效时，可采用上述两种或多种换乘方式组合的方式，形成混合换乘布局模式，达到改善换乘条件、方便乘客使用、降低工程造价的目的。例如，同站台换乘方式辅以站厅或通道换乘方式，使所有的换乘方向都能换乘；结点换乘方式在岛式站台中，必须辅以站厅或通道换乘方式，才能满足换乘能力；站厅换乘辅以通道换乘方式，可减少预留工程量等。混合换乘的目的就是力求车站换乘功能更强大，既保证具有足够的换乘能力，又使得工程实施容易及乘客使用方便。由于采用混合换乘模式的站点多位于综合性交通枢纽，枢纽结构复杂，客流量庞大，场站的交通组织较困难。

另外在三线或三线以上相交的换乘枢纽中，单独采用某一种换乘方式往往难以实现所有方向的换乘，且换乘设施的布置也相当困难，如若采用混合换乘的方式则能收到满意的效果。上海轨道规划线网中的多线换乘枢纽大都采用混合换乘的方式，如徐家汇站、人民广场站、东方路站、上海火车南站等。

各类换乘方式对比见表2-3，换乘模式选择原则见表2-4。

表2-3 各类换乘方式对比表

换乘形式		功能特点	线路数	优缺点	代表
站台换乘	同平台站台	某些方向在同一站台平面内换乘，其他方向需要通过联结系统换乘	两线换乘	换乘直接、换乘量大，部分客流换乘距离较大	东京地铁表参道站
	上下平台站台				香港太子站和旺角站
站厅换乘		通过各线共用站厅换乘，或将各站厅相互连通进行换乘，乘客需上下楼梯	两线或多线换乘	客流组织简单，换乘速度快，但引导标志设置重要	上海人民广场站
结点换乘	十字型 岛式与岛式	通过一次上下楼梯或自动扶梯，在站台与站台之间直接换乘	两线换乘	一点换乘，客流方便但又交叉	上海河南中路站
	岛式与侧式			两点换乘，换乘量中等	
	侧式与侧式			四点换乘，换乘量大	
	"T"型"L"型换乘			相对十字换乘，步行距离长	
通道换乘	"T"型"L"型"H"型站位	通过专用的通道进行换乘	两线或多线换乘	换乘间接，步行距离长，换乘能力有限，但布置灵活	北京东直门站

续表

换乘形式		功能特点	线路数	优缺点	代表
混合换乘		同站台换乘、结点换乘、站厅换乘以及通道换乘中两种或两种以上方式的组合	两线或多线换乘	保证所有方向的换乘得以实现	上海火车南站
站外换乘		没有专用的换乘设施,在付费区外换乘,乘客需增加一次进出站手续	两线或多线换乘	步行距离长,客流混合,由线网规划的系统缺陷造成	上海火车南站

表2-4 轨道交通换乘模式选择原则

线路交叉形态	车站的布局模式	基本形态	选择的原则
垂直	①十字型		由于换乘方便、与周围地区的接驳性好等优点,是线路垂直相交时最好的模式。特别是在办公、商业中心地区等城市功能集中处,该形式更为适用
垂直	②"T"字型		由于换乘方便性低于十字型,仅在无法采用十字型的情况下、或上下客流动线集中于限定的地区等特殊条件下采用
垂直	③"L"字型		由于换乘方便性低于十字型和T字型,仅在无法采用十字型和T字型的情况下、或上下客流动线集中于限定的地区等特殊条件下采用
平行	①水平平行型		是2条线路平行且站台设在同一深度的车站模式。由于平行型模式车站的占地宽度较大,确保布局空间是必不可少的条件
平行	②上下平行型		换乘极为方便,是平行线路中的最佳模式。如同时采用相互驶入的运行方式,可以适应集中换乘和全方位换乘

三、城市轨道交通枢纽换乘方式的评价

对轨道交通换乘方式的评价指标包括定性指标和定量指标,在换乘方式具体评价过程中往往采用定性指标和定量指标相结合的方法。主要的评价指标包括:

（1）创造良好的换乘系统。

（2）保证轨道交通线路之间的最佳换乘连接。

（3）保证乘客换乘行走距离最短。

（4）确保与其他交通模式（公共汽车、出租车）之间的最佳换乘。

（5）确保乘客从站台至外面的行走距离最短。

（6）与周围设施（商场、停车场、公园等）之间的良好联系。

（7）最佳的路线敷设方式。

（8）寻求最简易的施工方式。

（9）设备资源的有效利用和共享。

（10）综合造价评估。

轨道交通换乘方式的评价是个复杂的过程，涉及换乘时间、工程造价、运营费用等方面的内容，根据不同的要求，通常可选择以下的评价准则：

（1）在一定的投资约束下换乘功能的最好成绩，即乘客换乘总时间最小（包括站内换乘时间和站外换乘时间）。

（2）在换乘功能基本相同的情况下，投资最小。

（3）换乘设施的社会经济效益最好，即在一定年限内的社会经济效益最好（换乘设施的直接社会效益主要体现在换乘时间的节省和为保障换乘设施正常运转所投入的日常费用）。

视频：地铁换乘分流通道

实训项目：城市轨道交通车站实训

一、实训目的与要求

通过选取某地铁线路，分析该线路选线、布局及车站内部布局实证本章节相关内容。分析该线路部分车站选址的影响因素；选取其中一个车站，分析该车站的整体布局，解析车站功能布局及作用实现。

二、实训内容

1、选取已开通的一条地铁线路，分析该线路所有车站的分类，选取3-5个车站分析设置的因素。

2、选取其中一个车站，分析车站的功能组成及布局。

3、选取其中一个车站，画出站厅和站台的设备设施布置图。

4、选取任一换乘车站，分析其换乘通道。

三、考核要求

1、概述按车站与地面的相对位置、站台形式分类及运营性质的车站分类。
2、应用 Microsoft Visio 等绘图软件,画出城市轨道交通车站组成结构图。
3、分析城市轨道交通换乘形式,画出流线布置图。

四、思考总结

1、假设在你的家附近规划建设地铁车站,根据本章内容你有什么建议?
2、关于换乘站内部换乘客流组织形式,从客流组织角度思考不同换乘组织形式的优缺点。

第三章　城市轨道交通客运设备设施

【本章导读】

主要内容：城市轨道交通车站电梯系统；城市轨道交通屏蔽门系统；城市轨道交通FAS系统；城市轨道交通PIS系统；城市轨道交通环控系统。

教学目标：掌握电梯系统的组成，能认识自动扶梯的结构组成，能描述城市轨道交通车站自动扶梯操作流程，能熟知自动扶梯故障处理程序，能熟知自动扶梯操作注意事项。掌握屏蔽门的组成，屏蔽门系统的控制级别，屏蔽门故障处理。掌握环控系统的组成和功能。

建议教学方法：采取理论教学、案例教学和现场教学，教师课堂讲授和网络课程学习，并和作业的完成相结合。

第一节　电梯系统

电梯系统是城市轨道交通系统的一个重要组成部分，是城市轨道交通站台、站厅、地面间运送客流的主要设备，每天担负着运送大量乘客的任务。电梯作为地铁车站内疏散乘客的重要工具，对客流的及时疏散起到了至关重要的作用，因此，车站站务人员应掌握扶梯系统的主要构造和简单故障的处理方法。车站根据预期客流量配备了足够数量的自动扶梯，以保证车站的正常运作。

一、系统组成

城市轨道交通车站的电梯系统由垂直电梯、自动扶梯、自动人行道及楼梯升降机（供特殊需要人群使用）组成。

城市轨道交通车站站台至站厅间自动扶梯根据车站远期客流量配备上、下行自动扶梯；出入口及过街隧道根据人流量设置上、下行或上行自动扶梯；当提升高度达到 6 m 以上时，设上、下行自动扶梯，以保证人流的疏散和服务质量。为保证残疾人乘客的正常出行，车站内还应设置残疾人电梯、楼梯升降机，以满足特殊人群的需要。

二、自动扶梯

（一）自动扶梯简介

地铁车站在地面出入口和站厅、站厅层和站台层之间设置有自动扶梯，能够方便乘客，提高车站运输效率，同时增加乘客进出车站的舒适度。

在每座车站至少有一个出入口通道设置了自动扶梯；同时根据客流大小、提升高度及现场实际状态分设上行或下行自动扶梯。

在正常情况下，自动扶梯采用就地控制，车站控制室监视其运行状态。在紧急情况或火灾情况下，通过车站控制室的紧停按钮，可使车站非疏散用的自动扶梯全部停止运行，并作为固定楼梯疏散乘客，而作为疏散用的自动扶梯将继续承担疏散人群的任务。

（二）自动扶梯的布置

自动扶梯一般采用 30°斜角，两台相对布置的自动扶梯工作点间距不得小于 16 m；扶梯工作点至前面影响通行的障碍物间距不得小于 8 m；扶梯与楼梯相对布置时，自动扶梯工作点至楼梯第一级踏步的间距不得小于 12 m。

（三）自动扶梯分类

自动扶梯是指带有循环运动梯路向上或向下倾斜输送乘客的固定电力驱动设备。按驱动装置位置可分为端部驱动自动扶梯与中间驱动自动扶梯两种。

1. 端部驱动自动扶梯

它的驱动装置位于自动扶梯的头部，并以链条作为牵引构件。它由一系列的梯级与两根牵引链条连接在一起，运行在按一定线路布置的导轨上。牵引链条绕过上牵引链轮、下张紧装置并通过上下分支的若干直线、曲线区段构成闭合环路。该环路的上分支中的各个梯级应严格保持水平，以供乘客站立。上牵引链轮通过减速器等与电动机相连以获得动力。扶梯两边装有与梯级同步运行的扶手装置，以供乘客扶手之用。为了保证自动扶梯上乘客的绝对安全，要求装设多种安全装置。

2. 中间驱动自动扶梯

它的驱动装置位于扶梯中部，并以齿条为牵引构件。一台自动扶梯可以装多组驱动装置，也称多级驱动组合式自动扶梯。运行时，电动机通过减速器将动力传递给两侧传动链条，每侧的传动链条之间铰接一系列的滚子，滚子与牵引齿条的牙齿啮合，驱使自动扶梯运行。

（四）自动扶梯基本构造

自动扶梯是由一台链式输送机和两台胶带式输送机组合而成的升降传送系统。自动扶梯的基本结构包括主驱动系统、润滑系统、安全保护系统和电气控制系统。

自动扶梯的主要设备包括桁架、梯级、裙板、扶栏、驱动链、梯级链、减速机、电动机、主驱动轴、梯级链张紧装置、导轨、扶手带驱动装置、扶手带、梳齿板、控制系统、安全装置等，如图 3-1 所示。

（1）桁架：架设在建筑结构上，供支撑梯级、踏板以及运动机构等部件。
（2）梯级：在扶梯桁架上循环运行，供乘客站立的部件。
（3）裙板：与梯级、踏板两侧相邻的金属围板。
（4）驱动链：传递运动并带动梯级运行的部件。
（5）梯级导轨：供梯级滚轮运行的导轨。

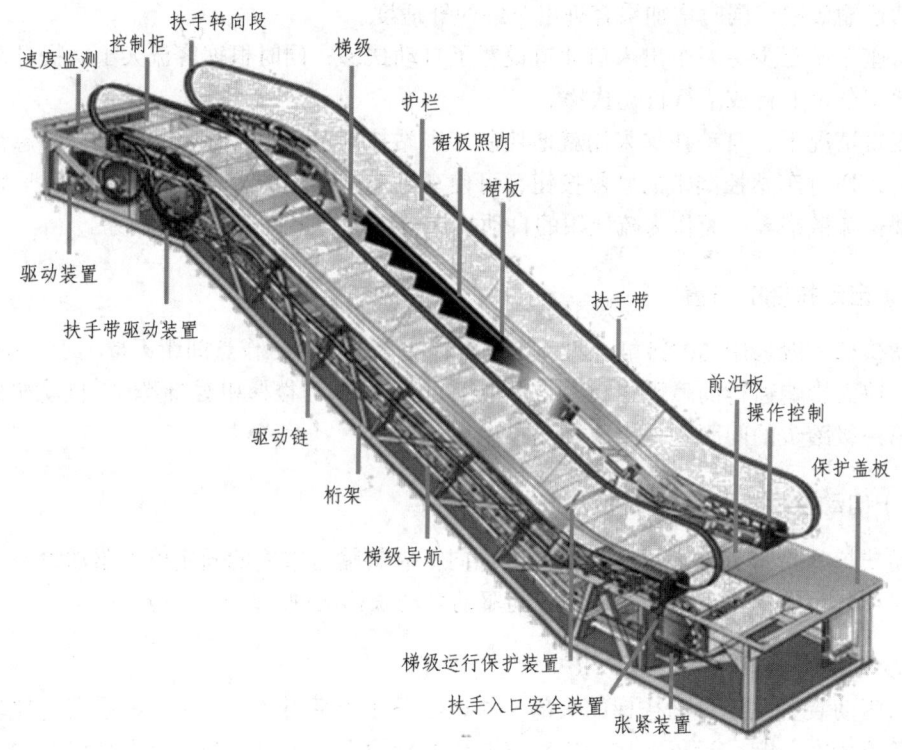

图 3-1 自动扶梯主要构造图

（6）梳齿板：位于两端出入口处，是方便乘客的过渡并与梯级、踏板或胶带啮合的部件。

（7）驱动装置：驱动扶梯运行的部件，包括电机、减速器、驱动链轮主轴、驱动链轮等。

（8）扶手带装置及扶手带：在扶梯两侧，对乘客起安全防护作用，也便于乘客扶握的部件。

（9）扶手带张紧装置：当扶手带被拉长或安装过紧时，用于调节其长度的部件。

（10）控制柜：主要由电机板，变频器、主开关、各种继电器、接线端子、通信接口、接地保护装置等构成。

（11）自动润滑系统。

（12）安全装置：包括驱动链断链开关、梯级下陷开关、梯级运行开关、梯级链张紧装置、梳齿板开关、裙板开关、扶手带断带开关、超速开关、扶手带入口开关、工作制动器开辅助制动器开关、地板安全开关、防逆转装置等。

视频：电梯内部结构

（五）自动扶梯的功能特点

（1）在营运维护方面也进行了充分考虑，扶梯出入口的踏板设有被盗报警功能，以便管理人员及时发现并报警。

（2）辅助安全装置，黄色边框梯级是运载乘客的重要部件，为确保乘客安全，有的国家和地方还要求在梯级上标有黄色的边框,以告知乘客只能踏在非黄色边框区域,以策安全,如图 3-2 所示。

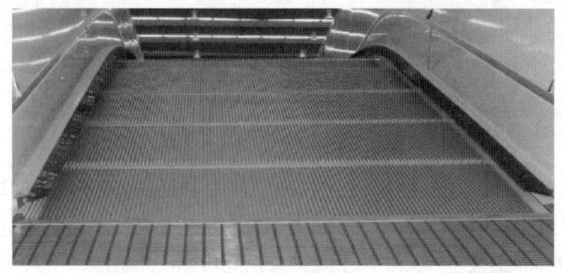

图 3-2　自动扶梯梯级黄色边框

(3)扶手带入口安全开关。一旦手进入,外门敞开,扩大空间,同时外门通过一个释放杆,带动内门,内门触动安全开关使扶梯停止,如图 3-3 所示。

视频:扶手带触指开关

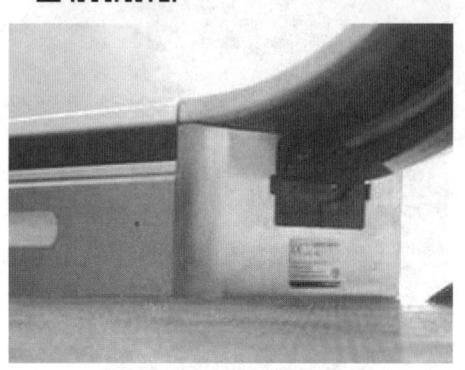

图 3-3　扶手带入口安全开关

(4)间歇节能模式。通过雷达检测到无乘客乘梯,扶梯自动低速运行,直至有乘客进入搭乘区域。自动扶梯或自动人行道被乘客自动启动后,控制系统应保证有一段足够的运行时间,该时间在自动停止运行之前至少为预期乘客输运时间加上 10 s。

视频:电梯感应装置

(5)梳齿板安全开关。当细小异物落在梯级上,梯级运行到梳齿板时就能探测到异物实现停梯。

视频:电梯接合结构

（6）安全系统，梯级运转管理。梯级运转管理的保护开关，对应于梯级的下陷，梯级轮的偏离，梯级链的断链都有全方位的监控。

视频：电梯轮轨结构

（7）紧急停梯按钮。在自动扶梯的上下部扶手盖板上装各有一个红色紧急开关，在上面或靠近它的地方标上"停止"标识。紧急开关装在醒目而又容易操作的地方。对于提升高度超过 12 m 的自动扶梯及使用区段长度超过 40 m 的自动人行道，应在扶梯中部增设一个停止装置，如图 3-4 所示。

视频：扶梯紧急按钮

图 3-4 紧急停梯按钮

（8）裙板上的安全刷。

为防止梯级与裙板之间出现夹住异物例如雨伞、长裙等的情况，在裙板底部上安装有安全刷，乘客怕弄脏裤脚或被安全刷刷到脚感到不适就会离开裙板站立，因而消除夹住的危险，如图 3-5 所示。

图 3-5 裙板安全刷

（六）城市轨道交通车站自动扶梯日常操作

目前，各城市轨道交通系统使用的自动扶梯品牌和型号不尽相同，各品牌操作程序各有差异，下面列举其中一种操作程序。

1. 自动扶梯的控制级别

就地控制：在正常情况下，自动扶梯采取就地控制，车站监控运行状态。

车站级控制：紧急情况或火灾情况下，通过车站控制室综合后备盘 IBP 盘上的自动扶梯紧停按钮，可使车站非疏散扶梯全部停止运行，并作为固定楼梯进行紧急疏散，而作为疏散用的自动扶梯将继续运行承担疏散人群的任务。

2. 自动扶梯操作开关按钮

在自动扶梯扶手的上下及左右两端，有"紧急停止"按钮、"上、下行运行"钥匙开关、"报警停止"钥匙开关等操作按钮，用于自动扶梯的现场操作及控制。

（1）"禁止停止"按钮：扶梯上、下方及长扶梯的中部均设有紧急停止按钮。用于当自动扶梯出现威胁乘客安全等紧急事故时自动扶梯的紧急停车。

（2）"上、下行运行"钥匙开关：用于自动扶梯运行方向的选择。

（3）"报警停止"钥匙开关：用于自动扶梯开启前的鸣笛及自动扶梯的正常停止操作。

另外，在自动扶梯内侧面板的上下端部贴有安全提示形象贴图，向乘客提示乘坐自动扶梯的安全注意事项，如图 3-6 所示。

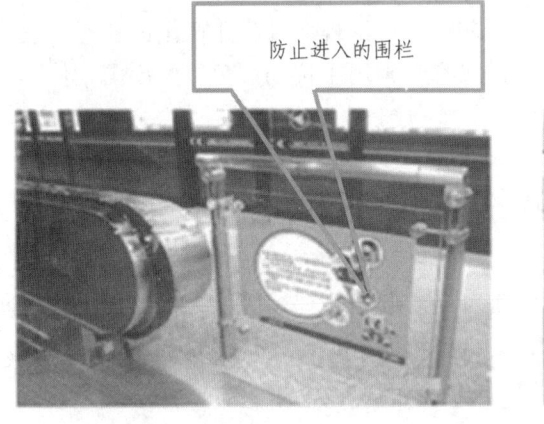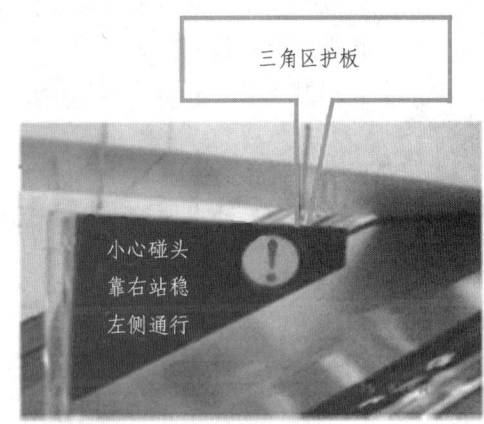

图 3-6　自动扶梯周围安全设施

3. 自动扶梯日常启动操作

1）自动扶梯运行前的准备——"两检查，一确认"。

（1）检查扶梯踏板、扶手带、梳齿版和裙板，裙板与梯级间的间隙。清除夹在里面的碎纸、小石子、口香糖等。

（2）检查自动扶梯周围的安全设施（三角区的护板，栅栏、隔板及防护网）有无破损等异常情况。

（3）确认紧急按钮是否处于正常状态。如果处于动作状态，必须将其恢复到正常状态。

2）开启自动扶梯的程序。

（1）将钥匙插入操作盘上，报警停止开关鸣响警笛，发出信号表示即将开始运转，放手后钥匙将回到中央位置,将其拔出。

(2)确认自动扶梯的踏板和梯级上没有乘客时,将钥匙插入运行开关后,向需运行方向(上或下)旋转,自动扶梯开始运作,待稳定运行后放手,钥匙自动回到中央位置,即可将其拔出(启动时一只手旋转钥匙的同时另一只手按在急停开关上,当出现异常时及时按动急停开关)。

(3)确认扶手带是否正常转动,如有异常声响或振动时,要立即按动紧急停止按钮,停住自动扶梯,同时通知维修人员。

(4)确认正常运转后,再试运转 5~10 min。如果试运转中按动了紧急停止按钮,在问题处理完毕后,必须将红色罩复原。

4. 自动扶梯日常关闭操作

(1)停止之前,不允许乘客进入自动扶梯的梯口。

(2)将钥匙插入报警停止开关。鸣响警笛。确认自动扶梯附近或扶梯梯级上无人后,再用钥匙开启停止开关。自动扶梯则停止运行。

(3)每日正常运行结束后须认真检查并清扫扶梯踏板、扶手带、梳齿板、裙板以及扶梯下部专用房。

(4)正常停止扶梯后,应采取措施,设置停止使用牌,防止乘客将其当做楼梯使用。

5. 自动扶梯紧急停止操作

(1)就地操作。

在出现异常的状况下,必须使用紧急停止按钮时,应大声通知乘客"紧急停止,请抓住扶手带"后,再按下紧急停止按钮。放开手后,若红色罩呈现向外膨胀凸出的状态,表示已恢复正常状态;放开手后,若红色罩仍保持凹进状态,则用手按动红色罩的周围,使其恢复到正常状态。

(2)车站控制室操作。

在车控室 IBP 盘上,插入钥匙,按压扶梯停止按钮,如需复位则再次按压恢复按钮状态。

6. 自动扶梯转换运行方向操作

将钥匙插入报警停止开关,向左旋转,鸣响警笛。确认扶梯梯级上无人后再用钥匙向右旋转至停止位置,放手后待钥匙回到中央位置,再将钥匙拔出。待扶梯完全停止运行后,将钥匙插入运行开关。

(七)车站站务人员自动扶梯日常操作及巡查注意事项

(1)在日常开站前,应对自动扶梯与自动人行道进行准备性试运行,经试运行正常方能投入正常运行。

(2)启动后应检查出入口处的使用须知及警示标识是否完好无缺;车站员工、保洁、保安等在日常巡视中或途经扶梯过程中,一旦发现以上扶梯警示标识缺失、破损或扶梯广播停止等问题,应及时将情况报告车控室,车控室立即安排人员现场整改,确保安全警示标识、安全提示广播齐全、良好。

(3)日常停梯后,再启动时应注意检查确认梯级上无乘客且自动扶梯周围无障碍物;在梯头或梯尾的启动开关处用梯匙启动自动扶梯;在达到额定转速前,检查自动扶梯是否启动自如,若有异常,即按急停按钮停止。

（4）转变运行方向应注意检查确认扶梯级无乘客；停止自动扶梯时应等待扶梯完全停止后，再启动转向。

（5）自动扶梯向上运行时，扶手带不应脱离扶手带导轨；手拉住扶手带并跨上自动扶梯时，扶手带不应有滞后现象，否则应调节扶手带的张紧状态。

（6）日常巡站时应检查梳齿板与梯级或踏板、胶带有无断齿现象，如有应及时向维修部门汇报并安排更换；应清除梯级或踏板、胶带上和梳齿板前的垃圾。

（7）日常巡站时，应察看梯级（或踏板、胶带）与围裙板之间的间隙是否正常：应保证梯级与裙板一侧的水平间隙不大于 4 mm，两侧的水平间隙总和应不大于 7 mm。同时应保证梯级与围裙板之间无刮擦现象。如有异常，应立即上报维修。

（8）日常巡站时，对于不符合乘行要求的乘客纠正其行为，特别是防止小孩在自动扶梯梯级上进行玩耍。

不符合乘行要求的乘客包括：大件行李乘客；推婴儿车车乘客；伤残人士；无成人陪乘的老人或小孩；手或头伸出自动扶梯的乘客等。

（9）在日常运营中，需停运电梯时，站务人员须在停运自动扶梯上、下部摆放围栏或通过告示提醒乘客注意。

在日常运营中，当自动扶梯出现未知故障后，站务人员须在停运自动扶梯上、下部摆放围栏或告示提醒乘客注意，一般情况下，不作为楼梯供乘客使用，大客流、紧急情况发生时除外。

（10）在日常运营中，当自动扶梯进行年度保养或进行大维修时，站务人员应监督检查维修人员是否做好安全防护工作，如在自动扶梯上、下部设置围栏，对主驱动系统进行加锁等。

（11）为保证乘客的安全，只有在特别紧急的情况下才能远程停止自动扶梯运行，正常停止自动扶梯/自动步道时，必须就地控制。

（12）车站站务人员引导乘客正确搭乘自动扶梯，对乘客不正确使用自动扶梯的行为要及时制止，防止危险发生。

（八）城市轨道交通车站自动扶梯故障处理

1. 自动扶梯夹物处理

在条件允许的情况下等待专业维修人员到场，站务人员负责现场的维护，如在自动扶梯上、下部设置围栏或派专人在现场进行看护；条件不允许的情况下，把事故自动扶梯的总电源关闭，用作固定楼梯使用。

2. 自动扶梯夹人

关闭事故自动扶梯的总电源，安抚受伤乘客，在条件允许的情况下等待专业救护人员到场，站务人员维护现场；条件不允许的情况下，把事故自动扶梯的总电源关闭，根据运营应急处理程序处理。事故自动扶梯必须断电，在进行救护时必须确保自动扶梯总电源已关闭。

（九）自动扶梯安全事故应急处理程序

1. 紧急停梯

扶梯客伤目击者应第一时间按停扶梯，同时做好停梯前的提醒，防止客伤进一步加剧。

2. 立刻上报

车站工作人员获知自动扶梯事故后,立即将故障、乘客受伤大致情况报车控室,车控室报告行调、值班主任助理、环调、客伤负责人、分管站长,并视具体情况报 120、119、地铁公安,联系乘客家人。

3. 安抚乘客及家属

值班站长、客运值班员等立即赶到现场安抚受伤乘客,对于伤者适当进行前期处理,例如伤口包扎、止血,为乘客提供座椅、饮用水等。

4. 目击证人取证

寻找两名及以上目击证人,并记录下事情经过,由客值/值站利用录音笔、相机等对伤者受伤原因、伤势和现场进行取证及善后跟进处理。

5. 对现场进行围蔽

对于伤势较重不能立即移动的乘客,马上将现场用屏风围蔽,视情况封闭出入口/站台/站厅,疏散围观乘客,妥善应对媒体采访。

6. 恢复运营

将乘客交由医护人员处理,视情况进行准备担架、应急备用金、派人前往医院协助等善后处理,待机电人员出具扶梯检测报告,经环调同意,现场公安取证完毕,清理现场后,重新开启扶梯,恢复正常运营。

三、垂直电梯

城市轨道交通车站垂直电梯一般设置在出入口、站厅层、站台层,是给有需要的人士使用,如携带大件行李乘客、特殊需求乘客如残疾乘客等,如图 3-7 所示。

图 3-7 车站垂直电梯

（一）垂直电梯简介

垂直电梯主要指车站内的液压电梯和无机房电梯。

1. 液压电梯

液压电梯靠液压传动，采用柱塞侧置式方式，其油缸柱塞设置在轿厢侧面，借助曳引绳通过滑轮组与轿厢连接，利用电动泵驱动液体流动，由柱塞使轿厢升降其运行全过程通过先进的电控和液控集成技术可靠、准确地实现。

2. 无机房电梯

无机房电梯是指在不设机房的条件下，将轿厢、对重、驱动主机、控制柜、限速器等关键部件布置在一般电梯井道内的电梯。

无机房电梯的操作指引：电源开关在紧急检修箱里，需要用撬门钥匙才能打开紧急检修箱（顶层）。把总电源开关合上，然后用开梯钥匙在每层的外呼箱上操作开梯。

（二）垂直电梯功能介绍

（1）应急照明，垂直电梯在运行中发生故障电源被切断或中途停电时，应急照明启动，照明时间不小于 1 h。

（2）门光幕保护，在轿门上装有红外线光幕作为关门安全保护。

（3）开关门受阻保护，当正在开或关的门收到外力阻挡时，门会自动反向运动。

（4）垂直电梯作为残疾人专用电梯时，按要求配置轿厢内扶手、语音报站功能、盲文按钮和残疾人专用操作盘及残疾人导向标识。

（5）垂直电梯在车站控制室提供远程控制接口，以便在紧急情况下，通过车站控制室综合后备盘 IBP 盘远程停止相关垂直电梯。电梯全部停止归零后，IBP 盘上的"归零指示灯"指示器将亮起。

（三）车站垂直电梯运行模式

（1）自动运行模式：这是城市轨道交通车站最常用的一种模式，轿箱内操作板和厅呼按钮都可以控制电梯。

（2）操作运行模式：是指有专门的运行员在电梯内运行电梯的模式，在该种模式下，电梯运行方向可以改变，由操作者通过呼叫登记。

（3）独立运行模式：该种模式下，将取消所有的厅呼，只有在轿厢内可以控制。当电梯到达的时候，门会自动打开。但是要关闭门，需要按操作板上的"关闭"按钮直到轿门完全关上，如果在门关闭期间松开按钮，门还会重新打开。

（4）消防运行模式：该种模式下，所有的轿厢和门厅呼叫都会被取消，电梯将自动行驶到车站疏散层，开门放人后停运，直至消防模式恢复。

（四）车站垂直电梯日常操作

1. 开启垂直电梯

站务人员检查垂直电梯厅门周围有无障碍物、保证厅门畅通；站务人员在站厅开启垂直电梯,并乘坐至站台,查看垂直电梯的楼层显示是否正常、轿厢是否平稳。

2. 停止垂直电梯

车站末班站开出后,站务人员巡视完站台,在站台乘坐垂直电梯至站厅,确认无人使用后,用钥匙关闭垂直电梯电源;垂直电梯在接收到锁梯信号后,将不再响应其余呼梯信号,直接驶至基站,停止运行。

（五）车站垂直电梯的火灾模式联动

1. 站台层至站厅层的垂直电梯

当站厅层烟雾探测器探测到火灾报警时,或井道顶部的烟雾探测器探测到火灾报警时,垂直电梯自动停到站台层,并打开轿厢门;当站台层的烟雾探测器均探测到火灾报警时,垂直电梯自动停到站厅层,并打开轿厢门;当站台、站厅层的烟雾探测器均探测到火灾报警时,垂直电梯自动停到站厅层,并打开轿厢门。

当车站发生火灾,垂直电梯所有轿厢和层站呼叫按钮、关门开门按钮都不会起作用。层站指示板上停止服务指示灯亮起,同时电子语音器发布适当警告信息。

2. 站厅层至地面垂直电梯

站厅层至地面垂直电梯在接到火灾报警信号后,垂直电梯所有轿厢和层站呼叫按钮、关门开门按钮都不起作用。层站指示板上停止服务指示灯亮起,同时电子语音器发布适当警告信息。垂直电梯运行到地面层,打开轿厢门疏散乘客,停止运行。只有在火灾信号消除后,控制开关重新设置到正常位置,才能恢复运行。

（六）垂直电梯故障处理

当出现故障时（未停运）,首先要停止运行,再关闭垂直电梯总电源,完成以上步骤后再联系维修人员进行维修。

垂直电梯运行中因供电中断、垂直电梯故障等原因而突然停驶,将乘客困在轿厢内时,站务人员应安抚乘客,使他们保持镇静,耐心等待救援,并通知专业人员前来救援。

（七）电梯困人的应急处理

当垂直电梯困人时,现场员工应保持镇定,应立即到梯前确认,采取喊话、拍打的方式确认垂直电梯内是否有乘客（人数、有无受伤等）,将现场情况报车控室;安抚乘客,要求乘客保持镇定,告知乘客不得擅自采取行动、等候专业人员的救助。

车站值班员操作流程:

（1）得知情况后,立即通知值班站长,并与值班站长一同赶往现场。

（2）做好现场防护,禁止其他乘客操作该垂直电梯,并疏散围观乘客。

（3）报告维调、行调、信调、120（根据现场情况决定）并保持与现场的联系。

车站值班站长操作流程:

（1）得知情况后,立即赶到现场。

（2）安抚困在垂直电梯内的乘客,防止乘客自行救助,以免事态扩大。

（3）关闭垂直电梯总电源，等待专业人员，并协助专业人员进行救助。

（4）当被困人员被解救出后，对伤者进行救助；当被困人员没有受伤时，带到会议室处理。

四、楼梯升降机

楼梯升降机是属于电梯的一个分支，安装在车站站台到站厅和地面到站厅步行楼梯一侧，供坐轮椅的乘客上下楼梯使用，弥补了某些车站垂直电梯不能到达地面的不足。楼梯升降机能沿着楼梯连续做上升、水平和90°转角运行，运行倾角不大于35°。车站出入口，即站厅至地面的楼梯升降机是室外型，能在全天候条件下工作。车站内的楼梯升降机是室内型，按室内条件设计。该设备能适应地铁每年工作365天，每天工作20 h的工作制度，如图3-8所示。

（一）楼梯升降机的主要设备

包括升降平台、驱动机、导轨、控制柜、充电装置、低电源蜂鸣器、安全装置等。

图3-8　楼梯升降机

1. 升降平台

由于采用自动平台，故可通过操作外召唤盒的向上或向下按钮来控制平台收放。在升降机到达端点位置后，只要持续按住上或下按钮，底板便会自动向上折放，护栏会向下折放。在平台折叠或者张开过程中，如果遇到故障，也可以通过手动方式完成：轮椅平台由钢铁构件制成，其结构拥有足够的强度和刚度。升降平台包括钢板、安全护栏、活动板、安全挡板等。

2. 驱动机

驱动机采用直流电动机，电动机额定功率为540 W，电压为24 V。升降机运行速度由电动机通过齿轮减速后得到。6个钢制驱动滚轮等距地分布在滚轮支架上，在任何地方总有2个滚轮同时附着在导轨上，如此循环转动使升降机上升或下降。驱动机内有制动器，制动器断电抱闸，通电松闸、制动弹簧是压缩弹簧。

3. 导　　轨

导轨固定在楼梯表向。导轨和支撑件采用钢铁制作，表面热镀锌后涂有富锌防锈漆和耐磨面漆共两层，能保证15年内不生锈。导轨的单个部件不需要润滑。

  4. 控制柜

  控制柜放置在楼梯升降机的内部、包括直流电机、蓄电池、主电源开关、上行继电器、下行继电器、中间继电器、时间继电器、电动机辅助继电器等。面对出入口的楼梯升降机控制柜应能适应露天的工作条件。

  5. 充电指示装置与地点远蜂鸣器

  绿色指示灯：若充电装置电源供给正常，该灯始终亮。黄色指示灯：当楼梯升降机正确驶入充电装置，蓄电池开始充电时，该灯快速闪烁；当电池充满电后，该灯慢速闪烁。

  6. 低电源蜂鸣器

  该声音信号用作电池需要充电时的提醒。

  7. 安全装置

  它包括限速器开关、侧板开关、底板开关、护栏开关、限位开关、极限开关、抱闸装置、旁通开关等。

（二）楼梯升降机操作

  1. 操作步骤

（1）将钥匙插孔插入钥匙转动开启。

（2）使用"上升"或"下降"按钮使升降平台移动到你所需要的位置。

（3）升降平台到达后，按操作板上的展开按钮将平台展开。

（4）将钥匙拔出，上升降平台操作。

（5）升降平台到达后，将钥匙插入钥匙孔旋转开启。

（6）按操作板上的折叠平台按钮，折叠平台。

（7）平台折起后，将钥匙拔出，操作完成。

  2. 手持控制器

（1）将手持控制器接入升降平台。

（2）根据需运行的方向进行操控。

  3. 操控杆及紧停按钮

（1）操控杆可控制升降平台上下运行（功能与手持控制器一致）。

（2）遇紧急情况可直接按压紧停按钮。

  4. 升降平台有斜面挡板和防护杆等防护措施，保障乘员的安全。升降平台的使用注意事项如下。

（1）平台运行前，须将轮椅上的刹车锁死。

（2）使用手持控制器或方向杆使斜面挡板和防护杆启动到位后，操纵方向杆向所需的方向运行。

（3）到达目的层后放开手持控制器或方向杆，防护杆及斜面挡板将自动开启。释放轮椅刹车，协助乘客离开。

（4）操作时，需等每一个动作结束后方能进行下一项动作。例如要等到平台全部展开，展开动作全部结束后再上平台，如在平台或跳板展开及收起过程中踩踏平台或跳板有可能会导致设备损坏。

五、自动人行道

自动人行道是一种带有循环运行的（板式或胶带式）走道，用于水平或倾斜角不大于12°输送乘客的固定电力驱动设备。具有连续工作、运输量大、水平运输距离长的特点。在城市轨道交通车站中客流量比较大、换乘距离比较长的换乘站的换乘通道中，往往会安装自动人行道来迅速疏散乘客。

自动人行道没有像自动扶梯的阶梯式梯级的构造，结构上相当于将梯级拉成水平（或倾斜角不大于12°）的自动扶梯，且较自动扶梯简单，如图3-9所示。

图3-9　车站自动人行道

【拓展阅读】

预防扶梯安全事故的关键点

一、排查扶梯客伤高发车站

据前期开展的扶梯安全调研，根据已有数据分析、客流量大小、电扶梯位置等因素，排查出发生扶梯客伤的次数较多车站，所以这几个站属于重点关注站。

二、高发扶梯客伤位置

据前期开展的扶梯安全调研，从站台到站厅的扶梯发生客伤是所有客伤中占的比率最高。

三、预防扶梯安全事故的关键

1. 对于重点扶梯特别是站台到站厅的上行扶梯，要提高警惕。

2. 对于高危人群如老人家、孕妇携带大件行李或者抱婴者要给予正确指引，尽量引导使用垂直升降梯，减少使用手扶电梯。

3. 客流高峰期、雨天需要特别关注大运量及出入口扶梯情况，发现乘客滞留在扶梯出口的应马上进行疏导，防止堵塞扶梯。

四、扶梯安全事故应急处理六部曲

1. 停：扶梯客伤目击者应第一时间按停扶梯（同时做好停梯前的提醒），防止客伤进一步加剧。

2. 报：（目击者立即报车站工作人员）立即将故障、乘客受伤大致情况报车控室，车控室报告行调、信调、环调、客伤负责人、分管站长，并视具体情况报120、119、地铁公安，联系乘客家人。

3. 抚：值站、客值等立即赶到现场安抚受伤乘客，对于伤者适当进行前期处理（例如伤口包扎、止血，为乘客提供座椅、饮用水等）。

4. 证：寻找两名及以上目击证人，并留下事情经过，由客值/值站利用录音笔、相机等对伤者受伤原因、伤势和现场进行取证及善后跟进处理。

5. 围：对于伤势较重不能立即移动的乘客，马上将现场用屏风围蔽，视情况封闭出入口/站台/站厅，疏散围观乘客，妥善应对媒体采访。

6. 好：将乘客交由医护人员处理，视情况准备担架、应急备用金、派人前往医院协助等善后处理，待机电人员出具扶梯检测报告，经环调同意，现场公安取证完毕后，清理现场后，重新开启扶梯，恢复正常运营。

第二节 屏蔽门系统

城市轨道交通站台屏蔽门（platform screen door，PSD）是安装于地铁、轻轨等轨道交通车站站台边缘，将轨道与站台候车区隔离，设有与列车门相对应，可多级控制开启与关闭滑动门的连续屏障。设置屏蔽门的主要目的是防止人员跌落轨道产生意外事故，降低车站空调通风系统的运行能耗，同时减少列车运行噪声和活塞风对车站的影响，为乘客提供一个安全、舒适的候车环境，提高地铁的服务水平。

一、屏蔽门系统的特点

屏蔽门系统在保护乘客安全、节省环控系统能耗、降低运营成本和改善站台候车环境等方面都取得了较好的效果。

（一）安全性

装设屏蔽门后，可防止乘客因拥挤或失足、自杀等原因掉下站台，也可以避免恐怖分子、小偷、流浪汉等未经许可的人进入隧道，从而保障乘客的安全。只有当列车停靠在站台边，并且列车门与屏蔽门完全对正后，屏蔽门才与列车门同时打开，以便乘客上下车，保证乘客乘车的安全。另外，屏蔽门上还安装了探测各种障碍物的传感器，一旦有障碍物存在，传感器发出的信息将使屏蔽门再次做出开闭动作，这样可有效地减少车门夹人、夹物的事故发生。

（二）节能性

设置屏蔽门系统后，车站站台空间与列车运行空间完全隔开，避免了大量空调冷气进入隧道。列车刹车时散发出热量，安装屏蔽门可有效减少这些热量进入候车区。因此可以减少冷量消耗，达到空调节能的目的，降低运营成本。

(三)降低人工成本

安装屏蔽门后,可以减少甚至不需要站台接车人员,减少地铁的日常运营管理费用,也为轨道交通实现无人驾驶创造了条件。

(四)环保性

屏蔽门在站台和轨道之间形成一个物理屏障,可以大大降低车站中的噪声。同时避免了活塞风把轨道上的垃圾和灰尘带到站台,从而给乘客提供舒适安静的乘坐环境。

当然,设置屏蔽门系统会增加大量的初期投资,安装后还会增加维修费用。

二、屏蔽门分类

从结构形式上分类,屏蔽门有全高、半高、密闭和开式之分,其中开式和半高式通常被叫做"安全门"。

(一)全高屏蔽门

全高屏蔽门是一道自上而下的玻璃隔墙和活动门。全高一般为 2.8~3.2 m,沿站台边缘和两端头设置。一般简称为闭式屏蔽门或屏蔽门,如图 3-10 所示。当屏蔽门关闭时,将乘客候车区与列车进站停靠区完全隔离,两者之间无空气流通。这种形式的屏蔽门一般应用于设有空调系统的地下车站,主要作用是增加车站站台的安全性和减少能耗。

图 3-10　全高屏蔽门

(二)全高开式屏蔽门(全高安全门)

全高开式屏蔽门又称为全高安全门。高度一般为 2.8~3.2 m,上部不封闭,在近天花板处留有缝隙,门体下部可以根据需要设置通风口。这样的设计允许轨道与站台间有空气对流的通道,如图 3-11 所示。与全封闭式屏蔽门相比,安装位置基本相同,但结构简单、高度低。除了不能实现站台与轨道区间完全密封隔离外,全高开式屏蔽门与全封闭式屏蔽门系统具有相同的优点,并且空气可以通过安全门上部流通,造价也低。全高开式屏蔽门除具有保证乘客安全的功能外,还能阻挡列车进出站的气流对乘客的影响,这种结构多用于没有安设空调系统的地下车站站台。

图 3-11 全高开式屏蔽门

图 3-12 半高开式屏蔽门

（三）半高开式屏蔽门（半高安全门）

半高开式屏蔽门是一道上不封顶的玻璃隔墙和活动门，又称为半高安全门，一般高 1.2~1.7 m，图 3-12 所示。空气可以通过安全门上部流通。这种结构的屏蔽门多用在敞开式地面车站站台或高架车站站台，主要目的是保障候车乘客的安全。主要特点是安装简单快捷，与土建接口较少，造价低，建设周期短。

三、屏蔽门门体结构

屏蔽门的门体结构如图 3-13 和图 3-14 所示：由门体与承重结构、门槛、顶箱、滑动门、固定门、应急门、端头门、门机系统等组成。

1. 门体承重结构

门体承重结构由支撑组建、立柱、横梁、顶部钢结构及伸缩装置等组成。用于安装门机、滑动门、固定门、应急门、端头门等，并承受屏蔽门的垂直荷载、隧道通风系统产生的风压、列车运行时形成的正负水平荷载和乘客挤压等荷载。门体承重结构通过上下部连接结构与顶部和底部的土建结构相连。

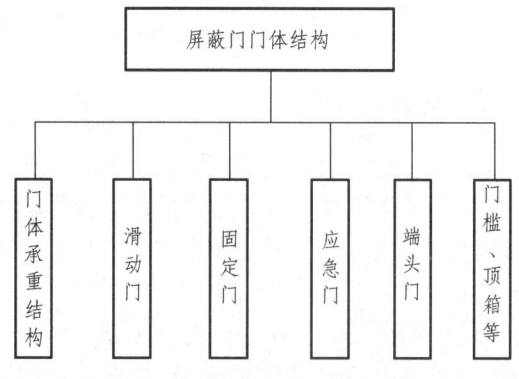

图 3-13 屏蔽门门体结构

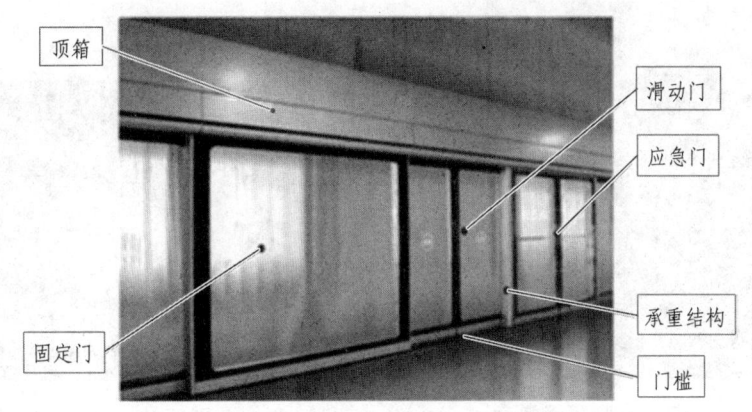

图 3-14 屏蔽门门体结构

2. 门　槛

门槛又称为踏步极。安装在站台板边缘，上表面与站台装饰层平齐。为乘客进出列年车厢的必经之路。门槛包括固定门门槛、应急门门槛和滑动门门槛。门槛结构中有滑动导槽，与滑动门配合，导槽底部有直通孔，导槽内的杂物和灰尘可以由此孔下落。门槛扣板表面进行过耐磨防滑处理，并且为了减小列车车体与门槛间的间隙，避免乘客上、下车时发生踏空或物品掉落事故，在站台边缘滑动门门槛对应位置安装安全防护橡胶条，对空隙进行填充。

3. 顶　箱

顶箱置于门体顶部，由前后盖板、上封板、底部装饰板、密封件等组成。顶箱内置有门驱动机构、滑动门锁紧装置、门控单元（dcu）、端子排、导轨、滑轮装置、传动装置、门机梁、横梁等部件。顶箱对上述部件起密闭保护作用。

4. 滑动门

滑动门（automatic slide door，ASD）是与列车门对应的滑动开启门，由钢化玻璃、门框、门吊挂连接板、门导靴、门橡胶密封胶条、手动解锁装置等组成。滑动门是正常运行时乘客上下车的通道，也是列车在车站隧道内发生火灾或故障时乘客的疏散通道。滑动门设有障碍物探测功能，能探测到的最小障碍物为 5 mm（厚）×40 mm（宽）（视品牌而定）的物体。

滑动门上部的吊挂连接板与门机的吊挂连接板连接，下部装有导靴，两扇滑动门靠近中心处装有橡胶密封条。滑动门装有锁紧装置和手动解锁装置，当滑动门关闭后，锁紧装置可以防止门由于外力作用而被打开；紧急情况时，乘客可从轨道侧使用开门把手或工作人员从站台侧用钥匙手动释放解锁装置将门打开，如图 3-15 和图 3-16 所示。滑动门数量应与列车一侧乘客车门数量一致，位置一一对应。在屏蔽门与车体之间设置防夹装置，可避免乘客误踏入空隙。

5. 固定门

固定门（fixed panel，FP）是不能打开的玻璃隔墙，放置在滑动门与滑动门、滑动门与端门之间，是车站与区间隧道隔离和密封的屏障。固定门由钢化玻璃、门框等构成，高度与滑动门一致。固定门分为标准固定门与非标准固定门，非标准固定门设置在站台端部车辆停车位首位处。

 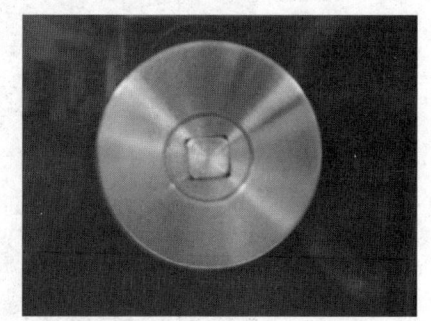

图 3-15　滑动门轨道侧解锁把手　　　　图 3-16　滑动门站台侧解锁钥匙孔

6. 应急门

应急门（emergency escape door，EED）是当列车门与滑动门不能对齐时，供人员疏散的门。安装在两滑动门之间，一侧站台设有 4 扇或 6 扇应急门。在正常营运时，应急门保持关闭且锁紧，作为站台公共区与隧道区域的屏障。当列车门无法对准滑动门时，应急门作为疏散乘客的通道。应急门不会因为列车活塞风压、隧道通风系统风压影响而自动开启。在应急门的中部装有手动推杆解锁装置，在轨道侧乘客只能推压推杆带动门框内的解锁机构将门打开；在站台侧，车站工作人员也可以用钥匙打开。

　　视频：屏蔽门应急门

7. 端头门

端头门（platform end door，PED）简称端门，布置于站台两端，由 1 扇单开铰链门和 1 扇非标准固定门构成，由门玻璃、门框、闭门器、手动解锁装置和门锁组成。端门布置在站台两侧，与站台边屏蔽门垂直。在正常运营状态下，端门保持关闭且锁紧，当列车在区间隧道发生火灾或出现故障时，作为乘客的疏散通道，也是车站工作人员进入隧道的专用门。站台端门可以从隧道侧通过按压安装在门框上的紧急推杆锁来操作，还可以由车站工作人员通过钥匙从站台侧打开。端门可向站台侧旋转 90°平开，且在打开后能自动复位关闭，如图 3-17 所示。

图 3-17　端头门

四、屏蔽门控制系统

屏蔽门控制系统主要由中央控制盘（PSC）、综合后备盘（IBP）、就地控制盘（PSL）、门控单元（DCU）、通信介质及接口等设备组成。屏蔽门控制系统可实现系统级控制、PSL控制和紧急模式IBP控制、就地控制盒控制和手动控制。

除线路两端车站外，每车站均设一套中央接口盘（PSC）控制两列屏蔽门。且每列屏蔽门都由一套独立的逻辑控制子系统组成，以确保一侧屏蔽门的故障不影响另一侧屏蔽门的正常运行。每套子系统包括控制单元、PSL、控制回路及就地控制盒等；以确保某一道门的故障不影响同侧其他门的正常运行。屏蔽门开关门控制优先级从高到低依次为：手动解锁，就地控制，紧急模式控制、站台级控制、系统级控制。

（一）系统级控制——中央控制盘（PSC）

系统级控制为屏蔽门与信号连锁控制，中央控制盘可安装在专门的屏蔽门系统的机柜室（或称为控制设备室），或与屏蔽门系统的动力设备一起安装在屏蔽门系统的设备室内。中央控制盘PSC是屏蔽门/安全门控制系统的核心，每个车站的屏蔽门/安全门设备室设置一套PSC，如图3-18所示。

在正常运行情况下，屏蔽门的滑动门开、关的操作由信号系统进行直接控制。这是一种完全自动的运行模式。

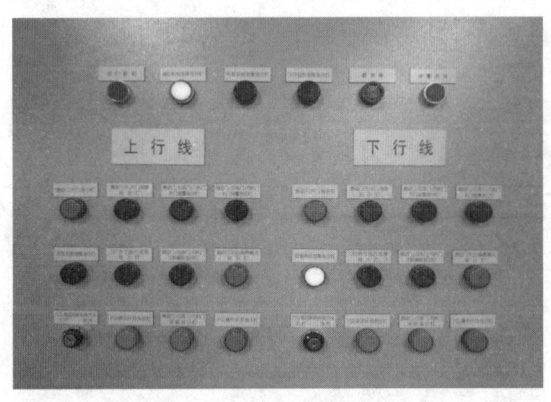

图3-18　中央控制盘

（二）站台级控制——就地控制盘（PSL）

就地控制盘用于实现站台级控制，就地控制盘安装在每侧站台的车头位置，通常情况下与列车正常停车时的驾驶室门对应，用于在非正常状态下（如列车信号系统故障）或紧急状态下由列车驾驶员实现对屏蔽门的操作。盘面设置有开关门按钮、操作允许开关或按钮、互锁解除开关、门或关闭锁紧指示灯等器件，如图3-19所示。

当系统级控制不能正常运行时，如列车停位不正确、信号系统故障、信号系统与屏蔽门系统通信中断、屏蔽门系统局部发生故障等，司机或站务人员可通过站台端头PSL进行屏蔽门的开门、关门操作，实现屏蔽门的站台级控制。司机应用钥匙插入并打开PSL上的操作允许开关（初始位置为"关"）。

图 3-19　就地控制盘

（三）紧急模式控制——屏蔽门操作指示盘

屏蔽门操作指示盘与逻辑控制单元连接，用于监视屏蔽门状态、诊断屏蔽门故障状态运行记录下载、软件装载等，如图 3-20 所示。一般设置在车站车控室的综合后备盘（IBP）上，也可独立设置。

当车站或区间发生火灾时或在紧急情况下，车站控制室内的值班人员在车站控制室操作 IBP 盘上的钥匙开关打到开门位。本命令属于紧急状态下的紧急开门命令，优先级高于 PSL 控制。

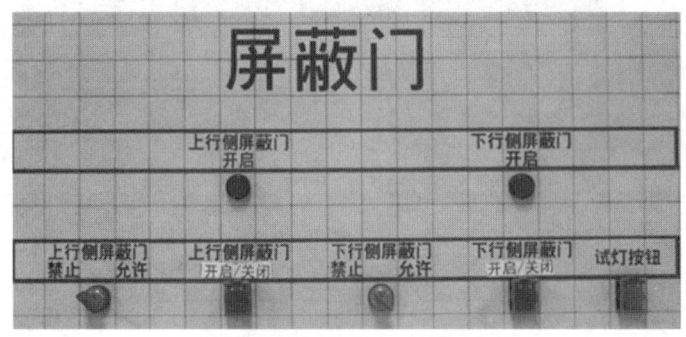

图 3-20　屏蔽门操作指示盘

（四）就地控制——就地控制盒钥匙控制

每一道门均有就地控制盒，主要功能是当单个滑动门出现故障时，把该门机系统和其他门机系统隔离开，它可以在现场发出开/关门命令，而不影响其他门机系统运行，方便维修维护。

由就地控制盒实现的单档门的就地控制主要有以下几种类型：自动模式、手动模式（手动开/手动关）、隔离模式等，工作人员可通过钥匙进行模式转换，如图 3-21 所示。

（五）手动解锁操作

在系统级控制和站级控制均出现故障时，就必须由站台工作人员用钥匙打开滑动门或由乘客通过手动解锁把手自行开启屏蔽门。

图 3-21　就地控制盒

1. 滑动门手动操作

当系统级控制和站台级控制均不能操作屏蔽门，或个别屏蔽门操作机构发生故障而需要进行滑动门手动操作时，在站台侧，由站台工作人员用钥匙打开滑动门；在轨道侧，由列车司机通过车内广播，通知乘客使用滑动门上的手动解锁把手（或按钮）打开屏蔽门。

　视频：屏蔽门手动解锁装置

2. 应急门手动操作

当列车无法在规定范围内停车，且偏移量较大，导致乘客无法从滑动门进出时，需对应急门进行手动操作。在站台侧由站台工作人员用钥匙打开应急门，或在轨道侧由列车司机通过广播指导乘客压推杆锁，打开应急门。

3. 端门操作

当隧道内发生火灾、列车出轨等突发情况，需要在轨道内停车时，可由乘客压推杆锁或由站台工作人员在站台侧用钥匙手动打开端门，通过端门将乘客疏散到站台。

五、车站站务人员屏蔽门基本操作

（一）现场手动开启屏蔽门（站台侧）

将 T 型钥匙插入滑动门锁，向右旋转 90°并保持。一手抓住 T 型钥匙，一手推屏蔽门，向两侧开启，如图 3-22 和图 3-23 所示。

（二）滑动门状态转换

滑动门状态分为"隔离""自动""手动"，可通过隔离钥匙改变状态。滑动门各种状态区别如表 3-1 所示。

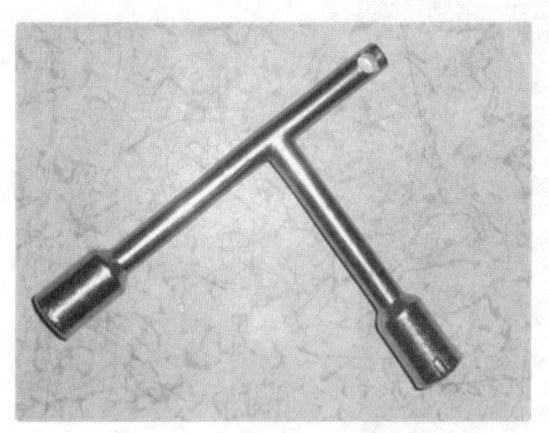

图 3-22 屏蔽门 T 型钥匙

图 3-23 滑动门 T 型钥匙孔

表 3-1 滑动门状态区别

状态	图片	控制权	是否断电	对安全回路的影响	安全回路对列车运行的影响
自动		系统联动	否,现场手动开启 30 s 后,屏蔽门自动缓慢关闭	屏蔽门未关闭时,安全回路无法自动接通	在屏蔽门与车门联动的情况下,安全回路通（PSL 亮绿灯）则列车可正常进、出站。安全回路不通（PSL 亮黄灯）时,进站的 Pm/ATO 模式列车离站台 300 m 处紧急停车,停在站台的 Pm/ATO 模式列车无法以 Pm/ATO 模式运行出站
手动		现场手动	是,现场手动开启后不会自动关闭	无论屏蔽门开启或是关闭,安全回路均接通	
隔离		现场手动	是,现场手动开启后不会自动关闭	屏蔽门未关闭时,安全回路无法自动接通	

（三）就地控制盘（PSL）开关屏蔽门

插入 PSL 钥匙,并向右转到"就地控制"位。按下"开长车门"按钮,确认屏蔽门开启,黄灯亮。乘客上下车完毕后,按下"关门"按钮,确认屏蔽门关闭,绿灯亮。将 PSL 钥匙转回左位,并拔出。钥匙及 PSL 见图 3-24 所示。

 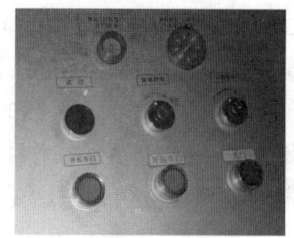

图 3-24 PSL 钥匙及就地控制盘

（四）综合后备盘（IBP）控制屏蔽门

首先转动钥匙到"允许"位置，激活或关闭 IBP 盘对上行/下行侧屏蔽门的控制功能，按下开启/关闭按钮，上行/下行侧屏蔽门开启，再按一次侧关闭。上行/下行屏蔽门开启时，指示灯亮。在 IBP 盘上开关屏蔽门必须得到行调授权方可操作。不使用 IBP 盘该功能时，需将钥匙保持在"禁止"位。

（五）屏蔽门故障纸的张贴

两扇滑动门各贴一张，保持对称，贴于警示标示图标上方，便于乘客看见的高度。注意不要贴到门缝上。日常站台必须至少保有 20 张故障纸，如图 3-25 所示。

图 3-25 故障纸张贴

六、屏蔽门故障处理

（一）故障处理原则

（1）运营期间，如因故障需保持屏蔽门常开时，车站应做好防护，对不能关闭的单档或多档滑动门，必须安排专人看护。专人看护时，原则上每个人可监护六档相邻屏蔽门。

当有屏蔽门故障（多对）处于打开状态，要打"互锁解除"时，必须先安排员工在打开的屏蔽门处看守，等看守人员到位后，站务人员才允许打"互锁解除"，若全部屏蔽门不能关闭，每一节车厢至少要有一人看守。

（2）当运营中屏蔽门发生异常情况时，车站人员、司机要及时进行处理，在确保安全的情况下做好行车组织工作，及时做好乘客广播、引导等客运组织工作。

（3）发生屏蔽门故障时，应坚持"在确保安全前提下，先通后复"的原则。车站人员要及时处理，确保安全后及时面向司机显示"好了"信号（原则上在事故发生点就近向司机显示）；司机在确保安全的情况下按时刻表的要求行车，确保客车准点运行。

（4）列车到站（停车标±300 mm）停稳后，发生屏蔽门与车门联动功能故障时，必须按照"打开时先开屏蔽门后开车门，关闭时先关屏蔽门后关车门"的顺序，在 PSL 上手动操作屏蔽门打开或关闭，若 PSL 上手动操作不能打开或关闭时，在 IBP 盘上进行操作。

（5）常闭的故障屏蔽门，车站要张贴车门故障纸。

（二）常见的屏蔽门故障处理

单个/多对屏蔽门不能开门故障，单个/多对屏蔽门不能关门故障，某侧站台所有屏蔽门不能开门故障，某侧站台所有屏蔽门不能关门故障，列车未收到"关闭且锁紧"信号故障，屏蔽门玻璃破裂/破碎。

1. 单个/多对屏蔽门不能开门故障

站台岗发现安全门故障时，应立即通知司机，同时赶到故障门处引导乘客绕行并隔离故障安全门。司机发现安全门故障时，应立即通知车站和行调，并播放列车广播指引乘客绕行，如图 3-26 所示。

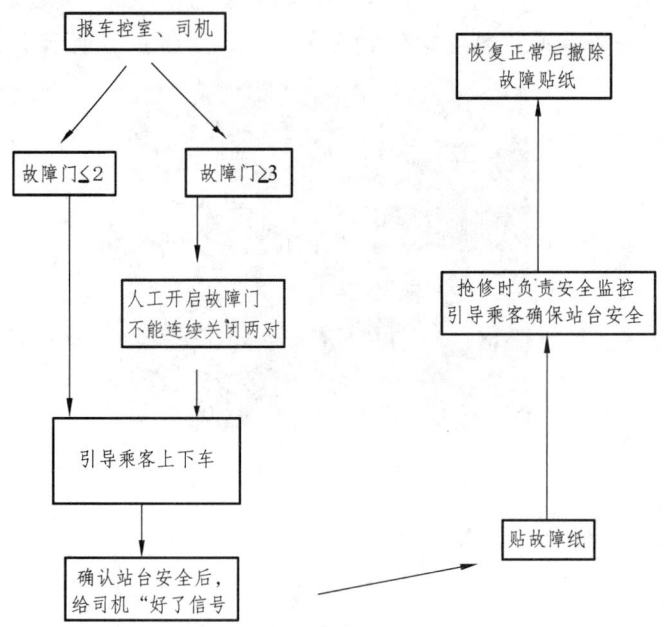

图 3-26　单个/多对屏蔽门不能开门故障处理

拓展阅读：单个多对屏蔽门不能开门故障处理程序

2. 单个/多对屏蔽门不能关门故障

站台岗应查看不能关闭的安全门处是否夹有乘客或异物，如有异物及时清除。必要时通知司机进行开门操作。清除异物后站台岗直接将故障门隔离。如无异物，站台岗则直接隔离故障安全门，隔离完成、确认安全后，站台岗通过对讲机通知司机：故障门已隔离，请确认"好了"信号。

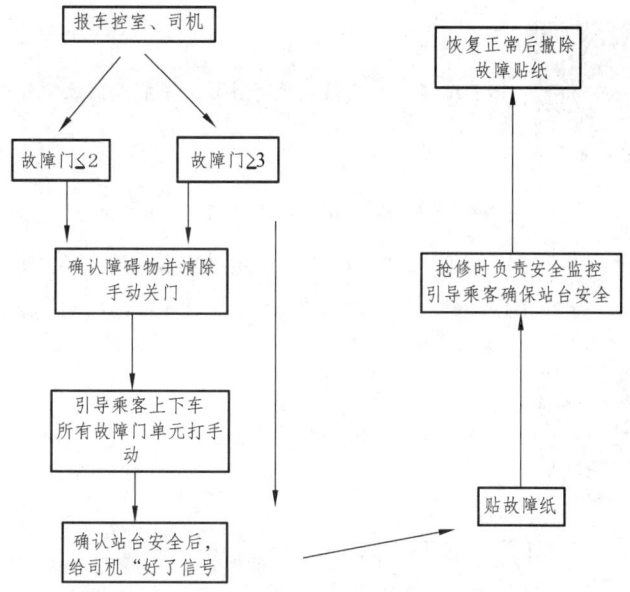

图 3-27 单个/多对屏蔽门不能关门故障处理

拓展阅读：单个多对屏蔽门不能关门故障处理程序

3. 某侧站台所有屏蔽门不能开门故障的处理要点

司机应立即操作 PSL 手动开门，如操作成功，向站台岗报告；如 PSL 操作不成功，行值接报后操作 IBP 盘开门；如操作 IBP 盘失败，行值应立即通知站台岗，手动开门，每节车厢开至少一对滑动门（具体参照各地铁公司的相关流程），如图 3-28 所示。

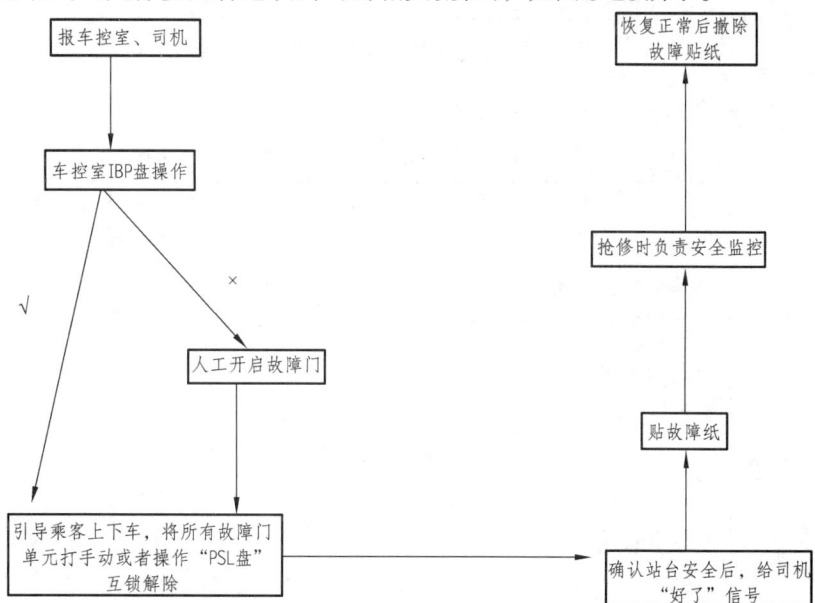

图 3-28 所有屏蔽门不能开门故障的处理要点

拓展阅读：某侧站台所有屏蔽门不能开门故障处理程序

4. 某侧站台所有屏蔽门不能关门故障的处理要点

司机应立即操作 PSL 手动关门，如操作成功，向站台岗报告；如操作不成功，车控室操作 IBP 盘关闭安全门；操作 IBP 盘操作不成功，须操作 PSL 盘互锁解除，如图 3-29 所示。

拓展阅读：某侧站台所有屏蔽门不能关门故障处理程序

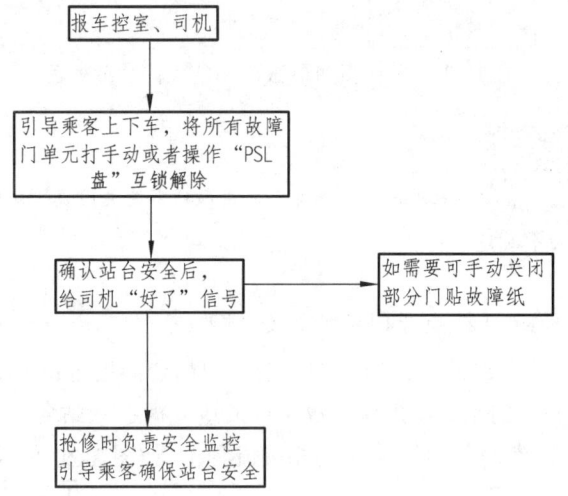

图 3-29 所有屏蔽门不能关门故障的处理要点

5. 列车未收到"关闭且锁紧"信号故障（见表 3-2）

表 3-2 司机未收到"关闭且锁紧"信号故障的处理

屏蔽门关闭后，列车发车时未收到屏蔽门"关闭且锁紧信号"	1. 车站人员确认站台安全后，操作互锁解除开关，列车以 PM 模式动车，直到列车有一个车厢离开站台，车站人员才能松开互锁解除开关；如站人员来不及操作互锁解除开关，司机转 RM 模式继续动车直到列车车尾离开站台 10 m 以上，再重新转回 PM 模式。 2. 若故障不能及时排除影响到了后续列车，所有列车只能以 RM 模式进站对标停车；列车出站时，由车站人员操作互锁解除开关后，列车以 PM 模式动车
列车进站时未收到屏蔽门"关闭且锁紧信号"发生紧急制动	1. 车站人员应及时检查屏蔽门状态，并及时处理。 2. 若是车站屏蔽门故障不能及时排除影响发车或影响后续列车，所有列车只能以 RM 模式进站对标停车；列车出站时，行调可通知司机转 RM 模式动车直至列车车尾离开站台 10 m 以上，在重新转回 PM 模式；或由车站人员操作互锁解除开关后，列车以 PM 模式动车

续表

列车出站过程中突然收不到屏蔽门"关闭且锁紧信号",发生紧急制动	1. 车站人员尽快到故障站台确认所有的屏蔽门是否处于关闭状态。 2. 站台岗确认站台安全后显示"好了"信号指示司机动车,如列车头部离开站台较远,司机无法确认车站"好了"信号时,用对讲机通知司机动车。 3. 确认"好了"信号或车站允许开车的通知后,司机根据行调的通知转RM模式继续动车直到列车车尾离开站台10 m以上,再重新转回PM模式;或行调通知车站人员操作互锁解除开关,重新缓解紧锁,通知司机以PM模式动车。 4. 若故障不能及时排除,后续列车只能以RM模式进站对标停车;列车出站时,由车站人员操作互锁解除开关后,列车以PM模式动车

6. 屏蔽门玻璃破裂/破碎时的处理程序

(1) 如果列车准备进站,则立即启动站台紧急制动按钮,并报告行调。

(2) 将故障门处于旁路状态(手动位)并保持常开,同时设专人在故障处监护,以防止乘客或物品掉入轨道。

(3) 列车准备出站时站台岗人员应在确认站台安全后显示"好了"信号。

(4) 若门玻璃破裂,及时在破裂玻璃表面粘贴透明胶纸,防止门玻璃突然爆裂。

(5) 若门玻璃已破碎并下掉,应在10 min内将破碎玻璃清理完毕,防止玻璃碎片掉入轨行区。

(6) 尽快贴上警示标志,在故障门前设置好围栏,恢复正常运营。

课堂互动:请同学们扫二维码观看视频案例,并讨论。

视频:没人让座 孕妇挡住屏蔽门　　　　视频:女子故意脚卡屏蔽门　逼停地铁

【拓展阅读】

案例分析

某站在处理单个屏蔽门无法关闭故障时,错误操作"隔离",延误故障处理时间,后续两趟列车需使用"互锁解除"进出站。案例中,支援人员为其他线路工作人员,由于屏蔽门设备使用上存在差异及业务不够熟练导致操作错误,其他工作人员未立即纠正。事件处理过程分析如下:

一、事件经过

19:31,上行方向2518次门、屏蔽门关闭后,列车并无立即启动,行车值班员立即要求站台岗向司机了解情况,此时行调致电车站:上行列车屏蔽门显示红底,立即操作"互锁解除"。

19:32,行车值班员通知站台岗操作"互锁解除"。与此同时站台岗发现上行24号屏蔽门有约1-2CM的空隙且无法推合,于是马上用钥匙将上行24号屏蔽门打到"手动位",之后进入到端墙准备打互锁解除。

19：32，车站一名支援员工听到对讲机呼上行屏蔽门需要操作"互锁解除"，就马上赶往头端墙支援。在经过 24 号屏蔽门时，发现屏蔽门未关好且已操作"手动位"，此时该名员工将上行 24 号屏蔽门转到"隔离位"。

19：32，值班站长赶到现场后，发现 24 号屏蔽门有约 1-2CM 的空隙且已错误操作"隔离位"，于是进入端墙与站台岗确认 PSL，并操作"互锁解除"。

19：33，2518 次在操作"互锁解除"后出清车站。后续 0958 次到站后，行调该站询问上行是否有屏蔽门故障，行车值班员立即向现场了解情况，站台岗回答：上一趟上行车 24 号屏蔽门有约 1-2CM 的空隙，现场将此屏蔽门操作到"隔离位"。行调立即要求将故障屏蔽门操作到"手动位"，并出于安全考虑，要求车站对后续的 1118 次，2018 次操作"互锁解除"让列车进出站。

二、事件分析

（一）支援岗屏蔽门故障处理业务不过关，将其他线路屏蔽门"白闪"故障处理与该线屏蔽门故障处理混绕，导致故障发生后做出错误操作。

（二）站台岗对该线屏蔽门业务不过关，在看到支援岗进行错误操作后，因担心在操作"隔离"后，再操作"手动"会进一步延误列车进出站，故没有及时纠正错误操作。

（三）值班站长到达现场后没有给予站台岗更多的正确指导，在发现错误操作后，没有及时纠正错误操作，担心会进一步延误列车进出站，且未能于车控室进行沟通、及时报告现场情况，导致车控室信息脱节。

（四）行车值班员在故障发生后，未能通过主控系统核查故障点，未能给予现场故障处理的正确指导，且未能主动了解现场处理情况及汇报。

三、整改措施

（一）车站在处理屏蔽门故障时，应在确保安全的前提下，及时判明故障原因，找出故障根源，并及时将故障情况报告、做到及时有效地处理屏蔽门故障，避免造成大影响。

（二）行车值班员除监控本站行车、站台情况外，需对站台岗进行监控，随时清楚站台岗的位置，列车进出站时行车值班员需通过 CCTV 对站台进行监控，出现屏蔽门故障等异常事件时，第一时间时通知值班站长到现场处理，并通过主控系统提供详细故障点等信息。

（三）各岗位加强信息的传递，发生异常情况及时按信息汇报流程汇报。站台岗发现车门、屏蔽门未关好，必须立即第一时间报告车控室并与司机沟通，车控室要主动向现场了解事件处理情况，及时向行调、部门管理人员汇报。

第三节　火灾自动报警系统

城市轨道交通车站大部分属于地下车站，车站设备区内设置了大量机电设备，且车站公共区空间狭小、人流密集，因此消防系统在城市轨道交通车站设备中占有重要的地位，对提前发现火灾进行预警，启动相关设备实施火灾模式运转，及时疏散车站乘客，确保乘客人身安全具有重要的意义。

一、FAS 总体介绍

城市轨道交通车站涉及消防方面的系统有火灾自动报警系统（FAS 系统）、环境与设备监控系统、气体灭火系统、自动喷水灭火系统、排烟系统等。火灾自动报警系统简称 FAS（Fire Alarm System）即通过现场的火灾探测器，实现火灾早期预警和通报的功能，并通过与 BAS 系统联动，使火灾危害降至最小，有效保护城市轨道交通场所内的人员和财产安全。

城市轨道交通车站 FAS 系统分布在站厅、站台、一般设备用房和办公用房等位置，能监视车站消防设备的运行状态，接收车站火灾探测器、手动火灾报警按钮等现场设备的报警信号，感知火灾发生时燃烧所产生的火焰、热量和烟雾等特性，实现火灾早期预警和通报；优先接收控制中心发出的消防救灾指令和安全疏散命令，并能在火灾发生时发出模式指令使 BAS 系统运行转入火灾模式，实现消防联动。同时可通过事故广播系统和闭路电视系统组织疏散乘客，对自动气体灭火系统保护区域进行火灾监视，起到及早发现火灾、通报并发送火灾联动指令的作用。

二、FAS 系统的功能

FAS 系统由设置在控制中心的中央监控管理级、车站（车站与车辆段）监控管理级、现场控制级以及相关网络和通信接口等环节组成。系统功能可分为中央级功能、车站级功能和现场级功能。

1. 探测火灾灾情

通过设置在现场的各种探测器，例如：感烟探测器、感温探测器、火焰式探测器等，探测火灾的灾情。把现场探测模拟数据传送回火灾自动报警控制盘。

2. 自动判断功能

对现场传送回来的探测器数据进行分析判断，以确定是否发生火灾。

3. 火灾早期报警与人员疏散

当判定为火灾情况时，火灾自动报警控制盘发出声、光报警通知在场值班人员。并且通过设置在现场的警铃、警笛、消防广播等通告人员疏散。

4. 监控消防设备设施

对消防设备，例如：防火阀、消防水泵、防火卷帘门、排烟风机、水流开关等，进行状态监视以及紧急控制。在深圳地铁中，FAS 还对气体灭火系统的火警报警信号、故障报警信号、喷气报警信号、手/自动报警信号进行监视。

5. 发布火灾模式命令

在地铁的 FAS 系统应用中，当 FAS 系统判定有火灾发生后，FAS 向车站设备监控系统（BAS）发布火灾模式命令。由车站设备监控系统控制有关的环控设备执行相关的救灾模式。

三、FAS 系统的三级功能

FAS 系统的三级功能分别配有相应的设备，以实现各自的功能。

（一）中央级设备及功能

1. 中央级设备

中央级设备位于运营控制中心（operating control center，OCC），配置有两台用于监控车站 FAS 系统的功能、两台用于监控全线 FAS 系统的图形控制计算机和一台火灾报警控制主机。图形控制计算机根据不同级别的登录密码，分为主图形控制计算机和备用图形控制计算机。FAS 系统中央级设备接收并储存全线消防设备主要运行状态，接收全线车站、车辆段、主变电所等的火灾报警信息并显示报警部位。

火灾发生时，在图形控制计算机显示屏上能自动弹出火灾报警区域的平面图，显示火灾报警信息，并发出声光报警信号。通过闭路电视系统切换装置和显示终端确认火灾灾情，或者通过有线或无线调度电话，确认火灾灾情。根据火灾发生的实际情况，手动选择预定的火灾模式，向车站级控制室发出火灾模式指令和安全疏散命令，指挥救灾工作的开展。

2. 中央级设备功能

主要是设置于城市轨道交通全线各车站、区间隧道、控制中心大楼、车辆段和主变电所等下属所有区域范围内火灾的监视、报警、控制及其他系统的消防联动，在火灾发生时承担全线灭火指挥任务。

（二）车站级设备及功能

1. 车站级设备

车站级设备主要由 FAS 火灾报警控制盘、图形监视计算机和 FAS 联动控制盘组成。这些设备都集中在车站控制室，用于监视车站消防设备的运行状态，接收车站火灾报警信号，并显示报警区域，优先接收控制中心发出的消防救灾指令和安全疏散命令。通过车站的火灾报警控制盘上的 RS-485 数据接口或消防联动控制盘上的手动控制按钮，向 BAS 系统发出模式指令，由该系统启动消防联动设备，如图 3-30 所示。

2. 车站级功能

车站级功能主要是负责车站及相邻半个区间隧道范围内火灾的监视、报警、控制，以及其他系统的消防联动。车站级火灾报警控制器随时监控和接收各探测点的报警信号，可发出声光报警信号，并能自动或手动执行对有关消防设施的联动控制。模拟图形显示终端按照车站建筑平面分级、分区显示本站消防系统的详细信息，并能够实时打印、输出各种有关的数据报告。闭路电视监控系统在车站站台、站厅等公共场所安装全方位的监视器，实时收集站内的视频信息，并反映到值班室的监控器上，由值班人员进行监控和处理。

（三）现场级设备

FAS 系统现场级设备主要由火灾探测器、手动火灾报警按钮、火灾报警控制器、火灾报警装置等组成。

1. 火灾探测器

火灾探测器是能对火灾参数（如烟雾、温度、火焰辐射、气体浓度等）进行响应，并自动产生火灾报警信号的器件。不同类型的火灾探测器适用于不同类型的火灾和不同的场所。火灾探测器可分别按探测器结构的不同和响应火灾参数的不同进行分类。

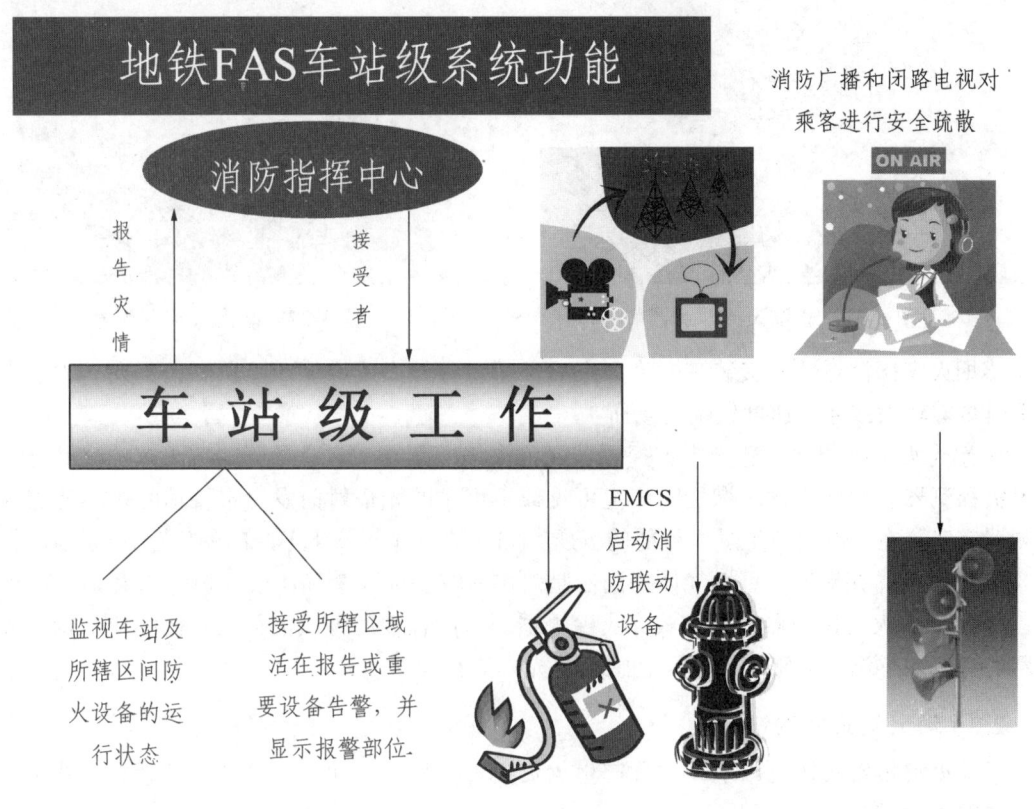

图 3-30　FAS 车站级系统功能

（1）按探测器结构的不同分类：按探测器结构的不同，火灾探测器可分为点型火灾探测器和线型火灾探测器。

① 点型火灾探测器：如感烟探测器、感温探测器、复合式探测器等，是一类最常用的探测器。

② 线型火灾探测器：线型火灾探测器是响应某一连续线路附近的火灾产生的物理和化学现象的探测器，如线型温感电缆。

（2）按响应火灾参数的不同分类：火灾探测器分为感温火灾探测器、感烟火灾探测器、感光火灾探测器、可燃气体探测器和复合式火灾探测器五种基本类型。

① 感温火灾探测器：火灾发生时物质燃烧会产生大量的热量，使周围温度发生变化。它通过将温度的变化转换为电信号以达到报警的目的，感温火灾探测器如图 3-31 所示。

感温火灾探测器适合安装于起火后产生烟雾较小的场所。平时温度较高的场所不宜安装感温火灾探测器。

② 感烟火灾探测器：感烟火灾探测器是能对可见的或不可见的烟雾粒子进行响应的火灾探测器。在火灾初期，由于温度较低，物质多处于阴燃阶段，产生大量烟雾。它是将探测部位烟雾浓度的变化转换为电信号实现报警的一种器件，如图 3-32 所示。

图 3-31　感温火灾探测器　　　　　图 3-32　感烟火灾探测器

感烟火灾探测器适宜安装在发生火灾后产生烟雾较大或容易产生阴燃的场所，不宜安装在平时烟雾较大或通风速度较快的场所。

③ 感光火灾探测器：感光火灾探测器又称火焰探测器，它是用于响应火灾的光特性的一种火灾探测器。它感应物质燃烧时产生可见或不可见的光辐射而发出报警信号。感光式火灾探测器宜安装在有瞬间产生爆炸可能的场所，如石油、炸药等化工产品的生产存放场所等。

④ 可燃气体探测器：可燃气体探测器是对单一或多种可燃气体浓度响应的火灾探测器。

⑤ 复合式火灾探测器：复合式火灾探测器是对两种或两种以上火灾参数响应的探测器，常用的有感烟感温式、感烟感光式、感温感光式等几种。

2. 手动火灾报警按钮

手动火灾报警按钮是以手动方式产生火灾报警信号，启动火灾自动报警系统的器件，其外形如图 3-33 所示。

　视频：男子无故按下地铁火灾警报器 引发断电

图 3-33　手动火灾报警按钮

3. 火灾报警控制器

火灾报警控制器是火灾报警系统中的核心组成部分，其主要功能包括以下几个方面：

为火灾探测器提供稳定的工作电源。

监视探测器及系统自身的工作状态。

接受、转换、处理火灾探测器输出的报警信号。

进行声光报警，指示报警的具体部位及时间。

执行相应辅助控制等任务。

以下是火灾报警控制器的分类。

火灾报警控制器可分别按其用途不同和系统连接方式不同进行分类。

① 按用途不同分类。火灾报警控制器按其用途不同，可分为区域火灾报警控制器和集中火灾报警控制器。

区域火灾报警控制器：区域火灾报警控制器直接连接火灾探测器，处理各种报警信号，是组成自动报警系统最常用的设备之一。

集中火灾报警控制器：集中火灾报警控制器一般不与火灾探测器相连，而是与区域火灾报警控制器相连，处理区域级火灾报警控制器送来的信号，常使用在较大型系统中。

② 按系统连接方式不同分类：火灾报警控制器按其系统连接方式的不同，可分为多线式火灾报警控制器和总线式火灾报警控制器。

多线式火灾报警控制器：多线式火灾报警控制器的主要特点是其探测器与火灾报警控制器连接采用一一对应的方式。因而其连线较多，仅适用于小型火灾报警控制系统。

总线式火灾报警控制器：总线式火灾报警控制器的主要特点是火灾报警控制器与探测器采用总线方式连接。所有探测器均并联或串联在总线上，具有安装、调试、使用方便等特点，适用于大型火灾报警控制系统。

4. 火灾报警装置

在火灾自动报警系统中，用以发出区别于环境声、光的火灾警报信号的装置称为火灾警报装置，如警铃、警笛、声光报警器等。火灾报警装置以声、光音响的方式向报警区域发出火灾警报信号，以警示人们采取安全疏散、灭火救灾的措施。

5. 现场级功能

现场级功能主要是指火灾监控与报警设备的具体功能，如火灾探测器用于对站内设备用房、站厅、站台旅客公共区等进行火灾自动探测。手动报警器安装于站内旅客公共区、设备用房区域及地铁车厢内，以便现场人员及时通报火灾。另外，为便于紧急报警，在站内旅客的公共区及设备用房区域设置的消火栓箱上，以及区间隧道和站内轨道外侧所设的消火栓箱上，配置有紧急电话插孔。

三、FAS系统运作方式

（一）日常运作方式

在系统正常运行的情况下，由车站站务人员对FAS系统进行日常巡视。当发生火灾报警时，应立即携带通信工具到报警现场确认是否发生火灾。如果发生火灾，应按照有关的公司规定执行。如果是误报,则应调查清楚干扰原因,待干扰因素消除后,在消防火灾自动控制盘上进行复位。

(二)降级运作方式

正常运作方式下,FAS系统设备通过车站级(车控室)和中央级(OCC大楼)进行监控。例如:某站环控机房的烟感探测器发生报警,那么既可以在车控室的消防控制盘和图形命令中心(GCC)上看到,也可以在OCC大楼中央控制中心的图形命令中心(GCC)上看到。

在系统网络出现断网的情况下,FAS系统将进行降级运行。即只能在车站一级进行监控,而中央级将不能进行监控,如图3-34所示。

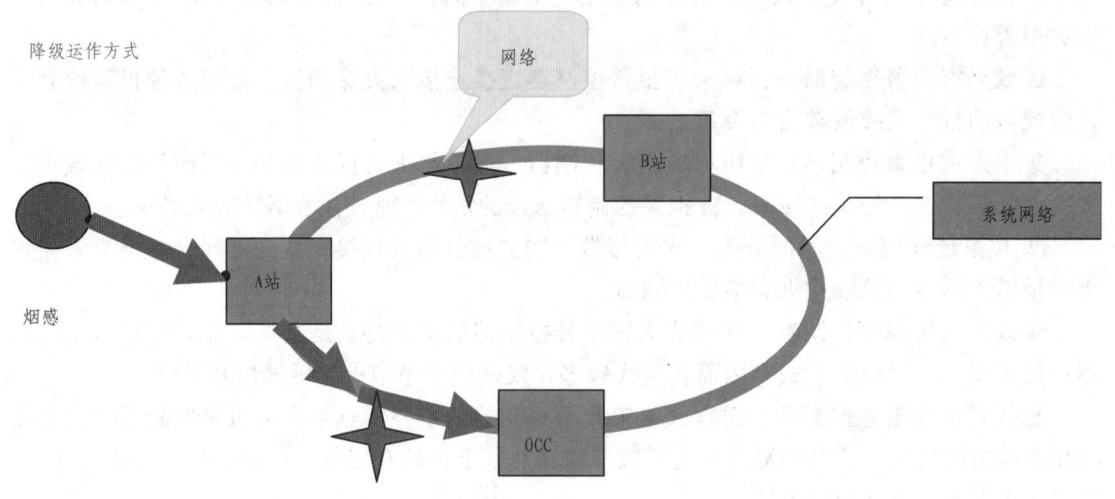

图3-34 中央级图形命令中心(GCC)

(三)隔离或屏蔽运作方式

当设备处于不稳定的情况下,对该设备进行隔离操作,以防止设备频繁误报警。注意:被隔离或屏蔽的设备将丧失监控功能。

例如:在潮湿、大雾的天气,某地铁车站的烟感经常会频繁误报火警,对值班人员造成困扰。我们可通过对烟感进行屏蔽或隔离操作,将烟感屏蔽或隔离,防止其频繁误报。但由于烟感已丧失其报警功能,相对应的我们就要加强对该区域的巡视。当天气好转或干扰消除时,我们就可以对该烟感进行解屏蔽或解隔离,以恢复其报警功能。

(四)FAS系统火灾确认方式

1. 手动确认模式

在车站,当只有一个烟感探测到火警时,车站FAS显示火警,车控室内声光报警器鸣响及闪亮,图形命令中心弹出报警画面,并显示报警位置及报警设备,FAS系统不联动任何消防设备。若此时在FAS控制盘上按下"人工火灾确认"键,FAS系统发送火灾模式信号联动车站防排烟设备执行灭火程序，同时 FAS 系统联动电梯归位、防火卷帘下降、门禁开放、消防水蝶阀打开。

2. 自动确认模式

在车站，当有一个以上的烟感或温感探测到火警、或一个烟感（温感）探测到火警并有任一手动报警按钮动作时，FAS 系统自动发送火灾模式信号联动车站防排烟设备执行灭火程序，同时 FAS 系统联动电梯归位、防火卷帘下降、门禁开放、消防水蝶阀打开。

四、发生火灾时的 FAS 系统操作步骤

（1）当 FAS 系统的控制盘上红色火警指示灯闪亮、蜂鸣器鸣响，或 FAS 计算机人机界面弹出报警地图、探测器图标由绿色变为红色并闪烁时，表示系统报火警。本站工作人员必须立即查看报警信息，包括报警地点、报警设备及报警数量。

（2）安排就近人员携带对讲机或其他通信工具迅速到达报警地点，进行火灾确认。

（3）如现场确认未发生火灾，由操作员按下 FAS 主机控制器面板的"警报消音""火灾取消""复位"键，对系统进行复位和消音（此时设备不联动）。向 OCC 环调、维调通报相关报警信息，做好记录。

（4）如现场确认发生火灾，确认人员可打破附近任一手动报警器玻璃进行火灾报警确认，或利用对讲机、消防电话等通信工具向车控室（消防控制室）报告火警情况，由操作员在控制盘上按下"人工火灾确认"键进行确认。

（5）车控制室值班（操作）员接到火灾报警确认后，立即组织人员进行灭火和疏散乘客的工作，并向 OCC 环调报告火警情况。

五、IBP 盘和消防联动控制器的操作

（1）正常情况下，IBP 盘环控开关必须置于"远程"位置，确保在发生火灾时 FAS 和环控系统能自动联动设备；当 IBP 盘置于手动位时，系统只接受来自 IBP 盘的信号。当发生火灾时，如果 FAS 和环控系统因故未能联动设备，车控室或消防控制室值班（操作）员应将 IBP 盘环控开关拨到"本地"位置，根据火警地点，启动相应火灾模式联动设备。

（2）IBP 盘应急操作程序。

① 将环控开关置于"本地"位置。

② 启动防排烟系统设备，指示灯点亮表示启动成功。

③ 根据现场情况，打开或关闭屏蔽门。

④ 启动防灾广播。

⑤ 打开消防水电动碟阀，"ON"指示灯点亮表示启动成功。

⑥ 按下 AFC 紧急按钮，开放闸机。

⑦ 按下门禁释放按钮，打开门禁。

⑧ 按下自动扶梯紧急按钮，停止自动扶梯运行。

⑨ 切除一般照明，启动应急照明。

六、发生火灾时的应急处理

（1）当发生火灾时，火灾自动报警系统主机因故障没有接收到火灾报警信号，没有发出火灾报警；或同时发生两处以上火灾时，按正常灭火方式难以有效控制火势蔓延；或无火灾发生时，由于某种因素干扰而使消防设备产生误动作影响；或OCC行调中心发出应急处理指令时，此时按车站应急处理办法扑灭火灾，先保证人员安全和设备完好，然后再进行维修。若故障降级运行能维持火灾监视功能且不影响系统的报警功能时可以组织维修。

（2）如影响火灾监视功能或影响站级全部或部分火灾报警功能则必须组织人员进行抢修。行车值班员必须每隔一个小时检查车站消防情况，并向环调报告。

（3）如FAS系统未报火警，而工作人员现场已经发现发生火灾，此时现场工作人员按下任一手动报警器进行人工报警，车控室或消防控制室值班（操作）员接报后及时向OCC行调、环调报告现场情况，并组织人员灭火和疏散乘客。

（4）如果FAS系统报火警（经过工作人员现场确认无误），但消防设备未能联动时，车控室或消防控制室值班（操作）员应将联动控制盘拨到"手动"位置，根据火警地点，启动相应火灾模式进行设备联动。

（5）如果同一车站同时间多处发生火灾无法有效控制火势蔓延时，应将联动控制盘拨到"手动"位置，根据火警地点，在联动控制盘上启动相应消防设备。

（6）如果消防控制盘"手动"不能启动消防联动设备，应就地进行启动，即到设备现场直接启动设备。

（7）无火灾发生而由于某种因素干扰使消防设备误动作时，原则上先保证系统设备恢复，不影响列车运行及车站营运，再进行维修。

（8）当相邻车站或区间发生火灾等紧急情况时，按OCC行调中心发出的应急处理指令进行操作。

（9）当气灭系统保护区的火灾探测器探测到火灾参数时，车站控制室内火灾报警控制器报警，工作人员需要赶往现场查看火灾情况，如果火灾属实，则需按下设备房外紧急启动按钮，气灭系统喷气。有些地铁车站的气灭系统在大约启动30 s之后才开始喷气，主要是为了防止设备房内工作人员出现窒息和气灭系统的误启动。

【拓展阅读】

韩国大邱地铁案例

2003年2月18日，大邱中央路站一个患有精神病的乘客为了自杀随身携带了一个内装易燃液体的养料瓶，并用打火机点火，扔进车厢里，烈火瞬间吞噬了两列地铁列车。最终造成了192人死亡，147人受伤，直接的经济损失约5 000亿韩元（约5亿美元）。虽然这悲剧是由一个纵火犯引起，但是大邱地铁系统的火灾安全设施和应急救援的缺乏扩大了事故的损失。该场火灾当中避难时间可以有2~3分钟：如果乘客可以早一点从列车逃脱，很多人不会丧失自己的性命。但为什么会造成如此重大的乘客伤亡呢？

一是因纵火犯使用了汽油这一易燃液体，早期的燃烧很快。反过来，如果火灾由地铁设施的缺陷引起，燃烧速度不会这样快。

二是安全疏散引导系统和排烟系统的缺陷。由于安全疏散导向灯和路标设置不合适，当烟雾和毒气蔓延的时候，这种设施几乎没有作用。导向灯的故障让乘客找不到出口，许多乘客在逃难路中窒息死亡。在地下空间内部，烟和热气流向上蔓延，而人的疏散路线也是向上的，即人的疏散路线与内部烟和热气流动的方向一致。所以，烟和热气应该用排烟系统恰当地予以控制，以利于人员的安全疏散。

　　三是运营人员教育和培训的不足，控制中心允许让1080号列车进入火灾发生的站台使得火灾影响范围扩大。

　　事故发生后的对策：

　　一是制定了安全标准和系统的改善，制定了《都市铁路综合计划》。《都市铁路车辆安全规则》加强了对不燃内装修材料、抗热及无毒的材料的利用规定；新制定了《都市铁路设施安全规则》，提出了对喷灌机、灭火机、排烟设备的性能改善要求；提出了培养国家灾难预防及控制专家的要求与办法。

　　二是预防、监控系统的改善。编制了安全预防与监控指南，对脱轨、碰撞、爆炸、恐怖行为、火灾等紧急情况下的措施和模拟训练提出了要求；增加安全管理员人数；实行周期性的安全检测制度，对地铁站安全建立厂认证加强系统；对乘客进行紧急状态下从车厢和地铁站逃生的培训。

　　三是车厢的改善。规定了铁路车辆应该使用不燃内装饰面材料；研制新的紧急报警系统，在发生事故时，禁止其余车辆进入事故现场；为了将车厢的紧急情况传向控制中心，在车厢里设置闭路电视摄像机；加强车厢的灭火器性能；设置容易接近，且明显地表示使用信息的紧急疏散门；加强地铁的管理与维护系统，确立车厢维护数据库；设置车厢紧急出逃窗口；建设车辆冲突时的安全程序。

　　四是改善设施。建设紧急疏散隧道，或者在现有隧道里建设安全通道；改善紧急通信系统；改善排烟设备性能与设置烟屏蔽以控制烟气流动；使用不燃站台饰面材料；设置地铁隧道到地面的紧急阶梯和其他逃避通道；设置直接的给水设备和灭火器；改善垂直的通风口；制定消防设备的替换标准；改善自动火灾警报系统的性能；改善紧急导向灯和路标系统；实施研究关于技术要求的决定，加强设施设计与建设时的安全和预防火灾。

　　参考资料：金康锡．谁来保障地铁安全——韩国大邱地铁的教学和启示．中国减灾.2005年第9期．

第四节　环控系统

　　环控系统是城市轨道交通工程中的一个重要组成部分，环控系统各级控制功能的实现，是靠轨道交通环控系统的设备来保证的。

一、环控系统的设备

　　作为客运量大、列车运行密度高的城市轨道交通系统，要求环控系统通风空调工程设备可靠性高；地下车站和区间隧道大多位于地下十几米深，相对封闭和潮湿，要求环控系统通风空调设备防潮性好，使用寿命长；作为大容量的公共交通系统，要求环控系统通风空调设备的防灾防火能力、安全性高。

城市轨道交通环控系统常用的主要设备有风机、空气处理机、风阀、消声器、冷水机组、水泵、冷却塔等，这里主要介绍风机、空气处理机、风阀、消声器和冷水机组。

（一）风 机

地铁通风空调工程中的风机包括隧道风机、射流风机、推力风机、大小系统送排风风机和防排烟风机。风机主要分为轴流风机、离心风机两大类，以轴流风机为主。

轴流风机的工作原理是当叶轮在电机带动下旋转时，空气从风机进风口轴向吸入，叶轮上叶片的旋转推力对空气做功，使得空气能量增加并沿风机轴向流动排出。

地铁一般采用专用地铁轴流风机，它是地铁车站和隧道区间内通风的主要设备，具有大风量、高风压、高效率、可逆转、切换时间短、抗腐蚀性强、运行可靠、耐高温、防喘振、安装方便、运行平稳等特点。

（二）空气处理机

空气处理机通过机组表冷、过滤、消声、送风等若干功能段的组合，并由空调水系统提供冷源，实现对空气进行冷却、过滤、消声、输送等处理过程。

（三）风 阀

地铁通风空调工程使用的风阀包括调节阀和防火阀。由于地铁通风空调工程的特殊性，风阀要求具有较高的可靠性、耐用性和安全性。

（四）消声器

消声器是允许气流通过，同时又使气流中的噪声得到有效降低的消声设备。目前国内地铁通风系统中选用的消声设备一般以阻性消声器为主。阻性消声器的工作原理是利用声波在敷设于气流通道内多孔性吸声材料中传播，会因摩擦将声能转化为热能而散发掉的特性，使沿管道传播的噪声随距离而衰减，从而达到消声降噪的目的。

（五）冷水机组

冷水机组是为地铁车站空调大、小系统提供冷源的设备。

二、环控系统的控制方式

环控系统的控制方式分为中央级、车站级、就地级三级控制。

（一）中央级控制

中央级控制装置设在控制中心，配置有中央级工作站、全线隧道通风系统及车站环控系统中央模拟显示屏。控制中心工作站可对隧道通风系统进行监控,执行隧道通风系统预定的运行模式或向车站下达大、小系统和水系统的各种运行模式指令。

(二)车站级控制

车站级控制装置设在各站车控室,配置有车站级工作站和紧急控制盘,在正常情况下,可监视本站的隧道通风系统、空调大系统、空调小系统及水系统,向中央级控制上传本站设备信息,并执行中央级控制下达的各项运行指令。在中央级控制工作站的授权下,车站级工作站可作为本车站的消防指挥中心,当车站工作站出现故障时,紧急控制盘可以执行中央级工作站下达的所有防灾模式指令。

(三)就地级控制

就地级控制装置设置在各车站的环控电控室,具有对单台环控设备进行就地控制的功能,便于对各种设备进行调试、检查、维修。单台环控设备同时设有就地控制箱。在中央级、车站级和就地级三级控制中,就地级控制具有优先权。

三、环控系统的功能

环控系统的主要作用是对车站的环境空气进行处理,在正常运行期间为乘客提供一个舒适的乘车环境,并为工作人员提供必要的安全、卫生、舒适的环境条件,同时对车站各种设备和管理用房按工艺与功能要求提供满足要求的环境条件,为列车及设备的运行提供良好的工作条件。当发生火灾等事故时,环控系统能提供新鲜空气,及时排除有害气体,为人员撤离事故现场创造条件。环控系统必须具备以下几方面的功能。

(1)当列车正常运行时,应保证地铁内部空气环境的温度、湿度、气流速度和空气质量均应满足人员生理要求与设备正常运转需要。

(2)当列车阻塞在隧道内时,应能对阻塞处进行有效的通风,确保隧道内空气流通。

(3)当列车在隧道或车站内发生火灾事故时,应具备防灾排烟、通风功能。

四、车站通风空调环控系统

车站通风空调环控系统,包括大系统、小系统、制冷循环水系统和隧道通风系统等。

(一)大系统

大系统:车站公共区(站厅、站台)空调通风系统。大系统通常是指通风空调系统中的与隧道风机相关的设备系统,主要包含新风机、组合风柜(送风机、表冷器、过滤器)、排烟风机、回排风机、组合风阀、防烟防火阀、排烟防火阀、风量调节阀、常闭排烟口等设备。

大系统功能如下。

(1)正常运行主要通过时间表的功能来控制隧道风机的运行,隧道通风系统除早间通风和晚间通风运行外,列车正常运行时,区间隧道采用开式运行,充分利用列车活塞作用进行通风换气排除余热余湿。在不同的时间段运行不同的模式,运行不同模式的启停时间主要依据地铁运营开始及停止的时间和日期制定。

（2）事故运行状态主要是由列车发生的事故类型来确定事故运行的模式。当列车在隧道区间发生阻塞停留后，信号系统向OCC系统发出列车阻塞信号，在无人工取消的情况下延时1 min后，OCC系统自动根据轨道信号判断阻塞位置，下达运行模式指令到车站BAS系统，车站BAS系统对区间隧道通风系统设备进行隧道通风模式控制。区间隧道风机按行车方向进行机械通风，车站隧道通风系统保持正常运行，控制隧道内温度，保证列车空调冷凝器在正常的工作范围内。

（3）区间隧道发生火灾事故时，根据行车司机的报告，OCC或车站手动启动相应区间的火灾模式，在OCC选择火灾模式时，计算机会根据轨道信号和人工输入的列车着火位置，产生一个推荐的火灾模式供操作员选用，运行不同的火灾模式，保证旅客的安全疏散。

（4）车站站台火灾时，根据列车进站情况和系统排烟效果，隧道系统可作为辅助排烟手段参与车站火灾模式，隧道火灾时，区间消防水碟阀会自动打开，直到火灾被扑灭后恢复正常模式。

（二）小系统

车站设备管理用房通风空调系统（兼排烟系统），其功能如下。

（1）正常情况下，在空调季节为站厅、站台层设备及管理用房提供冷源和新风，通风季节为站厅、站台设备及管理用房通风换气。

（2）设备及管理用房发生火灾时，配合气体灭火系统完成灭火、防止烟气蔓延。

保证车站各类设备和管理房间的环境及在发生火灾的情况下的模式联动。

（三）制冷循环水系统

为大系统、小系统提供冷源的系统。主要由冷水机组、冷却水泵、冷冻水泵、冷却塔四大主要设备及相关阀门和管道等组成。原则上，水系统只在空调季节进行供冷，非空调季节不开启。

（四）隧道通风系统

隧道通风系统主要功能为正常情况下进行隧道的通风换气，列车因故阻塞在区间隧道时进行通风，列车在区间隧道发生火灾且不能行进时完成通风排烟。

 拓展阅读：环控系统

第五节　乘客信息系统

乘客信息系统（Passenger information System，以下简称PIS系统）是指为站内、车内乘客提供有关安全、运营及服务等综合信息的设备的总称。PIS系统以计算机系统为核心，利用网络技术、多媒体传输、显示技术，在指定时间，通过车站和车载显示终端将指定信息显示给指定人群。在正常情况下，播放列车运营信息、出行信息、政府公告、公益广告等实时多

媒体资讯；在火灾等紧急情况下，可迅速、直观、优先播放紧急疏散和防灾等文本和图像信息，以便预先告之和引导乘客，起到辅助防灾、救灾的作用。

一、PIS 系统总体介绍

PIS 系统包括信息发布和信息查询的功能。PIS 系统通过控制中心、广告制作中心、车站控制等系统，对所需的信息实施编辑、制作和传递，并通过车站或列车上的显示器为乘客及工作人员提供以运营信息为主、商业广告为辅的多媒体综合信息显示，如图 3-35 所示。

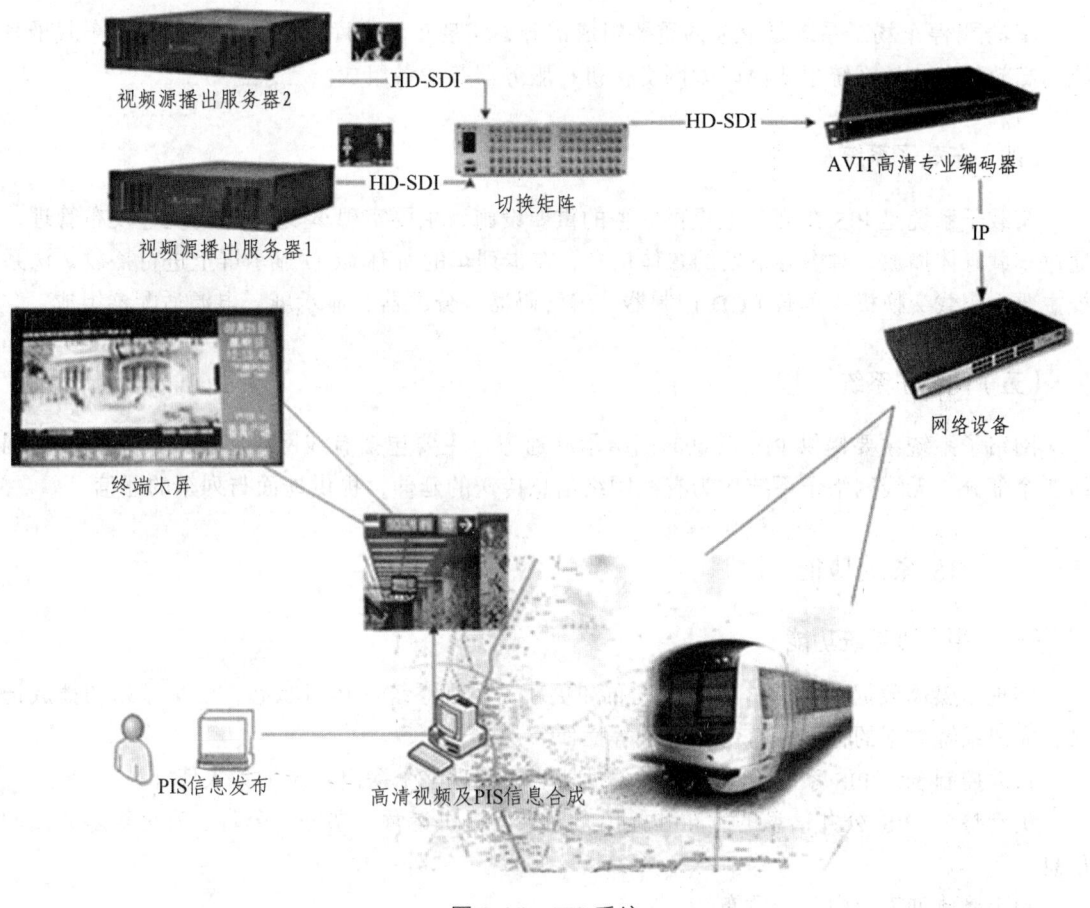

图 3-35　PIS 系统

二、PIS 系统结构

乘客信息系统由信息中心子系统、车站子系统、车辆段/停车场子系统、车载子系统以及实现各子系统间信息传送的网络子系统构成。

（一）信息中心子系统

信息中心子系统是 PIS 的中心部分，主要实现系统的编辑、播放、管理及控制等功能，由中心服务器、接口服务器、以太网交换机、防火墙、媒体编辑工作站、发布管理工作站、系统管理工作站、节目监播工作站、节目审核工作站、磁盘阵列等组成。

（二）车站子系统

车站子系统是 PIS 的现场部分，主要根据中心的要求进行编播信息的现场播放、管理及控制等，满足车站内旅客对信息的需求。系统主要由以太网交换机、车站服务器、LCD 播放控制器、音视频传输设备、LCD 显示屏等设备组成。

（三）车辆段/停车场子系统

车辆段/停车场子系统是 PIS 的重要组成部分，实现车辆在库期间，待播信息向车载子系统的高效传送。该系统主要由以太网交换机、服务器等设备组成。

（四）车载子系统

车载子系统是 PIS 在列车上提供服务的重要设施，主要实现车-地信息的统一发布管理，通过车载媒体播放，对中心下发的媒体信息，在本列车的所有 LCD 显示屏上进行播放。该系统主要由车载交换机、车载 LCD 控制器、编解码器、分配器、显示屏、电源适配器组成。

（五）网络子系统

网络子系统主要提供 PIS 信息的网络承载通道，主要包括有线网络、无线网络和车载网络三个部分。无线网络子系统作为有线网络信息传送的延伸，提供地面与列车的通信。

三、PIS 系统功能

（一）中心级系统功能

实现多媒体数据的整理、定制、发布和更新，监视系统的运行状态，汇集车站的播放记录，完成系统数据的存储、备份和维护等操作。

自动控制全线 PIS 系统设备的开、关机功能，实现整个播出系统的无人值守。

负责整个 PIS 公共信息的发布和播出，为乘客提供运营、票务、公告、安全等多方面的信息。

制定播放列表及内容的发布。

能够集中定义全系统各类型和级别的用户。

对总控制中心服务器的磁盘空间容量进行监控，汇总和监控各设备磁盘空间的占用信息。

对系统操作日志、内容发布日志、播放日志、应用程序日志进行统一管理。

（二）车站级系统功能

从控制中心接收发布的内容信息，通过播放控制器对本车站所有显示终端播放信息，并进行统一的控制和管理。

接收本车站服务器传送的模板文件、媒体文件以及播放列表，经过合成及解码后控制显示屏的播放。

（三）车载级系统的功能

通过中心级系统和列车上的存储设备发布信息，通过车载 LCD 播放控制器进行译码后，在列车的所有 LCD 显示屏上实时播放。同时通过移动宽带传输网为中央控制室值班员提供车载视频控制信息。在每个车载显示屏的位置一般设置 2 个并排的 LCD 显示屏。一个专门负责显示运营信息、另一个则可显示运营或商务广告信息。

四、车站子系统功能

（一）接收和下发功能

车站服务器能自动接收、存储来自信息中心的播放列表和播放内容，并转发到相应的 LCD 播放控制器中。

（二）具备播放控制功能

车站 LCD 播放控制器主要负责从本车站服务器或/和中心服务器接收模板文件、播放文件以及播放列表，控制 LCD 显示屏的播放。

（三）在播画面监看回传

车站 LCD 控制器（媒体控制器）可对控制中心调看的在播画面进行处理，并上传到控制中心指定的监看终端上满足在播画面监看功能的要求。

（四）信息发布的形式与内容

根据实际需要，在操作过程中可对播出信息的形式和内容做修改。按分屏方案播放时，商业信息和运营信息一起播放；整屏播放时，运营信息优先，商业信息滚动。

（五）紧急信息发布

系统在调度中心设置中心紧急信息发布工作站，在车站设置车站操作员工作站，以实现紧急信息的分级控制和发布。紧急信息发布是指对本车站显示设备发布紧急信息的过程。各车站显示设备紧急信息发布权限只控制在本车站范围内，其权限控制和发布规则由控制中心确定。

（六）权限管理功能

PIS 是一个面向公众的信息系统，系统分布范围广、节点众多，因此保证信息的安全性十分重要，做好对操作员权限的管理便成了重要工作之一。每个站台的操作员工作站均受 OCC 的操作员控制；OCC 的操作员可设定每一车站的操作员工作站以及其信息录入权限。

五、PIS 系统信息显示的优先级

PIS 系统每天都给乘客提供大量的信息，确保乘客安全、顺畅地到达目的地。

根据各种信息的紧急情况，PIS 系统设置了信息显示的优先级，具体如下：

（1）紧急灾难信息的优先级最高，然后依次是列车服务信息、旅客导向信息、站务信息、公共信息和商业信息。

（2）高优先级的信息可中断低优先级信息的播出。当高优先级信息被触发时，低优先级信息会被中断而停止播出。

（3）如果出现紧急信息，自动进入以紧急信息播出状态的方式提示乘客紧急疏散，直到警告解除为止。

（4）相同优先级的信息，按信息产生的先后顺序播放。

如图 3-36 所示。

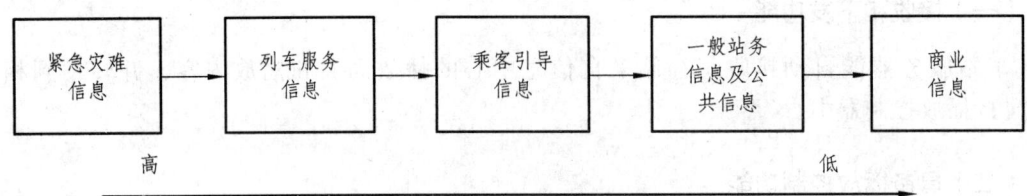

图 3-36　PIS 系统信息显示的优先级

拓展阅读：应急信息类型及发布阶段对照表

第六节　地铁专用电话系统

地铁专用电话系统是为列车运管、电力供应、环境监控、日常维护、防灾抢险及乘客事务处理提供工具的专用通信设备，它具备高度的安全可靠性并且操作上方便简洁。主要由调度电话、局部电话、区间电话、站间行车电话和乘客服务电话组成。

（一）调度电话

用于调度员和车站（车辆段）值班员、供电值班员、防灾值班员、维修值班员等有关人员之间的专用电话通信。一般分为：总调电话、行车调度电话、供电调度电话、环控调度电话、维修调度电话。

（二）局部电话

主要提供车站（车辆段）值班员与本地作业人员之间的呼叫通话，用户包括车站（车辆段）值班员和本站主要机房值班员。

（三）站间行车电话

站间行车电话提供相邻车站行车值班间互相呼叫通话功能。

（四）乘客服务电话

乘客服务电话是为方便乘客而设置的，包括设置在站台的乘客求助专线电话、车控室内外对讲电话及电梯对讲电话等。

【拓展阅读】

PIS 显示异常案例

2012年10月8日下午4时许，北京某线路站点内信息显示屏出现异常，均显示"王鹏你妹"四个字。对此事，北京地铁运营有限公司表示，该线路 PIS 系统（乘客信息显示系统）正在进行调试和人员培训，出现异常是由于一学员误操作，和旁边的同事聊天记录点击发布所致。

视频：离谱的误操作

课堂互动：请同学们扫二维码观看视频案例，并讨论。

你认为出现案例中的事故的原因是什么？如何规避此类事件的发生？作为运营企业如何进行公关处理？

实训项目一：城市轨道交通电梯设备操作实训

一、实训目的与要求

掌握城市轨道交通车站电梯系统组成，理解自动扶梯自动操作步骤，垂直电梯关键操作基本掌握电梯系统功能、作用及基本构成等，能够处理常见的设备故障、应急事件。

二、实训内容

1、自动扶梯日常启动操作，包括开梯、停止及紧急停梯等。

2、垂直电梯日常操作，包括开启、停止垂直电梯。

3、自动扶梯和垂直电梯的应急操作，比如自动扶梯夹人夹物、垂直电梯困人处理等。

三、考核要求

1、能够熟练掌握自动扶梯、垂直电梯的日常操作。

2、能够掌握常见自动扶梯、垂直电梯常见应急事件的处理，包括自动扶梯夹人夹物、垂直电梯困人处理等。

3、能进行各种操作模拟演示，操作流程标准、完善。

四、思考总结

1、车站内电梯系统的分类？
2、自动的扶梯的基本组成部分？
3、自动扶梯开梯及停止的操作要点？

实训项目二：城市轨道交通车站屏蔽门操作实训

一、实训目的与要求

掌握城市轨道交通车站屏蔽门系统分类，理解屏蔽门日常操作步骤，掌握屏蔽门各级别控制方法，基本掌握屏蔽门系统功能、作用及基本构成等，能够处理常见的设备故障、应急事件。

二、实训内容

1、屏蔽门的站台级控制流程程和要点。
2、屏蔽门的手动操作流程和要点。

三、考核要求

1、能够利用 PSL 熟练进行屏蔽门站台级控制，实现 PSL 操作允许、开门、关门等操作。
2、能够进行屏蔽门手动操作，实现手动打开、关闭滑动门、应急门和端门，实现滑动发生故障时进行隔离操作。
3、能进行各种操作模拟演示，操作流程标准、完善。

四、思考总结

1、屏蔽门的结构形式上分类？分别适用于哪些形式的车站？
2、屏蔽门的控制有哪几个层次？优先级如何确定？
3、简述屏蔽门的结构组成

实训项目三：城市轨道交通 FAS 系统操作实训

一、实训目的与要求

掌握城市轨道交通车站 FAS 系统组成，理解 FAS 系统功能，掌握 FAS 系统日常运作方式。

二、实训内容

1、FAS 系统的日常操作认知。

2、IBP 盘消防联动操作。
3、FAS 火灾确认操作。

三、考核要求

1、认知 FAS 系统的界面。
2、能够掌握 IBP 的消防联动操作。
3、能进行各种操作模拟演示，操作流程标准、完善。

四、思考总结

1、FAS 系统车站级设备、现场级包括哪些？
2、简要介绍 FAS 系统运作方式包括哪些？
3、概述发生火灾的应急处理措施？

第四章　城市轨道交通自动售检票系统

【本章导读】

> 主要内容：城市客运交通自动售检票系统概述，自动售检票系统架构，终端设备组成、功能与结构。
> 教学目标：能够认识城市轨道交通自动售检票的架构，掌握终端设备的功能和结构。
> 建议教学方法：采取软件实操结合教师课堂讲授，通过实操项目完成对知识点的学习。

第一节　自动售检票系统概述

自动售检票系统简称 AFC 系统（Automatic Fare Collection System），是通过对计算机、统计、财务等专业知识的综合运用，来实现轨道交通的售票、检票、计费、收费、统计、清分结算和运行管理等全过程的自动化系统。AFC 系统能简化操作，方便出行，提高乘客的出行效率，可以大大减轻工作人员的劳动强度，使乘车收费更趋于合理，减少逃票现象，提高地铁运营效率和收益。同时，还能大大减少现金交易，人工记账及统计工作，提高准确率和效率，有利于管理责任的落实，保证交易数据和票务信息的安全。并能提供准确的客流及票务统计分析数据，提高客流分析预测的能力，合理调配资源，提高运营企业的运营管理水平。AFC 有利于提升轨道交通行业的社会形象和服务区域形象。

AFC 系统由五层构成，分别为清分系统层、线路中央计算机系统层、车站计算机系统层、车站终端设备层和车票层如图 4-1 所示。清分系统层主要负责各线路票款收入的清分，各线路中央计算机系统主要负责管理本线路的 AFC 系统，车站计算机系统主要负责管理本线路的 AFC 系统，车站终端设备主要包括自动售票机、半自动售票机、检票机、自动增值机、验票机、手持验票机，它们分别为乘客提供售票、检票等功能服务，使乘客能够顺利地入闸乘车，车票为乘客可以使用 AFC 系统的媒介，也是乘车的凭证。

（一）清分系统层——城市轨道交通清分结算系统 ACC

主要功能是对各线路上传的交易数据进行汇总、分析、处理，确保实现各运营线路的独立核算。对运营网络内各线路中央计算机系统下传清分数据、黑名单等信息，对线网内所有车票进行管理、编码、定义、分拣和调配，进行数据挖掘，辅助各业务部门进行分析决策。

（二）线路中央计算机系统层 LC

线路中央计算机系统是各条线路 AFC 系统的管理控制中心，安装各线路的运营控制中心。

其主要有以下功能。

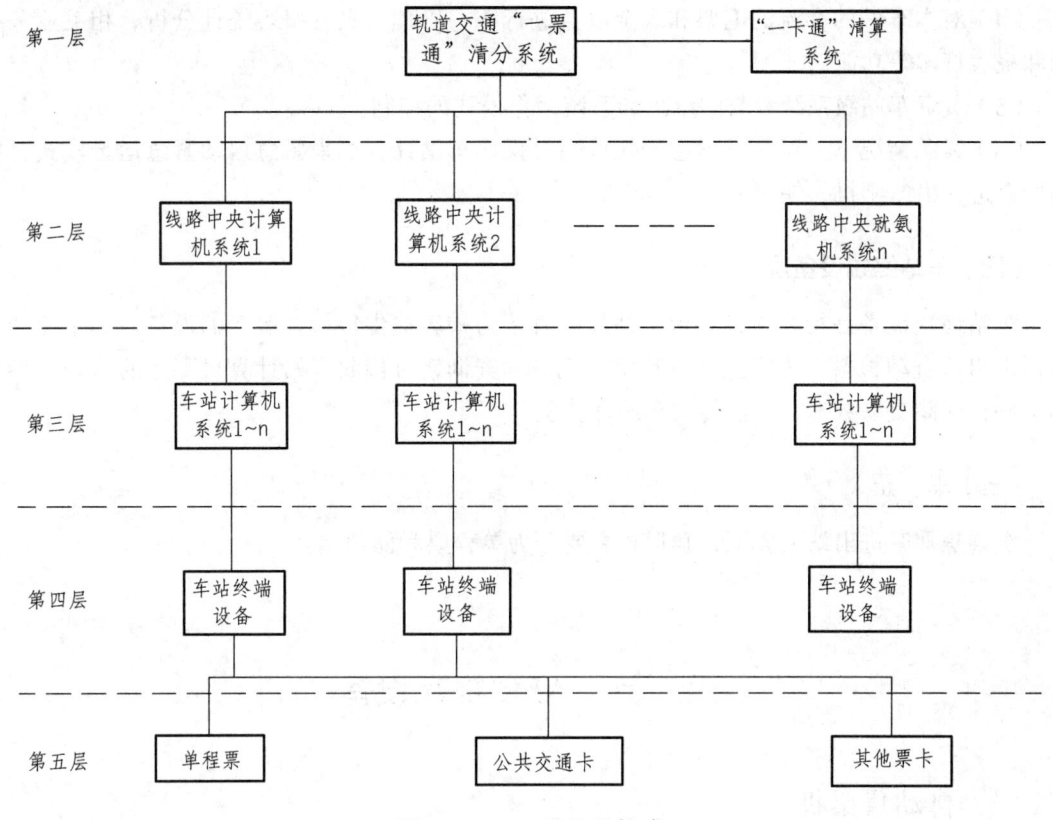

图 4-1　AFC 系统的构成

1. 票务管理功能

车票交易数据处理；车票发售收益统计；运营收益统计；运营报表处理；票务对账结算；车票发售现金收入管理。

2. 运营管理功能

系统运营参数管理；在线设备状态监控；系统运营模式管理；客流统计与分析；车票分拣；票卡库存管理；系统通信监测。

3. 系统维护功能

系统用户管理；权限管理；数据归档和备份；系统数据恢复；系统时钟管理；系统日志管理。

（三）车站计算机系统层 SC

车站计算机系统大都安装在车控室和票务室，其主要有以下功能。

（1）采集和储存车站终端设备的车票交易数据、寄存器数据、状态数据、收益管理数据和维护管理数据等，并将数据传送给线路中央计算机系统。

（2）接收和储存中央计算机系统下达的系统运行参数和控制指令，并下传至车站终端设备。

（3）实时监控车站自动检票系统设备和网络运行情况，具有系统自动诊断、设备控制和故障告警等功能。

（4）对本车站的客流的毛票和现金收益进行统一管理，具有报表统计分析、相关业务查询和报表打印等功能。

（5）负责车站级系统参数的维护和系统运作模式的控制。

（6）紧急情况下，可按下紧急按钮或通过操作车站计算机来紧急启动紧急运行模式，控制所有进、出站闸机，便于乘客快速疏散。

（四）车站终端设备层

车站终端设备是指装在各站台、站厅，直接为乘客提供售检票服务的设备。其主要功能包括进出站自动检票、车票发售、补票、充值、查询，可接收车站计算机下达的命令、参数和文件，存储交易数据，并上传到车站计算机。

（五）车　票

车票是乘客进出站的凭证，其形式主要分为单程票和储值票。

第二节　AFC 终端设备

一、自动售票机

自动售票机简称 TVM 机（Ticket Vending Machine），TVM 机设于车站非付费区，用于乘客自助式购买地铁单程票和对储值票进行充值。

提供乘客自助购买单程票服务，可接收硬币、纸币，且能硬币找零；安装有乘客显示器及运行状态显示器，可以即时显示轨道交通线路、投入钱币金额及设备运行状态等信息，如图 4-2 和图 4-3 所示。

（一）自动售票机 TVM 的结构

在配置自动售票机的现金处理设备时，通常硬币识别设备和硬币找零设备是必须配置的，同时可以根据实际需要确定是否需要配置纸币识别设备及纸币找零设备。因此要求自动售票机在结构设计上必须是模块化的，以保证设备可以灵活地配置各种部件。

1. 主控单元

主要负责运行控制软件，完成车票处理、现金处理、数据通信、状态监控等。

2. 硬币模块

能接收硬币，具有防伪功能，无法识别的硬币给予将原币退返的处理；具有原币返还功能，包括硬币箱、入币口、硬币识别模块和找零模块识别设备允许识别的币种除了识别设备本身的设置以外，还可以通过运营参数设置。同时，允许找零的个数也应由参数设置。

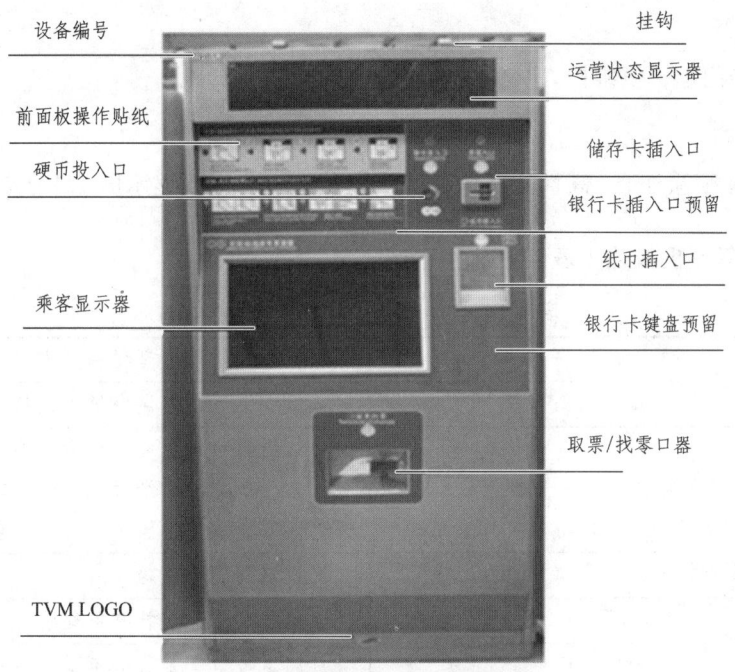

图 4-2 TVM 机外部构件

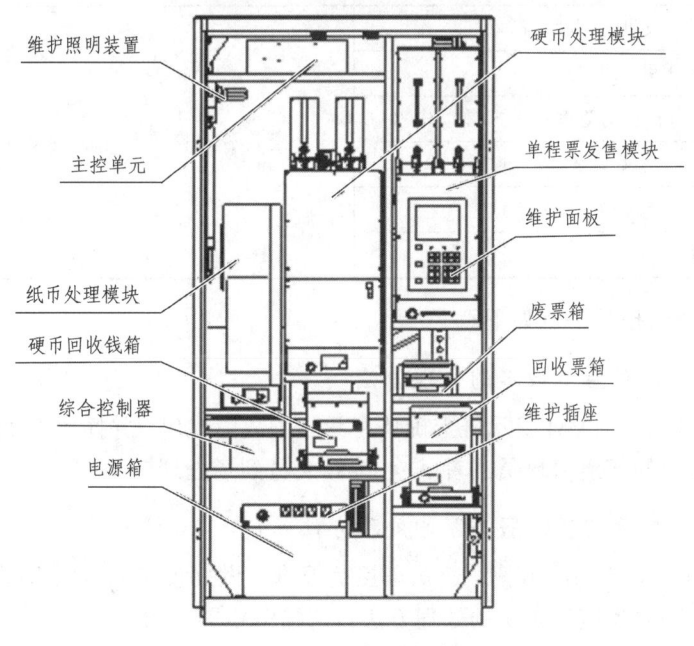

图 4-3 TVM 机内部构件

3. 纸币模块

能接收多种不同纸币,应具有高度的防伪功能,包括纸币箱、入币口、传输装置、识别模块,在自动售票机暂停接收纸币、暂停服务或关闭时,投币口应能关闭不接收纸币。

4. 单程票发售模块

单程票发售模块进行单程票发售,主要包括票卡传输装置、票箱和废票箱。

5. 维护面板

安装在维修门上,供维护人员使用。

6. 其他结构

包括不锈钢/喷涂外壳、高性能高精确度触摸屏、高亮 LED 显示屏、高分辨率条码打印机。

(二)自动售票机故障(表 4-1)

表 4-1 自动售票机故障及处理办法

原 因	处理措施及方法
纸币钱箱已满(警告)	安装空纸币钱箱
纸币钱箱未锁或不存在(警告)	确认纸币钱箱上端锁或者上端手柄是否准确安装,由于所安装的纸币钱箱处于锁住状态,在打开之间不能使用,因此,应该安装新的纸币钱箱
硬币钱箱已满(警告)	更换空的硬币钱箱
单程票箱将空	为单程票储票箱补充单程票
退纸币失败(严重)	目测退币口上是否有卡币,检查是否有交易记录,通知维修人员处理
纸币移动过程中,发生卡币故障	检查是否有交易记录,通知维修人员处理
硬币找零功能不可用(警告)	
硬币储币箱找零时卡币或储币箱没有硬币找出	
接收硬币功能不可用(警告)	
硬币接收错误	
单程票模板故障	

TVM 简单故障的排除举例如下。

1. 出现乘客在购票后不找零的处理方法

(1)第一步:首先在 TVM 显示屏上确认有无相关故障代码;并摆放"暂停使用"提示牌。

(2)第二步:通知客运值班员或者 AFC 维修人员到场处理。

2. 乘客显示器显示"暂停服务"的处理方法

(1)摆放"暂停服务"提示牌,通知车控室报修;做好现场乘客的引导。触摸屏反应不灵敏(选择目的车站时反应迟钝)的处理方法:清洁触摸屏表面。

(2)如不能解决,请及时报告 AFC 轮值或 AFC 维修人员。

3. 卡票(或者卡硬币)后机器自动进入"暂停服务"的处理方法

(1)第一步:询问乘客购票张数、投入纸币\硬币的情况,如卡硬币,查看硬币口有无堵塞,或者其他异常情况。

(2)第二步:在 TVM 前摆放"暂停服务"提示牌,并及时通知车控室\客运值班员到场处理,另外要及时报告 AFC 轮值或 AFC 维修人员。

二、自动检票机 AG

自动检票机,简称闸机(AG,Automatic Gate),是实现乘客自助进出站检票交易(在非付费区和付费区间通行)的设备,对有效车票,检票机通道阻挡解除(门扇开启或释放转杆),允许乘客进出站。

自动检票机安装于车站付费区与非付费区的交界处,用于实现自动的进出站检票。自动检票机应能适应地铁车站的强磁干扰、尘土、高温、振动等恶劣工作环境,具有防潮、放火、防酸设计。

(一)自动检票机分类

自动检票机根据功能可以划分为:进站检票机、出站检票机、双向检票机。

自动检票机根据阻挡装置的类型可以分为:三杆式检票机、扇门式检票机、拍打门式检票机。

(二)自动检票机功能

(1)自动对车票进行有效性检验,对有效车票进行相应处理后放行乘客,对持无效车票的乘客拒绝对其放行。

(2)给出明确的对车票处理结果的提示信息。

(3)对通道的通行状态给出明确的指示。

(4)对特殊车票的使用给出明确的提示。

(5)对需要回收的车票执行回收操作。

(6)对各部件的工作状态进行自动监测,并向车站计算机系统上报工作状态。

(7)接收车站计算机系统下发的参数和控制命令,并执行相应的操作。

(8)存储并上传交易信息。

(9)接收紧急按钮信号并控制设备的操作。

(三)自动检票机结构组成

1. 自动检票机上部结构(图 4-4)

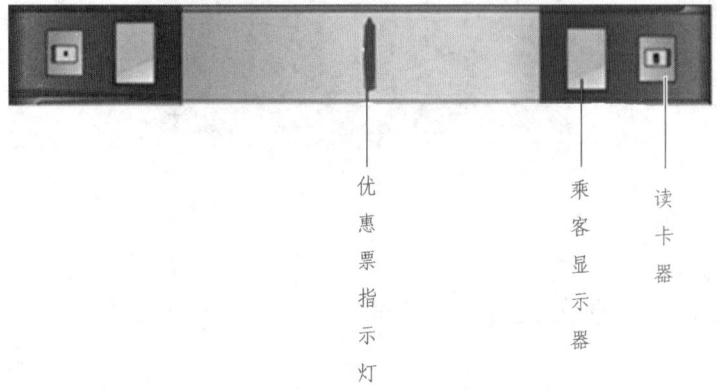

图 4-4 自动检票机上部结构

（1）读卡器。

票卡读写器的安装位置符合乘客右手持票习惯，在检票机安装读卡器的位置有醒目的标识指示乘客刷卡位置，如图4-5所示。

图 4-5　读卡器结构

（2）乘客显示器。

乘客显示器为可变显示，能够显示中文、英文、数字及图形，以引导乘客正确使用检票机，如图4-6所示。

图 4-6　乘客显示器

2. 自动检票机侧向结构（图 4-7）

（1）通行传感器。

通行传感器能够监控乘客通过自动检票机的整个过程以及监测通过自动检票机的人数，如图 4-8 所示。

（2）高度传感器自动检票机上装有检测身高的反射型传感器，用于检测通过的乘客是否是身高为 1.2 m～1.4 m（高度可调）及不足 1.2 m 的儿童。

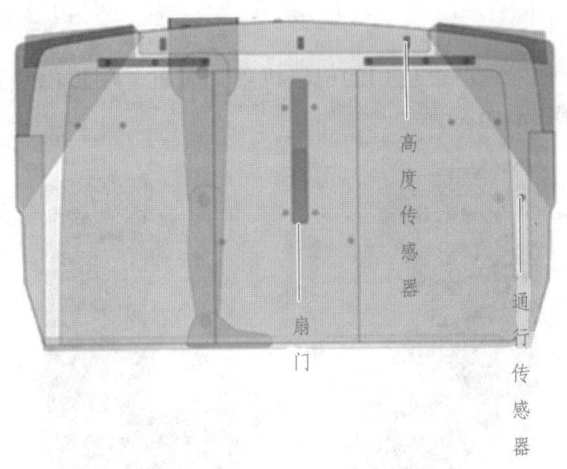

图 4-7 自动检票机侧向结构

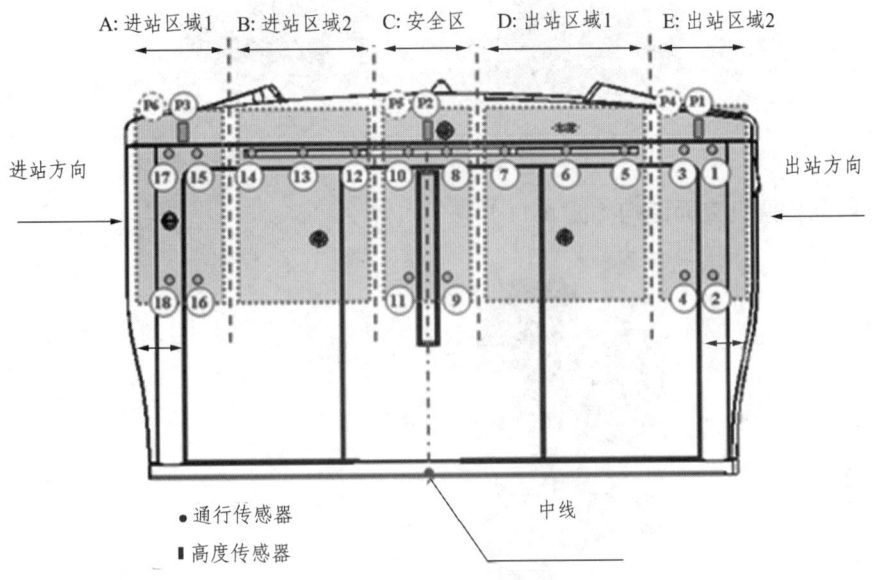

图 4-8 通行传感器

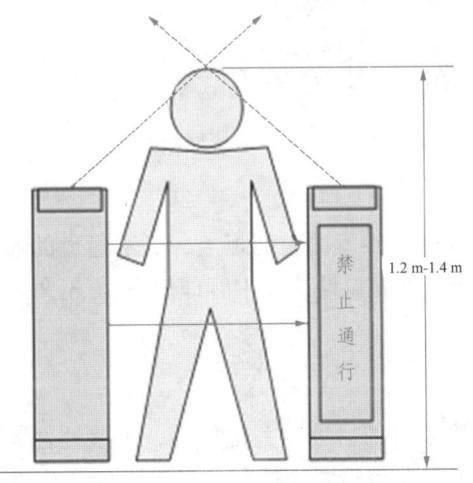

图 4-9 高度传感器

（3）扇门。

扇形门装置是另一种得到广泛应用的检票机阻挡装置。扇形门装置由扇形门、机械控制结构和控制板组成，如图 4-10 所示。

图 4-10 扇门结构

（四）自动检票机立面结构（图 4-11）

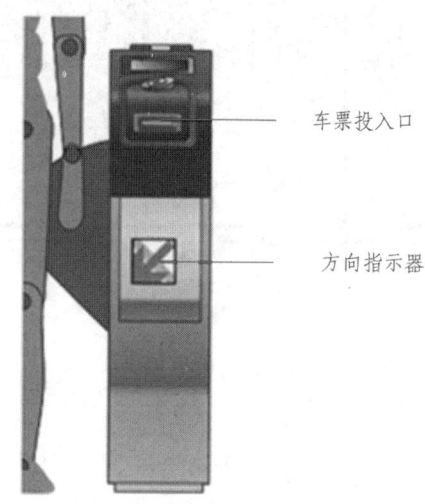

图 4-11 自动检票机立面结构

1. 方向指示器

方向指示器位于检票机面向乘客的前面板上，显示通道的通行方向标志，远距离指示乘客通道的通行状态，方向指示器的设计确保乘客即使在 30 m 外的距离也可以明辨标志的内容和含义。

2. 车票处理装置

车票处理装置是自动检票机的另一个关键部件，车票处理装置负责完成车票读写、传送及回收处理。车票处理装置主要包括两大部分：车票读写设备和车票传送装置（图 4-12）。

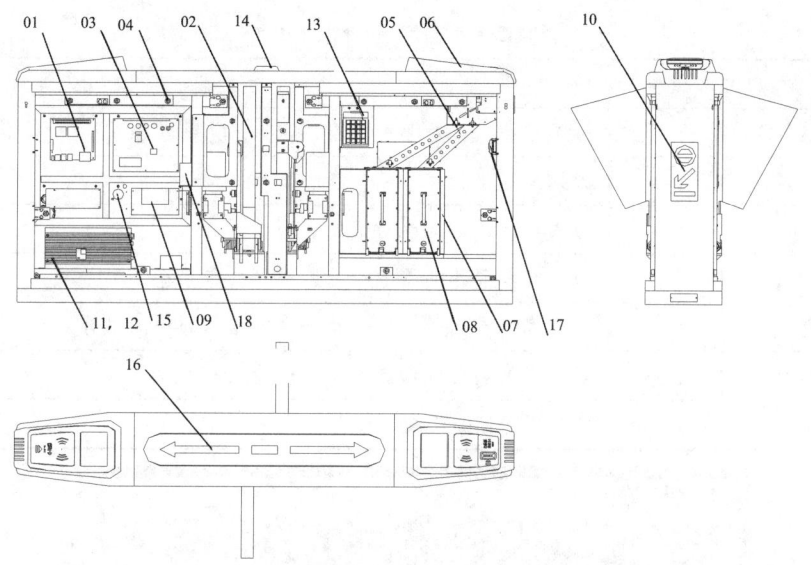

1—工控单元；2—门式机芯；3—通行控制器（PCM）；4—通行及安全传感器；5—票卡回收机构；6—乘客显示器；7—票箱座；8—票箱；9—综合控制器；10—方向指示器；11—电源模块；12—机芯变压器；13—维护单元；14—警示灯；15—报警器；16—通行指示器；17—读写器；18—扬声器

图 4-12　车票处理装置

三、半自动售/补票机

半自动售/补票机简称 BOM 机（Booking Office Machine），通常安装在售/补票房或车站服务中心内，采用人工的方式完成票务处理、车票发售、加值、车票分析（验票）、退票及其他票务服务，因此 BOM 机又称为人工售/补票机或票房售/补票机，如图 4-13 所示。

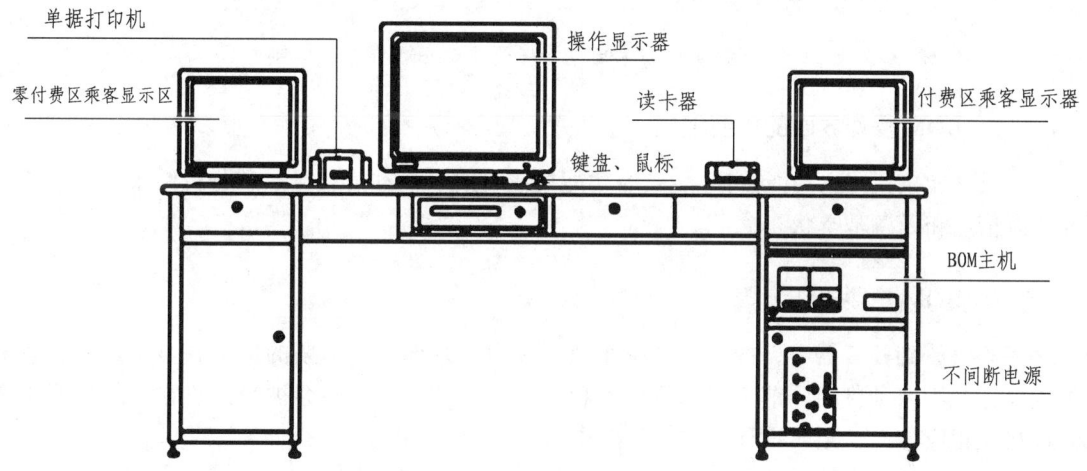

图 4-13　半自动售/补票机

（一）半自动售/补票机 BOM 结构组成

半自动售/补票机系统主要由以下设备构成：票卡发售模块、操作员触摸显示屏、乘客显示器、桌面 IC 卡读卡器，如表 4-2 所示，界面见图 4-14。

表 4-2　半自动售/补票机系统

部件名称	数量	功　能
主机	1 台	标准工控机，处理所有相关业务，实现与 SC 通信，上传交易数据等
乘客显示器	1 台	为乘客提供相关票务信息的显示
操作员显示器	1 台	为操作员提供人机对话的界面显示
票据打印机	1 台	为乘客办理相关票务事物，提供打印票据
读卡器	1 台	对乘客持有票卡、发售票卡进行相关操作的平台
鼠标、键盘	1 套	操作人员实现各项操作指令的输入
不间断电源	1 台	在主电源断电时提供备用电

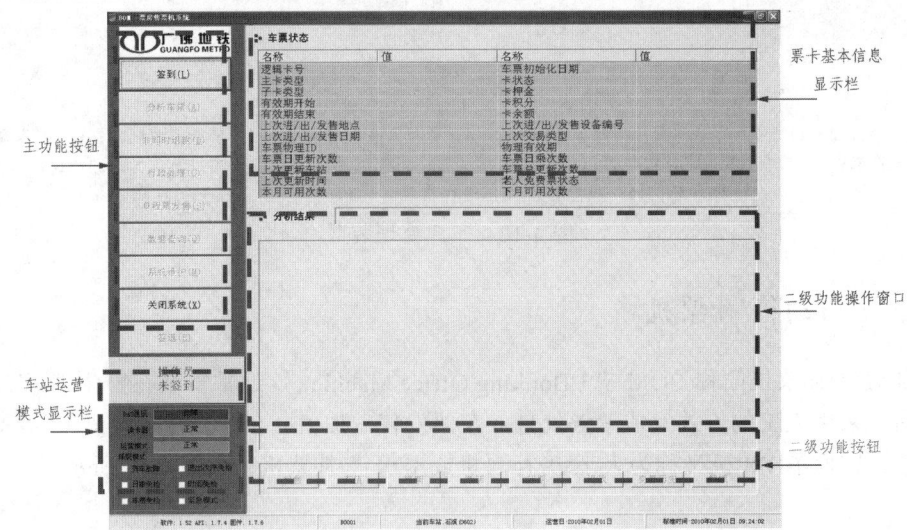

图 4-14　半自动售/补票机 BOM 界面

（二）BOM 操作界面的主要组成

一级功能按钮（主功能按钮）、二级功能按钮、票卡基本信息显示和分析结果区、系统主要状态信息和设备基本状态信息。

（三）BOM 主要操作步骤

将车票放到读卡器上，按下"分析车票"按钮，系统读取车票的信息并显示出来。系统根据业务规则自动判断当前车票的可操作权限，二级功能按钮就会被激活。在二级功能操作窗口操作相应按键，完成对车票的相关操作。

四、自动查询机

自动查询机简称 TCM 机（Ticket Checking Machine），它安装在非付费区，供乘客自助查看车票的信息及有效性，如图 4-15 所示。读取过程中不能修改车票上的任何数据。自动查询机通过触摸屏进行操作。自动查询机应可显示乘客服务信息，信息由线路 AFC 控制系统下载。

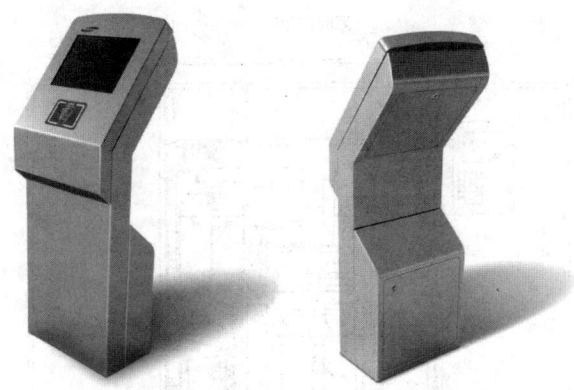

图 4-15　TCM 机

以下是自动查询机组成结构与功能。

自动查询机主要由主机、电源、读卡器和触摸显示器等结构组成。

自动查询机具有车票查询和乘客服务信息查询等功能。车票查询是读取票卡信息，不具备写票功能，工作人员将车票在阅读器/天线出示后 1 s 内，能显示车票的以下内容：

（1）车票逻辑卡号。

（2）车票类型。

（3）余额/使用次数：显示该车票当前所剩余额及使用次数。

（4）车票有效期：显示该车票的有效期限。

（5）车票无效原因（如安全性检查，出入顺序检查，黑名单票检查，超乘，超时等）。

（6）交易历史等。

视频：杭州地铁票务系统试水电子支付模式　　　视频：广州地铁开通"云支付功能"

实训项目：城市轨道交通 AFC 系统操作实训

一、实训目的与要求

AFC 设备有着较强的实操性，本实训建议在 AFC 硬件设备或相关模拟软件等实训条件下开展。通过本实训要求掌握 AFC 设备的基本构成，掌握自动售票机 TVM 的基本结构及操作，掌握自动检票机 AG 的基本结构及操作，对 AFC 基本故障进行判断及初步处理。

二、实训内容（见图 4-16）

1、AFC 终端设备认知。

2、自动售票机 TVM 结构认知、基本操作。

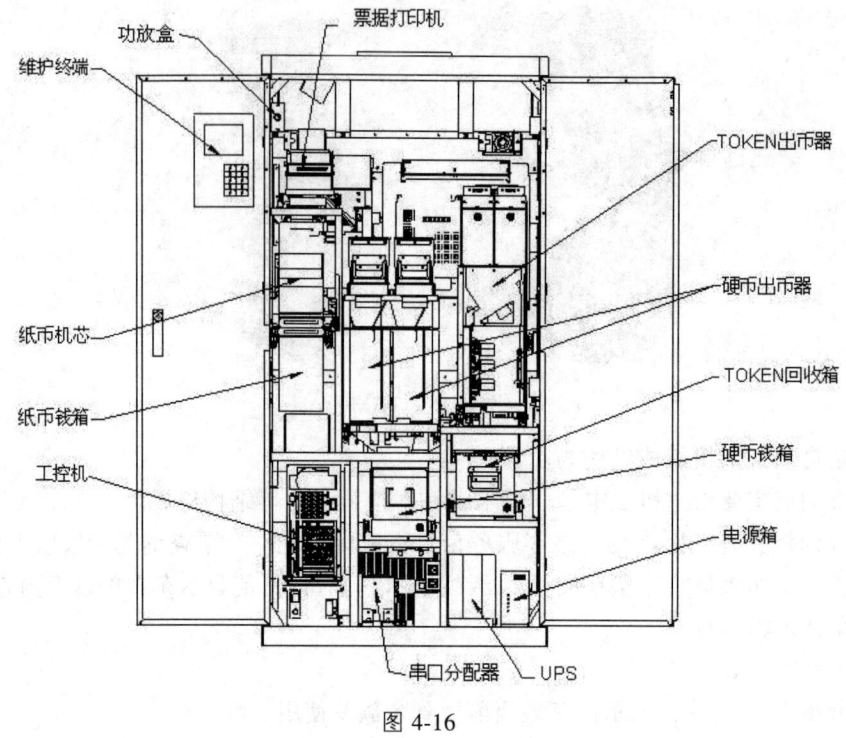

图 4-16

3、自动检票机 AG 的结构认知。
4、半自动售票机 BOM 基本操作。
5、TVM 简单故障的排除处理等。

三、考核要求（见图 4-17）

1、能够分析 AFC 终端设备的基本构成，分析不同设备的类型，其中闸机的分类等。
2、能够描述自动售票机 TVM 基本结构构成、基本操作。
3、能够描述自动检票机 AG 基本结构构成、基本操作。

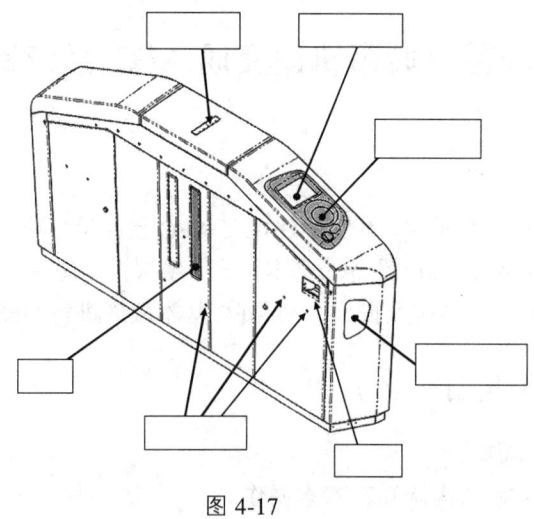

图 4-17

- 102 -

4、半自动售票机 BOM 的基本功能描述。

四、思考总结

案例：随着互联网的发展及移动支付方式的普及，简化购票流程、减少零钱支付及提高购票乘车效率已成为乘客出行的现实需求，全国多地已开始探索采取新的购票付费方式，目前已有广州、深圳、苏州、郑州等城市试行云购票，北京、天津主要进行城市交通卡在京津冀的一体化建设，采取网上购票、移动支付、在线充值、区域一体化等创新举措已成为未来乘客乘车付费的主要趋势。

广州地铁正式迈入"云支付"时代！2017 年初，广州地铁全线网开启"云支付"购票功能，广州从即日起成为全国首个支持地铁全线网"云支付"购票的城市。着急出门赶地铁，入闸时却发现忘记了带钱包或者带现金。从外地来广州，没有办理"羊城通"但单程票购票机前排起了长龙……以后，这些问题都将得到解决。即日起，广州成为了全国首个实现了地铁全线网"云支付"的城市。

对于不带卡、不带现金的乘客，广州地铁推出三种手机支付方案给市民选择使用。

在 APM 线乘客可采用"云闪付"方式乘坐地铁，"云闪付"是乘客使用 Apple Pay、三星 Pay 等绑定银行卡的手机过闸方式。

在 APM 线以外的其他地铁线路，乘客可以通过"云卡"方式乘坐地铁，"云卡"是广州地铁近期推出的手机车票，对于具有 NFC 功能的安卓手机，乘客可以通过启用广州地铁官方 APP 上的云卡功能，刷手机通过广州地铁每个车站设立的特殊通道乘坐地铁。

乘客还可通过在"云购票"的方式坐地铁，与传统购票需要现金相比，"云购票"采用移动互联网手段进行支付，支持支付宝、微信当面付、在线提前购票现场取票等方式替代现金支付，这种方式目前需要到每个地铁站专门设置的橙色"云购票机"取票。

根据上述材料回答下列问题：

1、依照本章内容及材料，分析传统应用的 AFC 系统的优缺点。
2、根据上述材料，展望 AFC 系统发展方向。
3、根据身边的实际案例，分析"互联网+"对票务管理的影响。

第五章 城市轨道交通客流

【本章导读】

> 主要内容：本章介绍城市轨道交通客流基本概念、客流特征分析、客流调查、客流预测的基本内容。
> 本章教学目标：掌握如何对城市轨道交通客流数据进行分类统计分析，如何开展客流调查与预测。
> 建议教学方法：建议采用案例分析法，结合具体的案例演示客流特征的分析方法，给出客流数据让学生能够运用数据统计分析工具生成各类特征图，给出客流数据让学生运用客流预测方法进行客流预测。

第一节 客流特征分析

一、客流基本概念

客流是指在单位时间内，轨道交通线路上乘客流动人数和流动方向的总和。客流的概念既是乘客在空间上的位移及其数量，又强调了这种位移带有方向性和具有起讫位置。客流可以是预测客流，也可以是实际客流。

1. 根据客流的时间分布特征分类

轨道交通客流根据时间分布特征可分为全日客流、全日分时客流和高峰小时客流。全日客流是指每日轨道交通线路输送的客流量，全日分时客流是指一天内轨道交通线路各小时输送的客流量。高峰小时客流一般指轨道交通线路早、晚高峰及休假日高峰小时内输送的客流量。

2. 根据客流的空间分布特征分类

轨道交通客流根据客流的空间分布特征可分为断面客流和车站客流。断面客流是指通过轨道交通线路各区间的客流，车站客流是指在轨道交通车站上下车和换乘的客流。

3. 根据客流的来源分类

轨道交通客流根据客流的来源可分为基本客流、转移客流和诱增客流。基本客流是指轨道交通线路既有客流加上按正常增长率增加的客流。转移客流是指由于轨道交通具有快速、准时、舒适等优点，使原来经常借助常规公交和自行车出行转移到经由轨道交通出行的这部分客流。诱增客流是指轨道交通线路投入运营后，促进沿线土地开发、住宅区形成规模、商业活动繁荣所诱发的新增客流。

二、客流分析的作用

一个城市需要什么样的轨道交通，需要多大规模的轨道交通线网，这些都与城市客运交通需求有密切的联系。深入的客流特征分析是做好城市轨道交通线网规划和运输组织的基础。

对于规划阶段的城市轨道交通线网，如何预测分析其未来特征年的客运交通需求，分析其轨道交通客流特征，可以为轨道交通线网规划和运行组织提供有力支撑；对已经建成的轨道交通系统，则应该加强轨道交通客流调查分析，找到城市轨道交通的客流与城市其他客运交通系统、城市社会经济发展等影响因素之间的作用规律，以期更好的指导运营组织工作，并为其他城市的轨道交通客流预测提供参考，如图 5-1 所示。

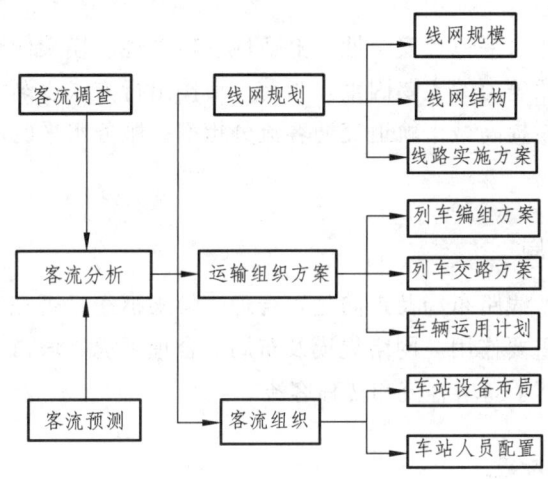

图 5-1 客流分析作用示意图

三、客流的影响因素

（一）城市发展导向和土地开发

土地利用与客流的关系是"源"和"流"的关系，城市各个区域的功能布局决定了出行活动、出行流量以及出行方向。城市发展导向及土地开发都伴随着客流的大幅增长。城市轨道交通建设包含两重意义：一方面是为满足沿线建成区域既有客流的交通需求；另一方面是为引导城市沿轴线发展，促进沿线土地开发，支持城市空间发展规划。通常在城市轨道交通的建设或某一路段的建设侧重于后者的情况下，其客流量的大小将取决于城市总体规划和地区规划及其交通建设实施情况，同时客流量主要还受市区人口疏散力度以沿线土地开发性质和强度变化的影响。

（二）人口规模和经济总量的增长

城市轨道交通乘客出行量与人口规模、出行率有着密切的联系。除要分析常住人口、暂住人口和流动人口之外，还应分析人口的年龄、职业、居住等其他参数的特征。据调查资料显示，不同人群的出行率不同，而且城市人口总量和经济发展规模还为城市轨道交通的大力发展提供了持续的客流来源和坚实的经济基础。

（三）票　价

票价对客流的影响以及乘客收入水平对客流的影响是综合产生作用的结果。这是因为城市轨道交通的客源一般来自中、低收入的人群，他们对票价较为敏感。一般来说，提高票价将导致客流量降低。2014年北京地铁票价进行了改革，从单一票价制改为按里程计价，随后，北京市交通部门发布《票价改革之北京轨道交通客流影响分析》，数据显示，轨道交通票制改革之后，日均客流量下降80万人次左右，短途客流和长距离客流减少明显，既有线路客运量降幅为3%至18%不等。

（四）服务水平

城市轨道交通的服务水平包括安全性、舒适性、经济性、换乘便利性、准时性等多项指标，这是轨道交通保持竞争力的主要因素。当前，市民出行方式逐渐增多，要吸引更多市民选择乘坐轨道交通，不断提高城市轨道交通客流分担率，服务水平的高低成为影响客流的关键因素。

（五）网络规模及布局

城市轨道交通网络，线路布局及走向是否合理，换乘枢纽是否完善对增大城市轨道交通对出行者的吸引力具有重要作用。网络规模及布局的合理可提高城市各区域可达性，使得出行换乘更便捷，从而提高了新增客流和转移客流。

（六）网络运输能力配置

交通供给和交通需求之间的动态平衡决定了客流的最终规模。一方面，在交通供给水平比较低的条件下，势必造成部分客流需求被抑制。另一方面，城市轨道交通供给水平由其运输能力配置决定，在运输能力不足时，会出现列车运行间隔较长、候车时间增加、列车超员、拥挤等现象，并使服务水平降低，甚至使得部分客流转移至其他交通方式从而限制城市轨道交通客流量的增长。倘若运能配置适当，则可使其优势得到充分发挥，增加乘客使用城市轨道交通的出行效益和舒适性，这也定将增加城市轨道及交通系统的整体吸引力和客流量。

（七）政府交通运输政策

国家在宏观层面确定了城市交通以公共交通为主，个体交通为辅的交通运输政策，优先发展公共交通、大力发展城市轨道交通、控制私人汽车的发展，这对引导市民出行，利用公共交通与城市轨道交通方式有着非常重要的意义。

在政策的引导下，城市轨道交通与其他交通方式之间建立合理的衔接关系，有利于城市轨道交通的客流增长。城市轨道交通与其他交通方式之间，形成以城市轨道交通为骨干、各种方式合理分工、相互补充的协作关系，建立和完善以城市轨道交通车站为中心、各种交通方式换乘方便的综合交通体系，可以为城市轨道交通积聚和疏散大量客流，增加城市轨道交通的间接吸引客流量。

四、客流特征分析

拓展阅读：客流案例

（一）客流的时间分布特征

1. 一日内小时客流分布特征

城市轨道交通小时客流量随城市生活的节奏变化在一日之内按起伏状分布：夜间客流量稀少，黎明前后渐增，上班、上学时达到高峰，之后客流渐减，至下班或放学时间又出现第二个高峰，进入晚间客流又逐渐减少。

城市轨道交通的运能、线路走向、所处交通走廊的特点以及车站所在地的用地性质，是影响城市轨道交通客流时段分布的主要影响因素。纵观不同运能城市轨道交通的不同类型车站，可归纳出以下五种客流小时分布类型。

（1）单向峰型：轨道交通线路所处的交通走廊具有明显的潮汐特征或当车站周边地区用地功能性质单一时，车站客流分布集中，有早、晚错开的一个上车高峰和一个下车高峰，如图 5-2 所示。

（2）双向峰型：车站位于综合功能用地区位时，客流分布与其他交通方式的客流分布一致，有两个配对的早、晚上下车高峰，如图 5-3 所示。

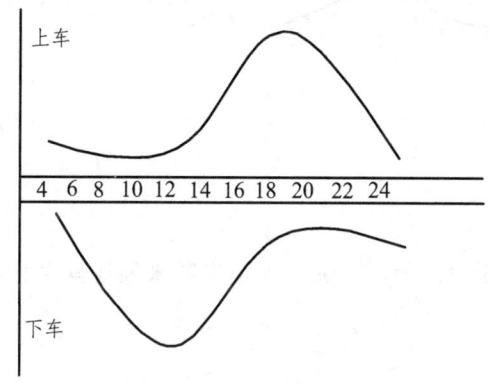

图 5-2　单向峰型

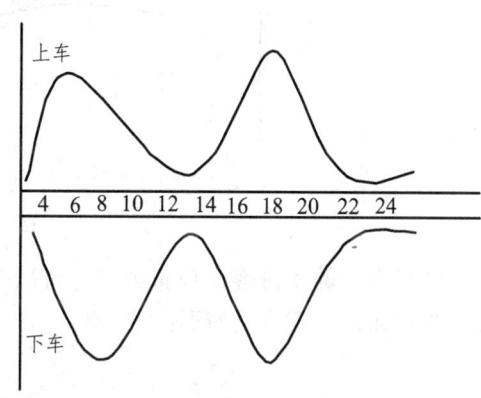

图 5-3　双向峰型

（3）全峰型：轨道交通线路位于用地已高度开发的交通走廊或车站位于公共建筑和公用设施高度集中的地区时，客流分布无明显的低谷，双向上下车客流全天都很大，如图 5-4 所示。

（4）突峰型：车站位于体育场、影剧院等大型公用设施附近，演出或体育比赛结束时有一个持续时间较短的突变的上车高峰。一段时间后，其他部分车站可能有一个突变的下车高峰，如图 5-5 所示。

（5）无峰型：当轨道交通本身的运能比较小或车站位于用地还没有完全开发的地区时，客流无明显的上下车高峰，双向上下车客流全天都较小，如图 5-6 所示。

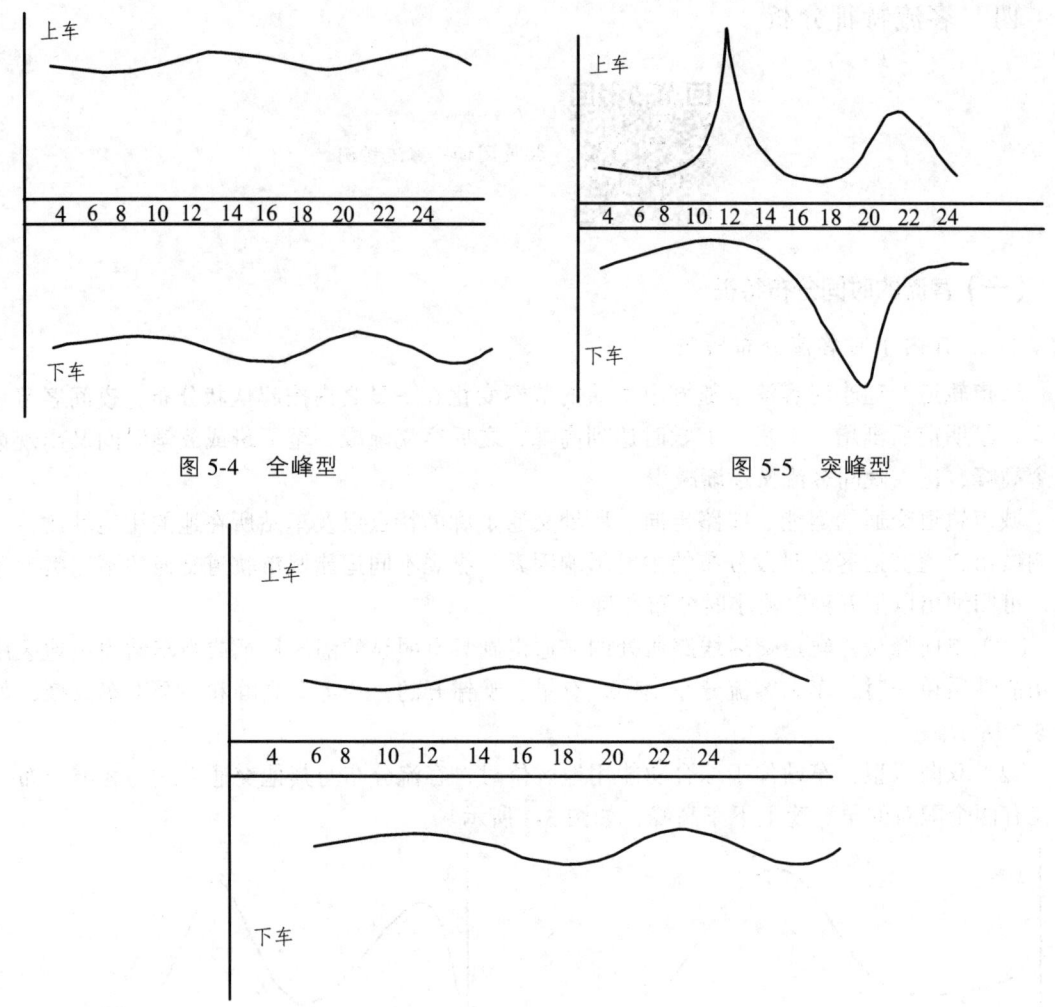

图 5-4 全峰型　　　　　图 5-5 突峰型

图 5-6 无峰型

针对不同的小时客流分布类型，可以采用线路单向分时客流不均衡系数来描述其全日客流分布状况，计算公式如下：

$$\alpha_1 = \frac{\sum_{t=1}^{H} p_t / H}{p_{\max}}$$

式中：α_1——单向分时客流不均衡系数；

　　　p_t——单向分时最大断面客流量，人；

　　　H——全日营业小时数，个；

　　　$p_{\max}$——单向最大断面客流量，人。

α_1 趋近于零，则单向分时最大断面客流不均衡程度越大。在 α_1 较小，即在单向分时最大断面客流不均衡程度较大的情况下，为实现运输组织合理性和运营经济性，可考虑采用小编组、高密度行车组织方式，即在客流高峰时间段通过开行较多的列车来满足乘客运输需求，而在客流低谷时间段则减少开行列车数以提高车辆平均满载率。

2. 一周内全日客流分布规律

由于人们的工作与休息是以周为循环周期进行的，这种活动规律性必然要反映到一周内各日客流的变化上来。在以通勤、通学客流为主的轨道交通线路上，双休日的客流会有所减少（图 5-7），而在连接商业网点、旅游景点的轨道交通线路上，双休日的客流又往往会有所增加（图 5-8），另外，星期一与节假日后的早高峰小时客流、星期五与节假日的晚高峰小时客流，都会比其他工作日早、晚高峰小时客流量大。

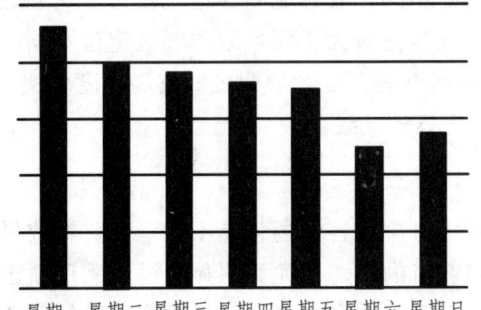

图 5-7 全日客流分布规律-通勤类线路

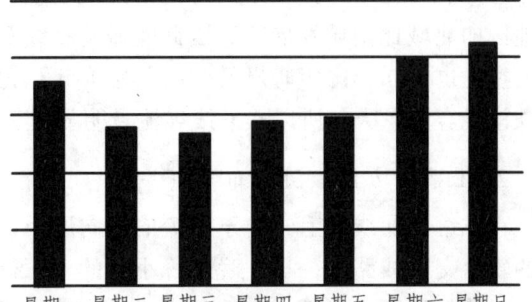

图 5-8 全日客流分布规律-商业旅游类线路

3. 季节性或短期性客流的不均衡

在一年内，客流还存在季节性的变比，如由于梅雨季节和学生复习迎考等原因，6月份的客流通常是全年的低谷。另外，在旅游旺季，城市中流动人口的增加又会使轨道交通线路的客流增加，以香港地铁为例（图 5-9），每年 12 月份圣诞打折季的到来，大量外地游客的涌入给地铁客流的增长带来很大的带动效应。短期性客流激增通常发生在举办重大活动或遇到天气骤然变化的时候。

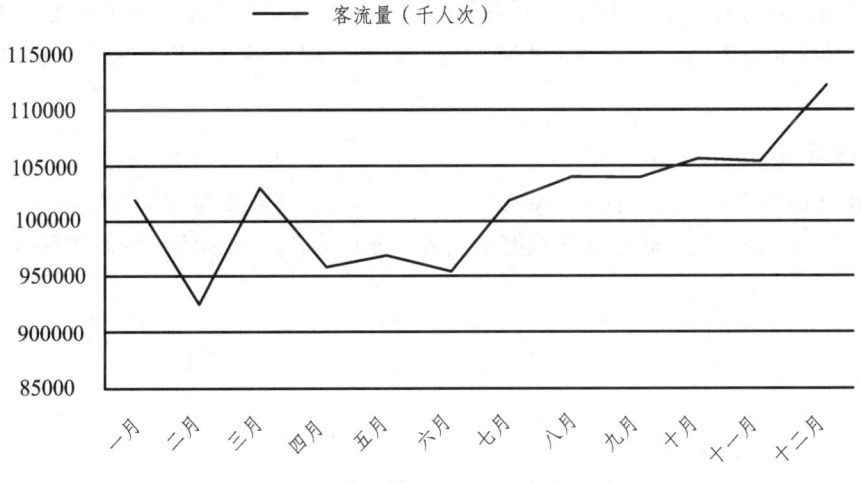

图 5-9 香港地铁 2009 年月客流统计图

（二）客流的空间分布特征

1. 各线路客流分布不均衡

城市轨道交通网络线路属性比较复杂，线路之间的差异比较明显，线路客流吸引客流量大小差别显著，呈现明显不均衡性。郊区线路与市区线路、新建线路与既有线路、环线和放射线等不同类型的线路客流分布差异较大。

一般情况下，穿越市区的线路客流量明显大于郊区线路，市区线中不同线路间客流量有差别，郊区线中不同线路间客流量差别很大。这是因为市区线路沿线，土地开发较郊区较为成熟，线路沿线的居住、办公、商业、旅游人群较多，所吸引的客流量明显大于郊区线。在城市市区，不同线路沿线具体情况也不相同。比如穿越商业区的类型和个数不同，也会引起客流差异。在城市郊区，不同郊区的发展规模和成熟度不同，其客流差异也比较大。比如北京地区的北城比南城发展快，因此北城地铁线路多，且客流量大，而且不同郊区定位不同，发展速度也不同，比如通州区被定义为城市 CBD 核心区外延，因此通州区的发展速度较快，地铁沿线客流量大，所以八通线客流量明显大于其他几条郊区线。

2. 上下行方向客流分布特征

在轨道交通线路上，由于客流的流向原因，上下行方向的客流通常是不相等的。在放射状的轨道交通线路上，早、晚高峰小时的上下行方向客流的不均衡尤为明显。可以采用轨道交通线路上下行方向不均衡系数来描述轨道交通线路上下行方向客流的均衡程度，计算公式如下：

$$\alpha_2 = \max\left\{p_{\max}^{上}, p_{\max}^{下}\right\} / \left[\left(p_{\max}^{上} + p_{\max}^{下}\right)\right] / 2$$

式中：α_2——上下行方向客流不均衡系数；

$p_{\max}^{上}$——上行方向最大断面客流量，人；

$p_{\max}^{下}$——下行方向最大断面客流量，人。

上下行方向不均衡系数值大于 1。α_2 趋向于 1，表明断面客流比较均衡，α_2 越大表示断面客流越不均衡。当 $\alpha_2 \geq 1.5$ 时，表明上下行方向客流的不均衡程度比较大。位于市区范围内地铁、轻轨线路的值通常小于 1.5；而通往远郊区市域轨道交通线路的值可能大于 3。在客运组织中，车站应根据客流上下行方向不均衡的特点，合理安排人员岗位配置、适时地调整车站设备布局。

3. 线路断面客流分布特征

在轨道交通线路上，由于各个车站乘降人数的不同，线路上各区间的断面客流通常各不相同，甚至相差悬殊。反映轨道交通线路单向各个断面客流不均衡程度的系数可按下式表示：

$$\alpha_3 = \frac{p_{\max}}{\sum_{i=1}^{k} p_i / K}$$

式中：α_3——单向断面客流不均衡系数；

p_i——单向断面客流量，人；

K——单向线路断面数，个；

$p_{\max}$——最大断面客流量，人。

断面客流不均衡系数值大于 1。α_3 趋向于 1 表明断面客流比较均衡，α_3 越大表明断面客流越不均衡。当 $\alpha_3 \geq 1.5$ 时，表明断面客流的不均衡程度比较大。下图为广州地铁 1 号线某日的断面客流分布图，公园前至杨箕区段客流量最大，占整条线路客流总量的 16.7%，西朗至芳村区段客流量最小，仅占整条线路客流总量的 0.9%，如图 5-10 所示。

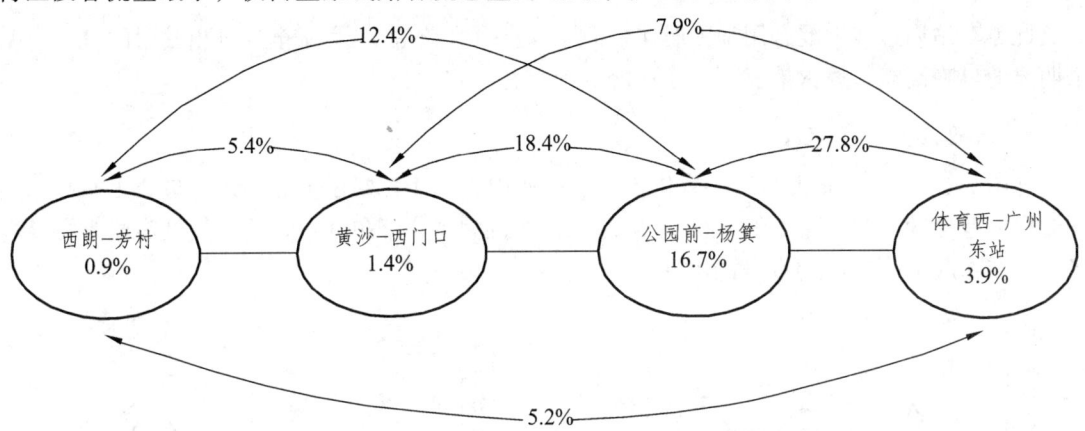

图 5-10　广州地铁 1 号线某天线路断面空间客流分布图

（三）车站客流分布特征

1. 居住类（含居住主导类）

如图 5-11 所示，此类车站周边用地以居住类为主，多数位于近郊区和城市边缘组团，工作日进站客流时间较为集中，在时间上具有明显的潮汐性，进站时间分布呈单峰形态，早高峰以进站客流为主，晚高峰则反之，早高峰客流量略高于晚高峰。

2. 办公类（含办公主导类）

如图 5-12 所示，此类车站工作日早高峰以出站客流为主，进站高峰时段主要发生在下班时间。

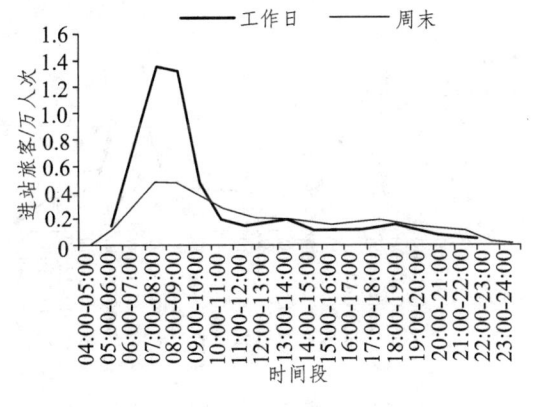 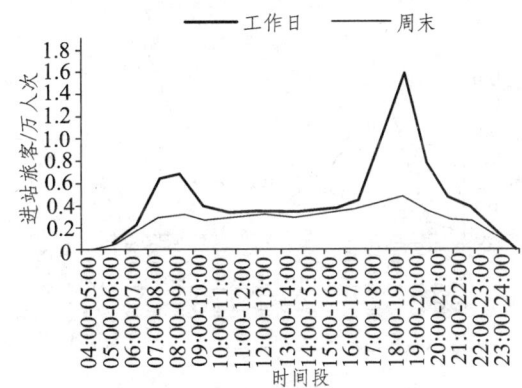

图 5-11　居住类车站客流特征　　　　图 5-12　办公类车站客流特征

3. 对外枢纽类

如图 5-13 所示，位于城市对外客运交通枢纽地区的车站客流全日时间分布相对均匀，客流分布随时间有小幅波动，且无明显低谷。客流高峰时段起止点以及峰值大小均与该类车站所在的枢纽类别（机场、火车站或公路客运枢纽）以及运输组织（到发时刻表及到发量）密切相关。

4. 混合类

此类车站周边多为混合用地（居住+商业、居住+办公等），客流全日进出站时间分布有两个明显的早晚高峰。通常情况下两个高峰峰值存在一定差异。

5. 商业及文体景区类

如图 5-14 所示，此类车站多数位于大型商业中心或体育娱乐中心周边，进、出站高峰出现时段的差异较为明显，上午 9:00 之后以出站客流为主，下午 15:00 后以进站客流为主，高峰时段在 16:00—22:00 均有可能出现。

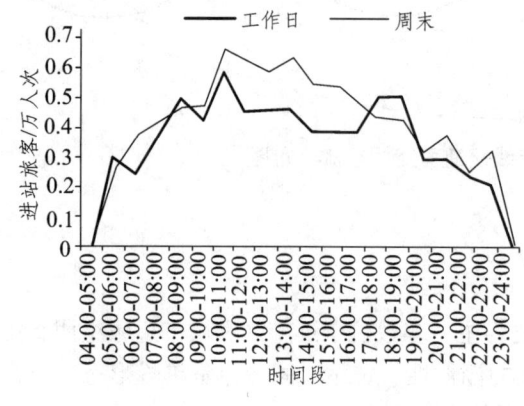

图 5-13　对外枢纽类车站客流特征

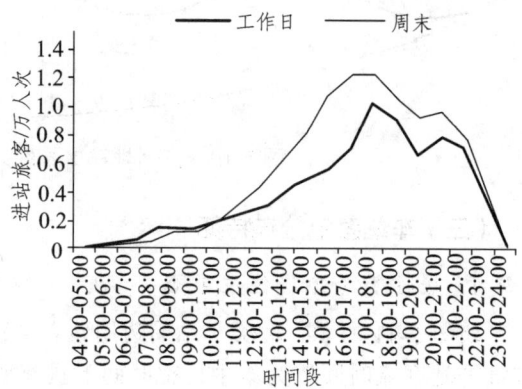

图 5-14　商业文体类车站客流特征

6. 公交枢纽类

如图 5-15 所示，此类车站服务于大型公交枢纽，工作日进站时间分布有早、晚两个高峰。

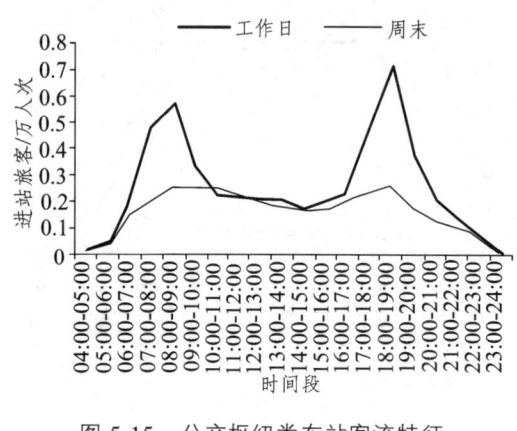

图 5-15　公交枢纽类车站客流特征

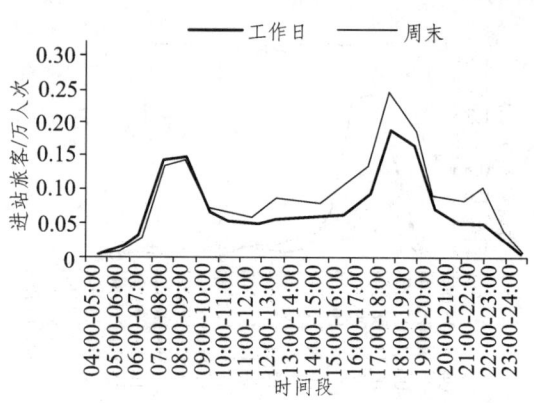

图 5-16　高校类车站客流特征

7. 高校类

如图 5-16 所示，此类车站位于高等院校周边，由于白天学生在校学习，上午进站客流较少，下午至晚上进站人数逐渐增加。

8. 其他类

不具备以上七类进出站时间分布特征的车站。

（四）客流构成特征

1. 城市轨道交通客流构成

根据相关文献中对乘客的随机抽样调查的结论，城市轨道交通的乘客主要构成为青壮年年龄阶层。年龄段在 21～40 岁的乘客约占到总客流的 70%以上；41～50 岁的乘客约占 10%以下，其余的由 20 岁以下和 50 岁以上的乘客构成。乘坐城市轨道交通的主要目的：上学的占 11%；因公办事的占 31%；上下班的占 37%；其余的 20%左右主要是访亲观光、私人购物和其他。上下班和上学的两部分乘客达到总客流量的 50%左右。由于抽样调查不能涵盖所有的乘客，与实际客流必然存在偏差，但多次的抽样表明上述比例变化不大。

2. 不同客流构成线路的客流特性

当城市轨道交通线路主要服务对象既有上下班客流，又有购物及观光的客流时，其在工作日及节假日的客流比例均较高，而城市轨道交通线路的主要服务对象为上下班的通勤客流，一般情况下其在工作日的客流量较高，而在节假日反而导致客流量会减少。例如上海市城市轨道交通1、2、3号线，其中1、2号线为前者情况，3号线为后者情况。

（五）网络化客流特征

随着城市轨道交通线路的增加以及服务范围的扩大，更多的人选择了城市轨道交通的出行方式，人们可以通过"一票制"享受城市轨道交通线路间的换乘。在这成网规模下的城市轨道交通系统，客流特征也发生了一定的变化，主要体现在以下几个方面：

（1）网络化后客流量增大，换乘客流量较高，换乘客流量超过了本线客流。

（2）网络化后全网的平均运距增加，但单线的平均运距减小。

（3）网络化后线路的高峰小时最大断面流量发生在换乘点前后，第一换乘站点距离起点站越远，最大断面值越大。市区线路一般在较大规模的枢纽站出现断面客流下降，而郊区线路一般在第一个换乘站出现客流断面的最高值，随后呈下降趋势。

（4）网络化后新增线路会带来全网客运量的增加，其中交叉线或本线延伸会使得既有线路客流的突增，如图 5-17 便是延伸线开通后的客流断面变化趋势，但是平行线的分流作用会造成某条线路的客流量突减。

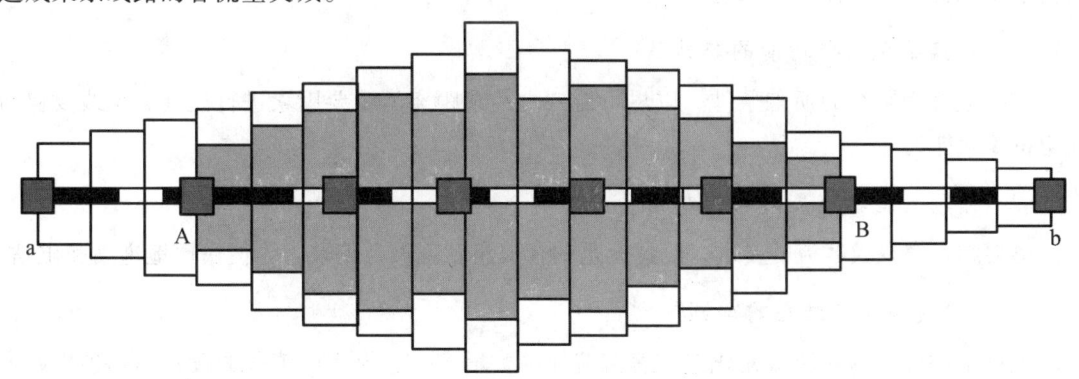

图 5-17 延伸线开通客流断面变化趋势

（5）网络化后新线开通运营的客流培育期较短，即使新增线路位于开发强度不高的地段，其进站客流量较少但其换乘客流量却较大。例如北京地铁 5 号线，其进站客流还没有达到预测初期规模,但是通过其他线路的换乘客流却远超出预测值,2007年11月,5号线的运营客流已经达到每日42万人次,换乘客流就已高达18万人次。

(6)网络化后市区线的客流强度较高,郊区线的客流强度较低。

第二节　客流流线分析

一、客流流线的概念

在客运站上,由于旅客、行包、交通车等进出活动,形成一定的流动过程和流动路线,将它们通常称为流线。其中由于旅客活动形成的流线称为客流流线。流线设计的优劣,影响着车站设施的利用率,同时也决定了车站对乘客的服务水平。因此,合理的流线设计是客运站设计和管理中的重要环节。以城市轨道交通车站客流为研究对象时,我们按其目的的不同,分为进站流线、出站流线和换乘流线。

二、客流流线设计

城市轨道交通车站客流的流线设计可按以下步骤进行。

(一)明确车站整体结构

明确车站整体机构布局,是进行流线设计的基础。

(二)根据车站功能要求,确定车站流线类型,构思总体方案

在对地铁车站进行流线设计时,只有首先弄清车站整体的功能要求,弄清车站的特点和性质,确定了流线的种类后,才能有的放矢地进行流线设计。根据车站功能的不同,大致可分为以下几种具有某种典型功能的车站。

1．以换乘为主要功能的车站

主要应考虑乘客的换乘条件,以尽可能减少换乘距离为主要因素进行设计,流线要保留足够的换乘能力。

2．接驳大型客流集散点的车站

需要结合突发大客流的要求,设置充足的客流集散区域,使乘客方便快捷地进站和出站。

3. 与建筑物开发结合的车站

地铁车站开发的功能多元化造成客流流线种类增多,这类车站流线的设置应将进出站客流与其他类型的客流明显区分开,减少相互间的干扰,流线的设计应考虑结构的统一性。

当然,车站的功能需要不止以上几种,一般是将以上几种根据其他功能需要结合在一起的组合,在确定车站流线时,对此都要加以考虑。

（三）乘客特征分析

由于地铁车站设置位置的不同，不同位置的车站对乘客的吸引程度不同，因此在某些车站乘客的出行表现出一定的相似度。如在大型客运枢纽处设置的地铁站内，乘客特征表现为携带大型行李的乘客较多。通过对乘客特征的分析，可以为提高乘客在流线上走行的舒适性提供参考。

（四）确定出入口形式

出入口的设置可以采用单向出入或混合出入的方式。单向出入口的设置要考虑乘客的方便程度，同时要与车站周围环境相协调。

（五）区域设施布置

1. 售检票区域设施布置

售检票区域设施主要包括：售票窗口、自动售票机、自动查询机、进站闸机、出站闸机、补票窗口、咨询台、栏杆等。

售检票区域设施布局形式按照自动售票机与检票闸机的相对位置可以大致分为售检票平行和售检票垂直两种类型，如图5-18、图5-19所示。

2. 换乘区域设施布置

换乘区域设施主要包括：换乘厅、换乘通道、分向栏杆、换乘楼梯、自动扶梯、自动步道、电梯等。

3. 站台区域设施布置

站台区域设施主要包括通道、电梯、自动扶梯、楼梯、候车站台等。

（1）岛式站台流线设计。

岛式站台位于地铁车辆上下行线路之间，其面积利用率高，可以灵活布置，如图5-20所示。

进出站台的楼梯、自动扶梯等设施位于站台两端，是岛式站台常用的一种形式，具有设计简单、客流流向明确的特点。

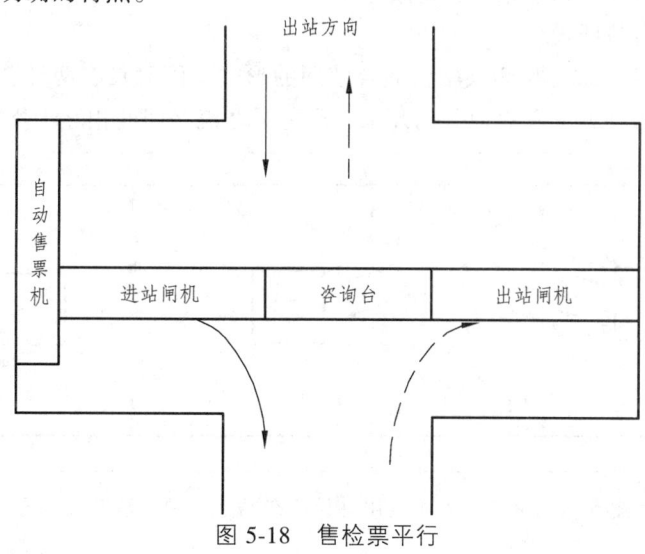

图5-18 售检票平行

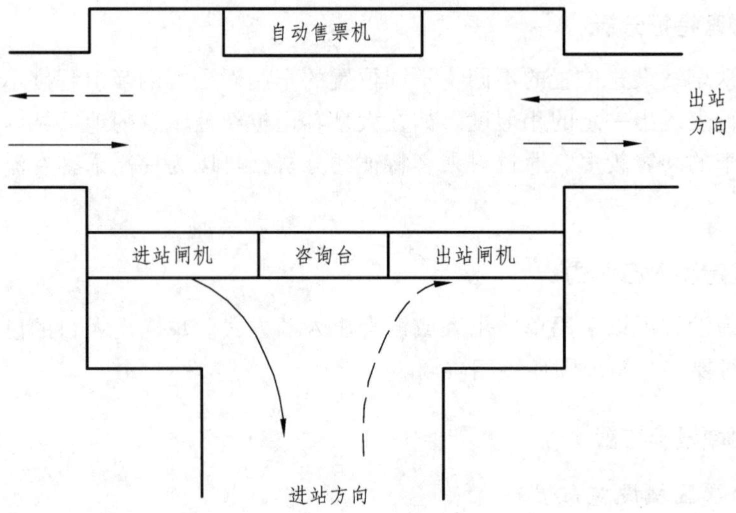

图 5-19 售检票垂直

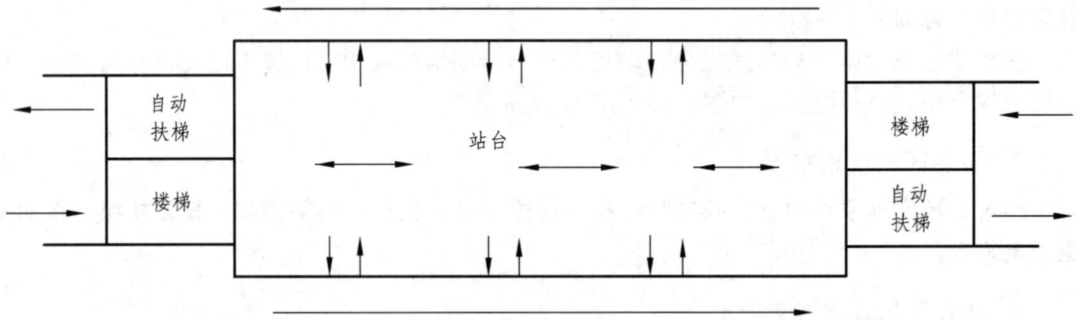

图 5-20 岛式站台（进出站设施在站台两侧）客流流线图

进出站台设施设置在中间时，客流流线如图 5-21 所示。

（2）侧式站台流线设计。

侧式站台位于上下行线路的两侧，单侧站台的设施布置与岛式站台相似，但在调剂客流及站台之间联系等方面与岛式站台相比较差。

（3）混合式站台流线设计。

混合式站台是岛式站台与侧式站台混合使用的形式，同时具有两种形式的特点。混合式站台将进站客流与出站客流有效地分割开来，避免了客流之间的相互干扰。

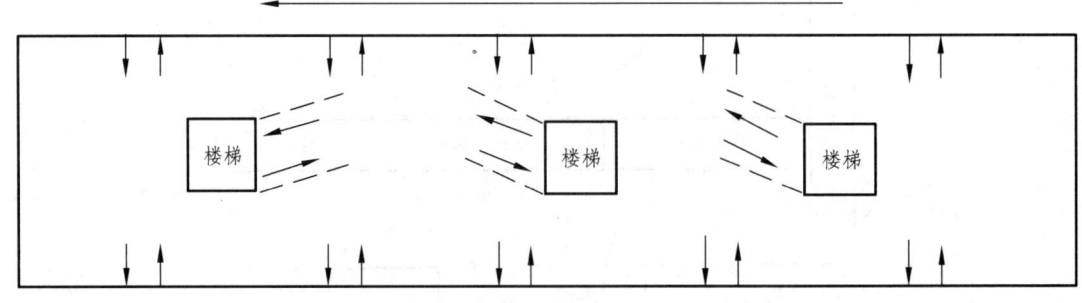

图 5-21 岛式站台（进出站设施在站台中间）客流流线图

（六）既定流线的生成

当进出口和设施设置位置确定之后，就产生了既定的流线方案，再通过优化的过程，获得最优流线方案。

三、客流流线干扰及其分类

（一）客流流线分类

客流流线是由乘客群体按一定方向走行构成的，车站乘客走行特征表现为以下内容。

1. 摇摆性

由于行人在走行过程中，机动灵活，易于加减速，因此行人在走行中经常出现横向摆动。

2. 成群性

由于地铁列车到达具有离散型，出站客流在到达站台后会产生成群出站的现象。另一方面，地铁在面临超大客流时，经常采取限流的措施，采取限流后，限制乘客进站，分批次的允许乘客进站，因此也会产生乘客成群进站的现象。

3. 积聚性

大客流情形下，在流线上自动扶梯、楼梯或出入口通道端部由于通行能力的改变，会产生客流的积聚，经观察，一般呈扇形积聚。

（二）流线的干扰分类

由于地铁车站乘客的上述运动特性，在客流流线相邻时，对向流线一般会相互影响，从而影响乘客走行速度。根据相关文献，可将流线之间的干扰分为：冲突干扰、摩擦干扰和阻滞干扰三种。

1. 冲突干扰

流线冲突干扰指由于流线间发生交叉导致流线上客流的速度产生影响，从而降低流线的实际疏散能力。流线的冲突干扰在超大客流情形下，对客流的疏散影响较大。当发生流线交叉冲突时，一旦某条流线上的客流占据冲突点，由于超大客流时客流表现出较好的连续性，未占据冲突点的流线上的客流将在长时间内无法正常通行，从而引起流线的利用率降低，如图 5-22 所示。

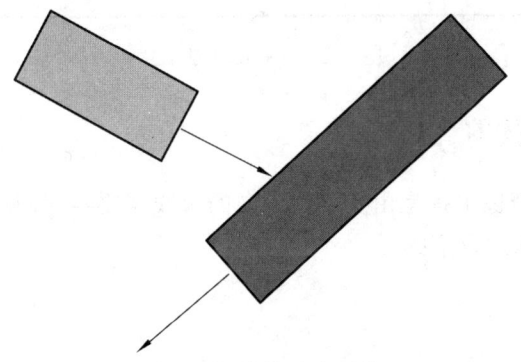

图 5-22 流线冲突干扰

2. 摩擦干扰

流线摩擦干扰指不同方向的流线在不产生冲突干扰的前提下，由于在空间上横向间距较小产生的对客流速度与疏散能力的影响。流线间的摩擦干扰一般发生在通道内，如图 5-23 所示。

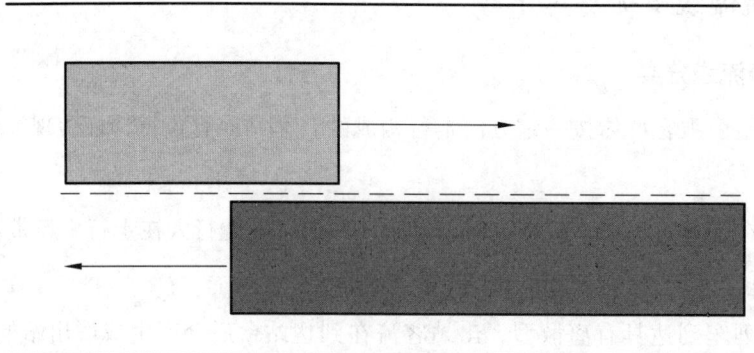

图 5-23　流线摩擦干扰

3. 阻滞干扰

在流线设计中，由于车站可利用空间有限，在进行车站通行设施和通道的布置时，为灵活应对客流在时间上的不均匀分布，经常会出现进出站流线共用某段区域（如通道）或设施（如楼梯）的情况，当超大客流发生时，在进站客流与出站客流相遇时，由于没有明确的隔离措施，会出现某条流线对向流线上的客流占用该流线上客流正常行进所需空间的现象，从而导致该流线上客流的速度变化，降低客流的疏散能力，如图 5-24 所示。

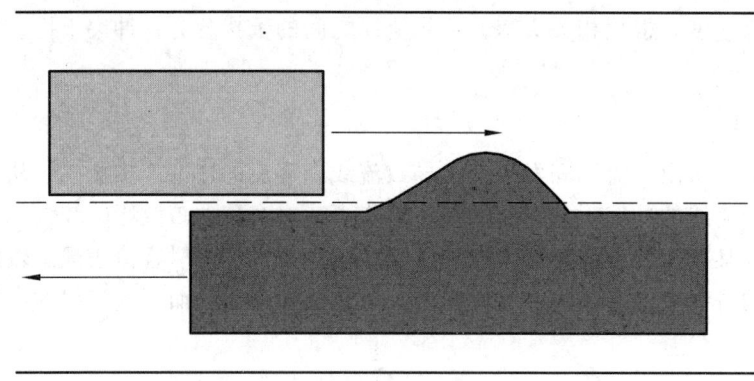

图 5-24　流线阻滞干扰

四、客流流线干扰的优化

流线的冲突干扰和摩擦干扰是由于不同方向的流线需要共用同一区域而产生的。对于减少流线间的干扰，可以采用以下办法：

（一）物理分割法

物理分割法通过对进站客流、出站客流和换乘客流在空间上进行分割，以减少冲突点。

当冲突点减少时，客流之间的干扰度减小，使流线设计方案更优。物理分割法可以借助移动护栏或其他设施对客流进行空间隔离，降低流线间的冲突干扰和摩擦干扰，从而使地铁车站内各流线上客流的走行更为顺畅，也可以缓解车站设施布局和乘客走行习惯的矛盾。物理分割法分为平面错开和立体空间错开两种方式。

平面错开是指将地铁车站的流线在平面上相互错开，错开的形式包括左右错开和前后错开，从而使流线分离，减少流线间的干扰。

立体空间错开是指利用建筑结构，将进出站流线和换乘流线分布在不同的楼层上。立体空间错开的方式一般仅适用于大型地铁枢纽站，对于普通的小型地铁车站来说，没有足够的空间结构来实现。

物理分割法不仅能够避免流线干扰中的冲突干扰现象，同样能够避免摩擦干扰和阻滞干扰的发生。

（二）交叉外移法

交叉外移法是指通过调整售票窗口、自动售票机、进出口闸机等设施的位置，使设施的布局更为合理，减少和避免乘客流线的交叉。

例如，地铁站某个进出口设施的布局如图5-25所示，由于进出站闸机与自动售票机摆放位置的问题，引起流线间的冲突。

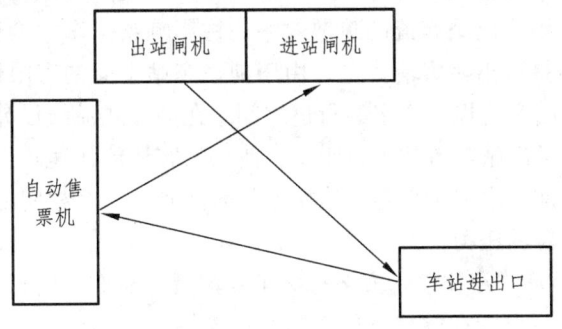

图 5-25　优化前的客流流线

根据交叉外移法，调整进出口闸机的位置，便可以避免流线的交叉。优化后的客流流线如图5-26所示。

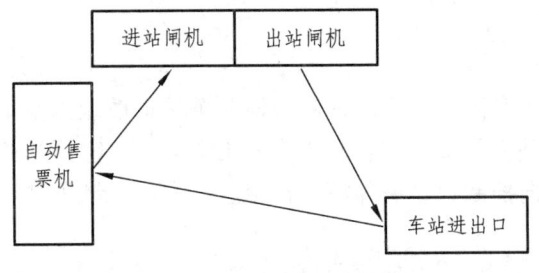

图 5-26　优化后的客流流线

（三）"水库式"流线设计

"水库式"流线优化方法是指，将不同方向和不同目的的客流汇入同一个大型站厅或广场，再按照不同的目的分流到各条通道中。这种通过汇流再分流的方式避免了各流线冲突点的产生，使客流在"水库"中完成自组织过程。"水库化"客流组织方式一般用于立体形不明显的车站。"水库式"流线优化方案虽然解决了流线交叉点的问题，但有时会增加乘客的无效走行距离，如图 5-27 所示。

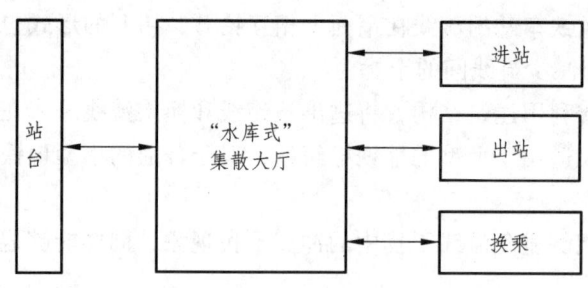

图 5-27 "水库式"流线优化方案

（四）"圆环式"流线设计

"圆环式"流线设计在大型地铁车站的应用较多。在圆环式地铁站站厅层中，圆环内部区域为站厅付费区，圆环外侧为车站边界墙壁，而自动售票机通常紧贴墙壁摆放，为了使进站客流在自动售票机购票时引起的排队现象不产生对流线的干扰，圆环式流线设计方案应为：进站流线在圆环外侧，出站流线在圆环内侧。另一方面，超大客流时，对出站客流的及时疏散往往作为主要目标，因为出站客流的疏散效率往往影响整个车站的运营效率。无论超大客流是以进站客流为主还是以出站客流为主，由于地铁车站空间的有限性，只有将出站客流及时疏散出去，才能为进站客流提供更多的行进空间。在圆环式流线设计中，内环为出站流线，外环为进站流线，缩短了出站客流的走行距离，使出站客流能快速疏导出站，降低站厅压力，同时进站流线距离的增加，使进站乘客到达站台的时间延长，在相同的列车运营间隔时间下，可以减缓进站客流对站台的压力。

由图 5-28 可知，圆环式流线设计方案打破了我国行人靠右行的行为习惯，而该方案要求把乘客进、出站的出入口设置在同一方位，因此在连接站厅到出入口的设施设置时，应引导乘客靠左行进。利用自动扶梯的单向性或乘客对楼梯与自动扶梯选择的倾向性，可有效引导乘客的行进方向。成都地铁天府广场站在站厅层的设置安排上选用了圆环式流线方案，有效避免了进出站客流的冲突。

（五）源头控制法

在地铁车站进行超大客流的组织时，由于地铁车站疏散能力不足，造成客流需求大于车站供给能力，为了保证乘客的安全和客流流线的正常运行，需要从源头上对客流进行临时的控制。出入口通道的单向控制也是一种源头控制法，通过限制进站客流源头，减少站内客流流线间的摩擦干扰。

对于进站流线的源头，从延误外移的角度出发，可采用站台客流控制、站厅付费区客流控制、站厅非付费区客流控制等方法，关闭出入口或对部分出入口乘客进入车站进行限制，来实现对客流源头的控制。

对于出站流线的源头，在高峰时段，合理安排列车行车组织方案，应尽量避免不同方向列车同时到达，以杜绝乘客密集到达，降低流线压力，提高舒适性和安全性。

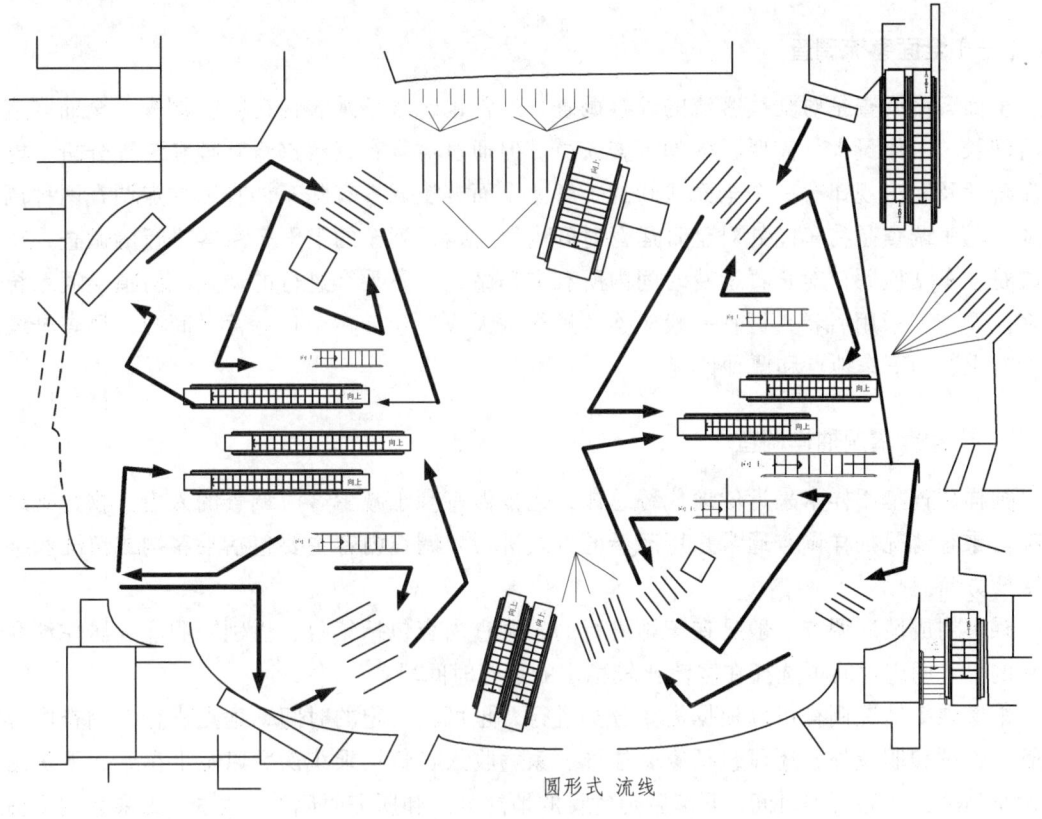

图 5-28 "圆环式"流线

第三节 客流调查

客流是动态变化的，对城市轨道交通运营的客流调查数据进行统计分析，可以了解客流在时间、空间上的动态变化规律；同时对既有线路的运营客流特征进行分析，也能为后续实施线路或者其他城市的规划路网提供参考数据，从而为其线网规模的控制、基建工程和设备的采用与布置以及运输组织等诸多方面提供参考。

由于城市轨道交通系统采用先进的自动售检票系统，能够对日常客流数据进行统计，如某时间段的车站进站人数、出站人数、起讫点客流数据等，但目前仍无法统计乘客的年龄、性别等身份信息，以及换乘客流、车站各出入口客流等，因此根据运营和规划的需要，还需要有针对性地开展客流调查，从而掌握客流规律。

拓展阅读：合肥轨道交通 1 号线客流调查

一、客流调查的种类

(一) 全面客流调查

全面客流调查是对全线客流的综合调查,通常也包含了乘客情况抽样调查。全面客流调查时间长、工作量大、需要较多的调查人员。但通过对调查资料进行整理和统计分析,能对客流现状及客流规律有一个全面清晰的了解。全面客流调查有随车调查和站点调查两种调查方式。随车调查是在车门处对全日运营时间内所有运行列车的上下车乘客进行的调查,站点调查是在车站检票口对全日运营时间内所有在车站上下车乘客进行的调查。轨道交通系统全面客流调查多采用后者,调查一般应连续进行两天或三天,在全日运营时间内,调查全线各站所有乘客的下车地点和票种情况。

(二) 乘客情况抽样调查

抽样调查是用样本来近似地代替总体,这样做有利于减少客流调查的人力、物力和时间消耗。乘客情况抽样调查通常是用问卷的方式进行,调查内容主要包括乘客构成情况和乘车情况两方面。

乘客构成情况调查一般是在车站进行的。调查内容包括年龄、性别、职业、居住地和出行目的等,调查时间可选择在客流比较稳定的运营时间段。

乘客乘车情况调查可以根据需要分类进行,也可在特定的时间,地点进行。调查内容除年龄、性别和职业外,还可包括家庭住址、家庭收入、日均乘车次数以及上车站、下车站、到达车站的方式和所需时间,下车后到达目的地的方式和所需时间等。表5-1为乘客构成情况调查的问卷示例。

表 5-1 乘客信息调查问卷示例

性别	① 男　　② 女	常住人口(本市半年以上)	①是　　②否
年龄	①<20　②21~30　③31~40　④41~50　⑤51~60　⑥>60		
学历	① 中及以下　②高中/中专　③大专/本科　④硕士/博士		
职业	① 公务员　②企业员工　③自由职业　④私营业主　⑤学生　⑥军人　⑦农民　⑧离退休人员　⑨各种专业人士(如教师、医生,科研技术人员)　⑩其他(请注明_____)		
月收入	①无收入　②少于800元　③800~2 000元　④2 000~4 000元　⑤4 000~6 000元　⑥6 000~8 000元　⑦8 000元以上		
乘坐地铁支出来源	① 全自费　②单位部分报销　③单位全额报销　④领取交通补贴		

乘客情况抽样调查必须选择合适的抽样方法和抽样率,以保证结果具有实用意义。抽样方法通常有简单随机抽样、分层抽样、整群抽样和多阶段抽样等。调查样本的多少由总体的大小和精度要求等决定,表5-2为美国交通部给出的抽样率参考值。

表 5-2　乘客出行调查抽样率

调查范围内人口 /万人	最小抽样率 /%	推荐抽样率 /%	调查范围内人口 /万人	最小抽样率 /%	推荐抽样率 /%
<5	10	20	30~50	2	6.6
5~15	5	12.5	50~100	1.5	5
15~30	3	10	>100	1	4

(三) 断面客流调查

断面客流调查是一种经常性的客流抽样调查,可选择一两个断面进行调查。一般是对最大客流断面进行调查。调查人员用直接观察法调查车辆内的乘客人数。

(四) 节假日客流调查

节假日客流调查是一种专题性客流调查,重点对春节、元旦、国庆节、双休假日和若干民间节日期间的客流进行调查。调查的内容包括机关、学校,企业等单位的休假安排,都市旅游业、娱乐业的发展程度,城市居民生活方式的变化等,一般通过填写问卷的方式进行。

(五) 突发客流调查

突发客流调查是主要针对影剧院、体育场馆等客流快速集散的站点进行的专项客流调查,该项调查主要涉及影剧院、体育场馆的规模与附近轨道交通车站的客流影响程度和持续时间之间的关系。

(六) 专项客流调查

为了优化城市轨道交通行车组织或者车站设备布局等,针对某个特点的目的而开展的调查,如车站客流流向调查、车站客流负荷调查等。

二、客流调查组织

(一) 制订调查计划

开展客流调查前首先要明确调查的目的是什么,如何达到通过调查获得数据的目的,数据如何通过调查获取。可采取倒推法设计调查问卷,这样可以确保调查问卷中的每一个问题或者现场调查采集的每一个数据都是有用的,避免做无用功和遗漏数据,造成二次调查。

调查计划应包括需要调查的位置、安排的调查人员、调查数据如何记录、调查问卷的设计等内容,确保调查能够顺利开展。

(二) 调查人员培训

城市轨道交通客流调查是一项专业性较强的工作,尤其是乘客情况调查中需要乘客配合填写问卷,调查人员必须能够向乘客解释调查的目的、意义以及调查问卷各个问题的作用,以取得乘客的配合和支持。

（三）调查资料整理

调查资料的整理工作是从调查实施现场中回收的第一份调查表格开始的。为了保证调查数据的准确性，需要认真对待资料的接收工作，如果发现问题，还可以及时地纠正或改正正在实施的调查工作。

三、客流统计指标

客流调查结束后，对客流调查资料应认真整理，采用适当的统计方法来汇总分析各项指标。轨道交通系统全面客流调查后应汇总计算的主要指标如下。

1. 乘客人数

包括分时各站上下车人数、全日各站上下车人数、分时各换乘站换乘人数、全日各换乘站换乘人数、全线全日乘客人数、全线高峰小时乘客人数等。

2. 断面客流量

分时各区间断面客流量、全日各区间断面客流量、分时最大断面客流量、全日最大断面客流量、高峰小时最大断面客流量等。

3. 运送距离

本线乘客乘坐不同站数人数及所占比例、跨线乘客乘坐不同站数人数及所占比例、乘客平均运距。

4. 乘客构成

全线持不同票种乘客人数及所占比例、车站分别按年龄、出行目的等统计的乘客人数及所占比例、车站三次吸引的乘客人数及所占比例、从不同距离，以不同方式到达车站的乘客人数、居住在城市不同区域的乘客人数及其所占比例。

四、客流调查案例——北京地铁运营车站客流调查与分析

（一）调查目的

通过实地调查收集北京市轨道交通车站客流的第一手资料，对车站客流特征进行合理的分析，找出我国轨道交通车站与客流特征密切相关的服务设施在其设计和使用过程中所存在的问题以及问题产生的原因，从而为新建车站的设计和地铁规范的修正提供启示和帮助。

（二）调查对象与范围

北京地铁1号线的客流量大且客流稳定，对车站各服务设施的短时冲击性也更大，因此选择的调查线路为北京地铁1号线。

地铁1号线23个车站中有4个侧式车站，其中苹果园站和四惠东站是起始车站，侧式结构形式使进站客流和出站客流分离，二者之间没有冲突，车站客流特征不具代表性，其余两

个侧式车站,仅占车站总数的 8.7%,而端厅岛式车站 9 个,双层岛式车站 10 个,所以本调查主要对具有代表性的岛式车站进行客流特征调查。

(三)调查内容与方法

案例对所选车站在高峰时段主要服务设施的客流特征及各设施的通过能力进行了调查,主要包括以下内容。

通道的客流特征及通过能力。

楼梯的上行客流特征及通过能力。

上行自动扶梯的客流特征及通过能力。

站厅安检设施的客流分布特征及通过能力。

站厅自动检票闸机的客流分布特征及通过能力。

站台乘降区候车乘客的分布特征及车门位置的客流特征。

站台集散区客流特征及通过能力。

以上调查内容的时间安排及调查车站及具体调查设施位置情况如表 5-3 所示。

车站各服务设施的客流特征分析主要是通过计算各设施的客流密度、乘客行进速度以及在客流较大的情况下,通过各设施处的乘客排队情况或客流分布情况来反映各设施的通过能力。为客流密度与乘客行进速度的乘积,因此本文车站客流调查的首要目的就是得出各设施的客流密度和乘客行进速度的数据文件。

1. 通道的客流特征及通过能力调查

(1)确定待调查车站的通道位置。

(2)取一段通道以地板砖为标志或标上黄线,测量其长度和宽度。

(3)借助数码相机拍摄所选区域内的客流,每隔 5 min 录像一次,每次录像持续 10 min。

(4)处理录像资料。每隔 2 min 计算一次所选通道中的人数,即可得到一组随时间变化的客流密度数据。同样的,每隔 2 min 随机抽取位于选定通道中的一个人,计算这个人进入通道和走出通道的时间。这样就可以得到每隔 2 min 的通道中的客流密度和该密度下随机抽取的旅客行走所花的时间。由此,可以计算出相应的客流密度下的行走速度。

2. 楼梯上行客流特征及通过能力调查

(1)确定待调查车站的楼梯位置。

(2)测量所选楼梯的长度和宽度。

(3)借助数码相机拍摄所选区域内的客流,每隔 5 min 录像一次,每次录像持续 10 min。

(4)处理录像资料。每隔计算一次所选楼梯上的人数,即可得到一组随时间变化的客流密度数据。同样的,每隔 2 min 随机抽取位于选定楼梯中的一个人,计算这个人进入区域和走出区域的时间。这样就可以得到每隔 2 min 的楼梯中的客流密度和该密度下随机抽取的旅客行走所花的时间。由此,可以计算出相应的客流密度下的行走速度。

3. 上行自动扶梯客流特征及通过能力调查

(1)确定待调查车站的自动扶梯位置。

表 5-3 调查内容及对象一览表

序号	调查内容	调查车站	结构形式	调查日期	调查设施位置	备注
1	通道客流特征及通过能力	公主坟	端厅岛式	10月20日（周一）	A出入口通道	换乘车站
		东单	双层岛式	10月17日（周五）、21日（周二）	换乘通道（5换乘1号线）	换乘车站
2	楼梯上行客流特征及通过能力	复兴门	端厅岛式	10月13日（周一）、15日（周三）	站台与站厅连接楼梯	换乘车站
		建国门	端厅岛式	10月20日（周一）	换乘与站厅连接楼梯	
		大望路	双层岛式	10月24日（周五）、27日（周一）	站台与站厅连接楼梯	
3	上行自动扶梯客流分布特征及通过能力	复兴门	端厅岛式	10月13日（周一）、15日（周三）	B出入口上行自动扶梯	换乘车站
		西单	双层岛式	10月19日（周日）	站台与站厅连接上行扶梯	周末大型客流枢纽
		北京站	端厅岛式	10月23日（周四）	C出口上行自动扶梯	大量客流板纽
4	站厅安检设施客流分布特征及通过能力	大望路	双层岛式	10月24日（周五）、27日（周一）	A出入口安检设施	
		五棵树	端厅岛式	10月20日（周一）、22日（周三）	B、C出入口安检设施	
5	站厅自动检票闸机客流分布特征及通过能力	公主坟	端厅岛式	10月20日（周一）	A、D出入口检票闸机	换乘车站
		复兴门	端厅岛式	10月13日（周一）、15日（周三）	B出入口检票闸机	
		大望路	双层岛式	10月24日（周五）、27日（周一）	A出入口检票闸机	
		五棵树	端厅岛式	10月20日（周一）、22日（周三）	B、C出入口检票闸机	
6	站台候车乘客分布特征及乘降客流特征	五棵树	端厅岛式	10月20日（周一）、22日（周三）	上行方向站台乘降区	
		大望路	双层岛式	10月24日（周五）、27日（周一）	下行方向站台乘降区	
		复兴门	端厅岛式	10月13日（周一）、15日（周三）	下行方向站台乘降区	换乘车站
		东单	双层岛式	10月17日（周五）、21日（周二）	上行方向站台乘降区	换乘车站
7	站台集散区客流特征及通过能力	复兴门	端厅岛式	10月13日（周一）、15日（周三）	站台集散区东端楼梯口附近区域	换乘车站

（2）记录组持续通过自动扶梯口的人数和时间。将各组数据换算成每分钟的客流量，取极值和平均值，最大客流量即为自动扶梯的最大实际通过能力。

（3）观察扶梯口是否有客流聚集现象。若存在聚集现象，记录聚集持续时间，并统计客流聚集区域长宽和聚集人数。记录组需事先在自动扶梯口每隔 1 m 划上标志线，以方便目测排队长度和聚集区域，得到扶梯口处聚集客流密度。

4. 安检设施客流特征及通过能力调查

（1）确定待调查车站的安检处位置，选取一个出入口的安检设施作为调查对象。

（2）记录组持续通过安检设施的人数和时间。将各组数据换算成每分钟的客流量，取极值和平均值，最大客流量即为安检设施的最大实际通过能力。

（3）定性观察安检处是否有排队等待安检的现象。若存在排队现象，记录排队持续时间，并统计排队长度和人数。记录组事先在安检处每隔 1 m 划上标志线，以方便目测排队长度，得到安检设施前排队客流线密度。

5. 自动检票闸机客流特征及通过能力调查

（1）确定待调查车站的检票口位置，选取一个自动检票闸机作为调查对象。

（2）记录组持续记录通过自动检票闸机的人数和时间。将各组数据换算成每分钟的客流量，取极值和平均值，最大客流量即为自动检票闸机的最大实际通过能力。

（3）定性观察自动检票闸机前是否有排队等待检票的现象。若存在排队现象，记录排队持续时间，并统计排队长度和人数。记录组需事先在自动检票闸机前每隔 1 m 划上标志线，以方便目测排队长度，得到自动检票闸机处排队客流线密度。

6. 站台乘降区客流特征调查

站台乘降区的客流分布调查采用人工计数的方法。

（1）确定站台乘降区列车停站时各节车厢的停靠位置。

（2）北京地铁 1 号线为 6 节编组，安排 6 名调查人员分别在各节车厢中部第 2 或第 3 个车门停靠位置进行客流统计。列车刚进站，在即将停站直到车门开启的时间内乘降区候车乘客人数最多，且已向车门附近聚集，统计此时所调查车门位置的聚集乘客人数，若乘客为排队状态，则统计排队人数；若排两队，则统计两队总人数；若车门附近乘客为无规律的聚集状态，则统计聚集在车门附近的乘客人数。

列车车门关闭后，统计所调查车门的候车滞留人数（注：滞留人数为因车厢拥堵无法上车或由于列车是旧车厢不愿意上车的乘客人数，不包括因车门关闭而来不及上车的乘客）。

（3）数据处理。将各调查人员的各组调查数据整理并取平均值，然后乘以每节车厢的车门数，即换算成整节车厢的客流量。各车厢有 4 个车门，而调查数据为各个车门所对应的客流数据，根据站台乘降区尺寸，可以计算出各节车厢对应站台乘降区的候车客流密度。

7. 站台集散区客流特征及通过能力调查

（1）确定待调查车站的站台集散区位置。

（2）测量所选区域的长度和宽度。

（3）借助数码相机拍摄所选区域内的客流，每隔 5 min 录像一次，每次录像持续 10 min。

（4）处理录像资料。每隔 2 min 计算一次所选区域中的人数，即可得到一组随时间变化的客流密度数据。同样的,每隔 2 min 随机抽取位于选定区域中的一个人,计算这个人进入区域和走出区域的时间。这样就可以得到每隔 2 min 所选区域中的客流密度和该密度下随机抽取的旅客行走所花的时间。由此,可以计算出相应的客流密度下的行走速度。

第四节 城市轨道交通客流预测

一、客流预测在不同阶段的特点

城市轨道交通工程项目的设计工作是按照不同的设计阶段而逐步深入的,与其相匹配的城市轨道交通客流预测也需按不同阶段分别进行。

(一)线网规划阶段

该阶段研究需做"全网客流估算",原因是远景年的用地规划资料不易落实,各类车站的站位不易准确确定。全网客流估算的目标年是远景年,其解释主要有两种:城市总体规划的远景年(大约在 50 年)或规划用地达到相对饱和的年份。全网客流估算主要支撑轨道交通的必要性论证、各规划年的运量等级、系统规模和相关用地控制、线网方案的评价、分期实施方案的制订。

(二)可行性研究阶段

该阶段研究需做各运营期限的"客流规划",该阶段的主要工作内容为在一定的线网规划条件下,通过预测、规划、决策的手段,确定各规划期的站间 OD 表,全日和高峰时段的客流表,总客运量和各换乘站换乘量及全日客流的时段分布。其目的是为线网建设顺序、系统类别的选择、各子系统规模的确定、线路方案及车站设置方案的比选、各期车辆购置数量的确定以及运营设计与经济财务分析等提供依据。预测年限为初期(运营后第 3 年),近期(运营后第 10 年),远期(运营后第 25 年)。

(三)项目总体设计阶段

为与该阶段研究相匹配,需做各站点"客流详细规划",其工作重点为核实、调整前一阶段的客流规划资料;确定各站客流进出站的来向和去向;确定换乘站与其他交通方式的换乘量;分析各站超高峰时段客流及突发客流的影响,其目的主要是为车站内部设备布局与整体规模的确定提供依据。

二、客流预测模式分析

轨道交通客流预测,随着城市发展时期的不同、工作目标与要求的不同,对应着不同的模式。

(一)模式 A:"现状公交"+"虚拟现状地铁"+"远期地铁"

该模式首先假设规划快速轨道线网已经存在,称为"虚拟现状快速轨道",然后分析现状公交路线与"虚拟现状快速轨道"线网的相关度,将相关公交线路纳入统计基础集合,累加"虚拟现状快速轨道"的车站乘降人数。以上数据经校核后,构造简单的数学模型,以现状交通流推算"虚拟现状快速轨道"的站间OD矩阵,此后"虚拟现状快速轨道"作为公交系统的组成部分,按增长率法推算规划年的轨道客流量。

这一模式受其原理的限制,以现状公交为预测基础,对现状交通特征的反映较为片面,无法考虑城市用地规模、交通设施、出行结构改变的影响,特别是我国的大城市正处于成长期,未来的交通状况很可能与现状相比有较大的变化,因此精度较低。但由于操作简单,所以常用于其他模式预测后的比较验证或定性分析的辅助手段。

(二) 模式B:"现状OD"+"虚拟现状地铁"+"远期地铁"

该模式以OD调查为基础,将现状出行OD经方式选择,虚拟出"现状"快速轨道客流,并推算其站间OD,由"虚拟现状快速轨道"向"远期快速轨道"的推算方法与模式A相同。由于预测的基础为城市客流OD,对客流出行现状特征的反映比较全面,因此预测精度有所提高,适用于城市布局结构变化不大,客运交通发展相对稳定的城市。

(三) 模式C:"现状OD"+"出行需求预测"+"远期地铁"

该模式是以居民出行OD调查为基础,进行各规划年份全方式出行的预测,然后通过出行方式划分、交通分配,得到规划期快速轨道客流量。此模式遵循交通需求预测的"四阶段"即出行产生、出行分布、方式划分和交通分配。预测精度较高,同时对于基础数据要求也相对较高。近年来快速轨道交通客流预测一般都采用这一模式,并成为该领域的发展方向。由于交通方式划分在"四阶段法"中所处的位置不同,分为如下三种。

第一种是在"四阶段"客流预测基础上由出行产生和分布预测得到全方式出行矩阵,利用出行方式划分和交通分配的组合模型,在城市道路网、公交线网和轨道线网组成的超级网络上进行城市客运交通方式划分和交通分配,分析轨道交通线路各站点所吸引的客流量。该方法是在城市道路网、公交线网和轨道线网组成的超级网络上进行方式划分和交通分配的,对于这样一个网络,无论是节点还是线路的联系都是非常复杂的,考虑实际操作的可行性,往往对网络进行一些简化,如只考虑在主要干线上布置统一的公交线网,而不考虑支路上的公交,无法考虑常规公交网与快速轨道线网的衔接,影响客流预测精度。

第二种为按现状交通方及其发展趋势,将一部分长距离出行和一部分公交客流吸引到轨道交通线路上,通过将时间价值和出行费用作为路权的广义最短路径法进行轨道交通线路客流交通分配。

第三种是研究由"四阶段法"预测得到规划年份道路网上的客流量,能有多少转移到轨道交通线路上,利用各种交通方式之间的转乘曲线,也即利用各种交通方式的时耗比进行轨道交通线路客流分配。后两种方法是以快速轨道交通客流构成角度作为出发点的,但我国的大城市正处于轨道交通建设的初期,缺乏全面的轨道交通客流资料,对于"多大距离的出行应开始向轨道交通方式转移"仅局限于理论分析,缺乏实践的检验,加之目前我国大城市处于城市化的中、前阶段,也是城市社会经济快速发展和土地结构优化、居民的时间价值观念不断发展变化的时期,转移距离临界值处于不断地变化之中,影响了预测结果的可信度。

以上三种模式基本反映了客流预测领域技术发展阶段,但并不是说模式A和模式B是过时的。因使用目的不同,基础条件不同,运算手段的不同,以上几种模式有不同的适用条件。

三、侧重规划角度的城市轨道交通客流预测模型

城市轨道交通客流预测模型可以总的分成集计模型和非集计模型两类,下面分别介绍两类预测模型的特点。

(一)集计模型预测方法

集计模型的典型代表就是四阶段交通预测模型,即通常所说的"四阶段法"。该模型基础理论充分,既能反映居民出行与城市土地使用数据之间的关系,又能反馈不同交通方式相互作用对客流分布的影响。四阶段模型以交通小区为基础,按照出行生成预测、分布预测、方式划分和交通分配四个阶段来分析城市现状和未来的交通状况,是目前交通规划领域应用最广泛的方法,如图5-29所示。

(二)非集计模型预测方法

非集计模型又称交通特征模型,它以实际产生交通活动的个人为单位,对个人是否进行出行、去何处、利用何种交通工具以及选择哪条路线等分别进行预测,并按出行分布、交通方式和交通线路分别进行统计,得到交通需求总量的一类模型。这一模型在理论上利用了现代心理学的成果,引入了随机效用的概念,其核心是效用最大化理论。它着眼于研究出行者个体的出行行为。

非集计模型相比传统模型的优势是有明确的行为假说、模型的一致性好、模型标定所需调查样本少、模型有较好的时间和地区转移性等特点。其基本假设为:个人将在可能的相互独立的选择枝集合中,选择他认为对自己效用最大的选择枝。即决策者首先选择"可能利用的选择枝群",其次选择"对其效用最大的选择枝"。利用非集计模型进行居民出行的分析和预测是继四阶段法后出现的构造交通需求预测模型的新方法。

在城市客流预测中,具有代表性的非集计模型就是MNL模型。MNL模型是在通过以下四个假设条件得出的:

(1)所有出行者具有相同形式的效用函数。
(2)效用函数的参数不随出行者的不同而改变,是相对稳定的。
(3)每个出行者对于不同选择单元的效用函数的随机部分各分量是相互独立的。
(4)效用函数随机部分的各分量服从相同的Gumball分布,即分布函数为:

$$F(\varepsilon) = \exp(-\exp(-\varepsilon))$$

(5)出行者选择效用函数值最大的选择单元。

基于以上的假设条件,可得到MNL模型的基本方程式如下:

$$p_{n(i)} = \frac{\exp(V_{in})}{\sum_{j \in c_n}(V_{jn})}$$

式中:V_{in}——个人对选择枝i的效用函数;
c_n——选择枝的集合。

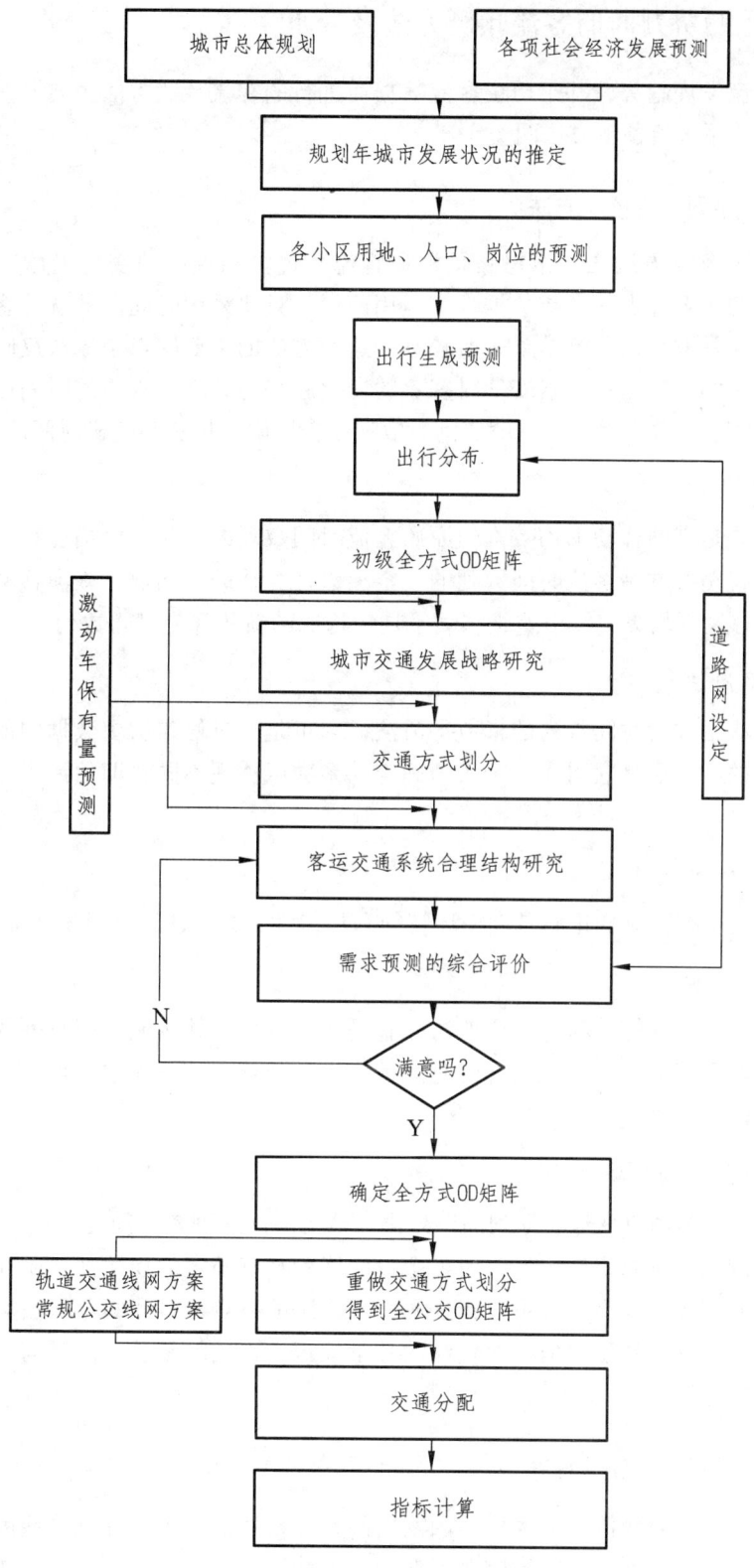

图 5-29 轨道交通客流预测的四阶段预测流程

四、侧重趋势判断的客流预测方法及应用

为了解客流发展趋势，基于历史客流数据而进行的客流预测方法主要有时间序列客流预测方法和因果关系客流预测方法两类。

（一）时间序列客流预测方法

该类客流的预测方法的基本思路是根据客流从过去到现在的变化规律来预测未来的客流。这类方法的主要优点是需要数据少、运用简便，只要采用时间段的统计客流数据变动趋势，没有大的异常波动，预测结果一般较好。这类方法的主要缺点是无法反映客流变化的原因，因而不能指明影响客流因素变动时客流的变化趋势与结果。常用的时间序列客流预测方法有移动平均法、指数平滑法、月度比例系数法、自回归分析法和随机时间序列预测模型等。

1. 移动平均法

移动平均法是借助移动平均数修匀原始客流时间数列的变化，以描述其趋势的方法。所谓移动平均，就是按原始客流时间数列的一定项数计算移动平均数，逐项移动，边移动边平均，得出一组移动平均数，即由这组移动平均数构成的新的客流时间数列。

2. 指数平滑法

指数平滑法也称为时间数列的指数平滑法，它也是通过修匀历史数据中的随机成分达到预测未来的目的。方法是它引入一个人为确定的系数以体现不同时期的因素在整个预测中所占的权数。

3. 月度比例系数法

基本思路是根据客流变化的月度循环特征和规律性，去预测未来月份的客流。

4. 自回归分析法

自回归分析法也称鲍克斯·詹金斯法，它是通过分析原始客流时间数列的不同自相关系数来选择适当的预测模型。当原始客流时间数列内的数值在某一固定间隔期具有较高档的相关系数时，可运用此法。

5. 随机时间序列预测模型

把时间序列作为随机变量的序列加以处理，认为时间序列是时间 T 的一组变量，其中单个时间序列值的出现具有不确定性，但整个时间序列却有固定的规律性，研究这些规律，进行简化，建立时间序列模型，即可进行预测。该方法的特点与自回归分析法类似，在客流的短期预测方面有较好的精度，但需要较深的数学知识，方法较复杂，同时需要较多的历史数据，计算工作量也较大。

（二）因果关系客流预测方法

由于客流的变动与经济和非经济的因素之间存在密切的关系，并且这些因素之间又都是相互影响的，因此可以通过研究影响客流的因素来预测未来的客流。这类方法与时间序列客流预测方法的区别在于前者的自变量是时间，而后者的自变量是除了时间以外的其他因素。

这类方法的主要优点是能够考虑较多的对客流可能产生影响的因素，揭示引起客流变化的原因。同时在数据量足够多的情况下，常能得到较好的预测精度。这类方法的主要缺点是由于自变量的选择、有关参数的确定本身带有主观性和预测性，存在着预测的标准性会受到影响的可能。常用的因果关系客流预测方法有回归预测法、引力模型和乘车系数法等。

1. 回归预测法

回归预测法是通过回归分析，建立一个合适的因变量和自变量之间的函数关系，来近似地表达客流和影响客流因素之间的平均变化关系。它包括一元线性回归预测、一元非线性回归预测、多元线性回归预测和逐步回归分析预测等方法，如图 5-30 所示。

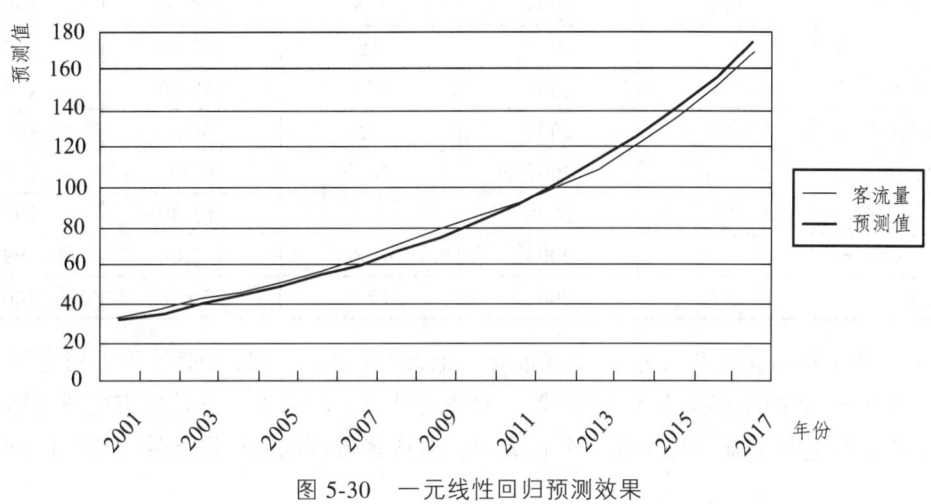

图 5-30　一元线性回归预测效果

2. 引力模型

引力模型因数学关系式与物理学的万有引力定律近似而得名。在研究地区间人的流动问题时，研究者发现人的流动数量似乎都是正比于地区人口的总数而反比于地区间的距离，这种现象正如同物体间的引力关系，于是提出了引力模型来预测客流。

3. 乘车系数法

这是一种传统的客流预测方法。乘车系数法是一种通过总人口和人均乘车次数来预测乘客发送量的方法。乘车系数是一定吸引范围内乘客发送量与总人口的比值，它可根据历年资料和可能发生的变化进行确定。

五、客流预测误差

客流预测在实际操作中会遇到预测客流与实际客流误差较大、存在高估倾向以及不同机构预测的客流数据离散性较大等问题。上海地铁 1 号线（新龙华—纪蕴路）曾预测 2000 年的全日客运量为 133.1 万人次，而实际仅有 30.06 万人次。在地铁 2 号线东延伸段（龙东路—高科路站）初步设计中，预测 2001 年初期日客流量为 47.0 万人次，实际为 23.9 万人次，预测结果大多偏高。另外，上海几条地铁调查数据表明，1998 年的实际客流量是 1996 年预测客流量的18%～50%，1999年的实际客流量是2000年预测客流量的12%～40%。青岛地铁公司在一期工程科研报告的客流预测中估计，初期／远期高峰小时单向断面流量为17 800人次（2006年）/40 500人次（2030年），但委托一家国外公司对客流进行核算的结果为21 300人次（2010年）/26 100人次（2030年），具体见表5-4。

表5-4 主要城市地铁线路客流预测与实际情况对比

线路	现状客流/（万乘次/日）	现状年份	预测客流/（万乘次/日）	误差/%	预测年份
上海地铁1号线	81	2006	94	16.10	2004
上海地铁2号线	49	2005	52	6.10	1998
上海地铁3号线	26.2	2005	115	338.90	1998
上海地铁5号线	5.5	2007	35	536.40	2000
北京地铁13号线	12	2005	37.5	210.60	1999
北京地铁八通线	5	2005	27	440.00	1996
广州地铁1号线	42	2007	76.7	82.60	1990
南京地铁1号线	18	2008	47.4	163.30	1999
深圳一期	23	2003	47.6	107.00	1998
天津滨海线	2.7	2006	12.7	370.40	2001

我国正处于城市化的进程中，城市布局、土地利用和人口状况都处于不稳定的变化状态，城市发展过程中的不确定因素，政策、经济与社会心理因素，以及城市交通网络结构的未来变化都会对远期客流产生影响，分析表明，造成客流预测出现误差的主要原因有以下几个方面。

（一）四阶段客流预测方法的缺陷

例如，对出行生成、出行分布与土地利用互动，方式划分、出行分配与运输系统改善互动，运输需求与运输供给互动等考虑不够；类型分析法假设家庭的平均出行率基本不变、弗雷特法假设OD时间的出行分布模式基本不变，不一定完全符合实际；在采用引力模型时，交通小区间距离较近时预测值会偏高；在进行方式划分时，轨道交通作为一种新的出行方式，缺乏用于标定模型参数的现状资料。

（二）预测的前提条件发生改变

比如，城市总体规划和交通线网规划滞后或者常常发生改变，导致城市轨道交通客流预测结果的不准确。四阶段客流预测本身是一项相对长期的工作，是建立在目前现实情况和对未来规划情况一定的假设基础之上的，也就是说进行客流预测是建立在一定的假设基础之上的。如果这个假设不成立，那么要求预测结果准确也是不现实的。

（三）交通调查数据不足

由于交通调查工程庞大，需要耗费大量的人力物力，而且持续的时间一般都很长，若在进行客流预测的时候只能依据过去的有限资料，这样得出的客流预测的精确性不可能很高。

（四）客流预测数取高不取低

我国城市轨道交通控制设计客流按照远期高峰小时客流量来计算，并考虑高峰小时内客流的不均匀性，计入 1.2~1.4 的超高峰系数，客流预测人员受"宁取上限""留有充分余地""建设规模宁大勿小"等思想的影响，预测客流时尽量往高来取值。

（五）其他交通方式分流

随着其他公交系统环境的改善和服务质量的提高，乘客有了更多的选择，其他交通方式分担了城市轨道交通线路的部分客流，致使实际客流情况比预测的情况差一些。

（六）城市轨道交通没有形成网络规模效应

城市轨道交通发挥效益的关键在于形成网络。单一线路由于可达性差，除了沿线覆盖的区域范围以外，基本上不能吸引径向客流。只有形成轨道交通的基本网络以后，加上和常规公交的配合，才能使客运达到理想的客流水平。

（七）没有形成城市规划与交通预测相互作用的协调系统

城市轨道交通规划以城市总体规划和综合交通规划为前提，城市规划的各项控制参数以及用地规划指标是城市交通预测及规划的依据。目前，我国还没有形成城市规划—交通预测—城市交通规划协调系统。一方面，用作交通规划依据的城市规划与城市发展方向出入很大；另一方面，城市规划对交通规划的考虑不够详细，往往忽视城市轨道交通所具有的调整优化城市布局和用地功能的潜在作用，致使交通规划对于城市规划的反作用较小。

（八）没有充分考虑现阶段我国城市自身的一些特点

目前我国城市尤其是大城市中，流动人口都占有相当的比例，流动人口的出行特征和常住居民又有很大的差别，而我国目前关于城市流动人口总量、出行规律的研究还不是很多。另外，我国大中城市都在城郊兴建规模较大的居住小区、小区大批人员的出行可能会构成城市轨道交通客流的重要组成部分，目前在客流预测中对这一问题的重视不够。还有，客流预测过多考虑了城市发展进程的加快、城市人口增加的影响，但却忽视了我国实施"有机疏散"、建设卫星城所引起的城市中心区（旧城区）人口下降、近郊区人口增加的现实。

【拓展阅读】

轨道交通客流预测的重要性

客流预测的重要性对于轨道系统来说无异于是最重要的一个环节，因为它决定了整个系统后期所有设计和要素的选择，例如通行能力，轨道布局，车展规模，信号控制系统，工程造价，甚至是运营后的效率和收益。以前的客流预测通常会设置三个时间点，运营初期即轨道开通运营 5 年后，运营中期即轨道开通 10 年后，远期即轨道开通 25 年后。客流预测的主要任务，就是要对系统开通运营后的客流规模进行定量化分析，在规划信息不全面，未来变数很大的前提下做出精确预测，存在很大的难度，因此对于系统的规划设计和决策也存在很大的挑战。

客流需求预测可以作为以下环节的依据：
- 论证该轨道系统对于城市建设的必要性和重要性；
- 选择轨道类型和模式，如地铁还是轻轨；
- 计算轨道系统的通行能力；
- 选择车型、车厢数和轨道布局；
- 制定信号系统，发车频率及运营方案；
- 分析票价水平和政策；
- 设计站台、楼梯和相关硬件设施；
- 预估机械和电子设备的需求和规模；
- 预估投资规模、运营成本和经济效益分析；
- 评价可能的风险和结果；

轨道交通通行能力因为车型的选择不同而差别巨大。常用的车型分为A（车宽3米）、B（车宽2.8米）和C（车宽2.6米），目前我国轨道交通采用的最多的车型是A和B。如果采用6人/平方米的服务水平作为计算通行能力的依据，A型车每节车厢的满载能力是310人，而B型车是240。在极端情况下采取8人/平方米的服务水平，A型车的满载能力提升为410人，而B型车为290人。轨道车辆编组数量在全世界范围内都呈逐渐增长的趋势。东京地铁最早是4节编组，后来涨到6、8、9、10直至12节；首尔从最初的6节扩容到8节和10节；莫斯科地铁从6节上升到8节和9节；巴黎则从5节上升到6节和8节。

提升通行能力的办法包括选择载客量更大的车型、编组更多的车辆为一次列车、提高发车频率。当然，车厢编组数多就意味着更长的站台和工程造价。通常设计师根据规划年客流预测的规模来选择车厢编组数量、并做适当的预留，但是一旦规划年的实际客流高出预测值太多，就会导致轨道系统通行能力不足的状况。以天津地铁为例，20世纪80年代初期刚修建的时候是3节车厢编组，随着城市发展和客流的增加，相关主管部门决定重建站台，并改成6节车厢编组，并为此付出巨大的经济代价。东京为了改建早期仅有4节编组的地铁线路为6节编组，共用了15年时间（每天夜里建设3~4小时为了不影响地铁白天的正常运营）。因此，轨道的设计和建设必须要考虑周详，尤其是对相关区域未来规划年可能的发展趋势做出合理的判断，并预留相应的拓展空间。

以北京为例，现在运行的所有线路都采用了6节编组的B型车，由于车型自身载客量低，运营者采用了多重办法来提升通行能力，如缩短车头时距、提高发车频率，但是由于北京地铁客流需求巨大，尤其是早高峰，几乎各条线路都十分拥挤。在这种背景下，北京地铁6号线和7号线，都采用了8节编组B型车，而规划的14和16号线都计划采用A型车。

实训项目一：城市轨道交通客流特征分析

一、实训目的与要求

明确开展城市轨道交通客流分析的作用，掌握城市轨道交通客流时间特征、空间特征、线路客流特征、车站客流构成等的分析方法，能够根据已知客流数据或调查得到的客流数据，运用 Excel 等数据统计分析工具生成各类特征图并得出相应客流规律和结论。

二、实训内容、步骤与方法

1、选择一个地铁车站进行客流调查，获得该站的一天运营时间各小时的进站、出站客流量，以时间为横坐标，以客流量为纵坐标，绘制该车站一日内小时客流分布图，判断属于哪种分布类型；

2、连续对该车站调查 1 周，统计每天的客运量，绘制一周内全日客流分布规律；

3、通过驻站观测，估算该车站客流年龄、不同出行目的比例情况，绘制车站客流构成图，并分析其规律；

4、某线路早高峰小时各站客流分布如表 5-5 所示，请绘制线路客流空间分布图，并分析其呈现的规律。

表 5-5　　早高峰小时站间 OD 客流

O\D	A	B	C	D	E	F	G	H
A		2341	2033	2518	1626	2104	3245	4232
B	2314		575	1540	1320	2282	2603	3112
C	1887	524		187	281	761	959	1587
D	2575	1376	199		153	665	940	1638
E	1556	1253	322	158		143	426	1040
F	3100	2337	662	691	162		280	1895
G	4191	3109	816	956	448	388		711
H	3560	2918	1569	1728	967	1752	671	

三、考核要求

1、能够运用 Excel 工具，根据实训内容要求完成各类客流分析图的绘制；

2、能够对绘制的客流特征图进行分析，得出相应规律或结论。

3、提交实训报告 word 文本，要求格式规范。

4、调查工作可小组完成，绘图和分析工作需独立完成。

四、思考总结

1、如何在调查人员紧张的情况下获得车站客流数据，考虑到数据的作用，是否需要特别精确的数据？

2、Excel 工具中的数据统计、图表绘制工具如何使用？

3、城市轨道交通线路特征、车站特征、时间特征、空间特征分别需要哪些数据？如何在图中进行展示以更好的说明其规律特征？

4、在客运组织中如何利用客流的各项规律，有哪些对应的解决方案？

实训项目二：城市轨道交通客流特客流流线分析

一、实训目的与要求

流线设计的优劣，影响着车站设施的利用率，同时也决定了车站对乘客的服务水平。因此，合理的流线设计是客运站设计和管理中的重要环节。

通过本实训项目，掌握城市轨道交通车站客流通道的布局、客流流线的类型及特征，针对具体的车站能够结合车站空间位置和设备布局绘制客流流线示意图，并针对客流流线干扰、冲突，提出优化设计方案。

二、实训内容、步骤与方法

运用 VISIO 绘图软件，结合对城市轨道交通车站实地调研，绘制如下客流流线图并按要求进行流线分析：

1、选择换乘站，开展实地调查，记录车站站厅层、站台层、换乘通道、出入口的位置、设备数量和布局，在绘制车站平面布局图、立体图的基础上，绘制各种客流的流线，并标出流线冲突点；

2、针对现状存在的客流流线冲突点，运用教材中的客流流线干扰优化方法，对调查的车站进行优化；

3、对车站客流流线进行优化后提出对应的客流组织措施、需要的设备和人员安排，给出具体实施方案；

以下图 5-31 和图 5-32 为某站站厅层平面图、立体示意图，图 5-33 为某站客流流线冲突点示意图，仅作为效果参考：

三、考核要求

1、能够结合实地调查记录的数据，运用 Visio 工具，根据实训内容要求完成车站现状设备布局图、各类客流流线图的绘制；

2、运用客流流线冲突优化的方法，对现状设备布局和流线进行优化，提出对应的实施方案。

3、提交实训报告 word 文本和 PPT，文本要求格式规范，PPT 要求精简、美观。

4、调查工作可小组完成，绘图和分析工作需独立完成，1 人 1 份。

四、思考总结

1、Visio 软件在绘制示意图方面具有哪些优点？
2、绘制示意图时为反映现场情况，是否需要按比例绘制？
3、城市轨道交通换乘站、终点站、中间站客流流线有何区别？
4、如何利用客流流线分析指导车站客流组织工作和车站设施设备布局？

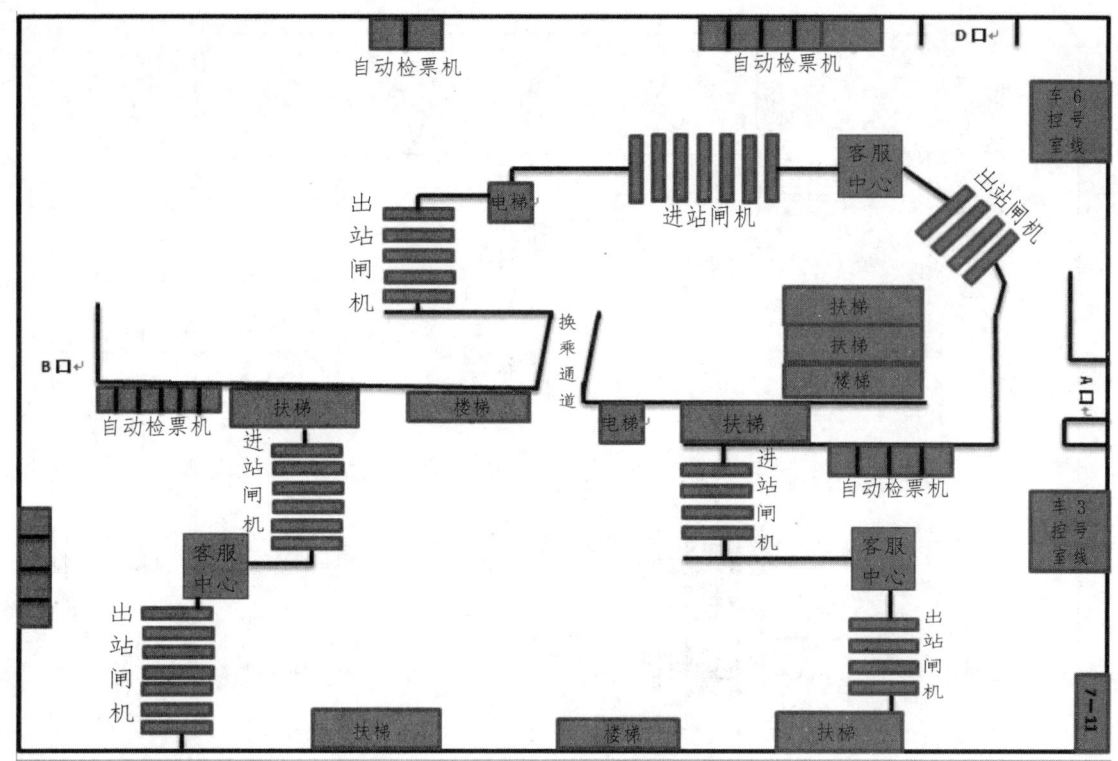

图 5-31 某站平面示意图

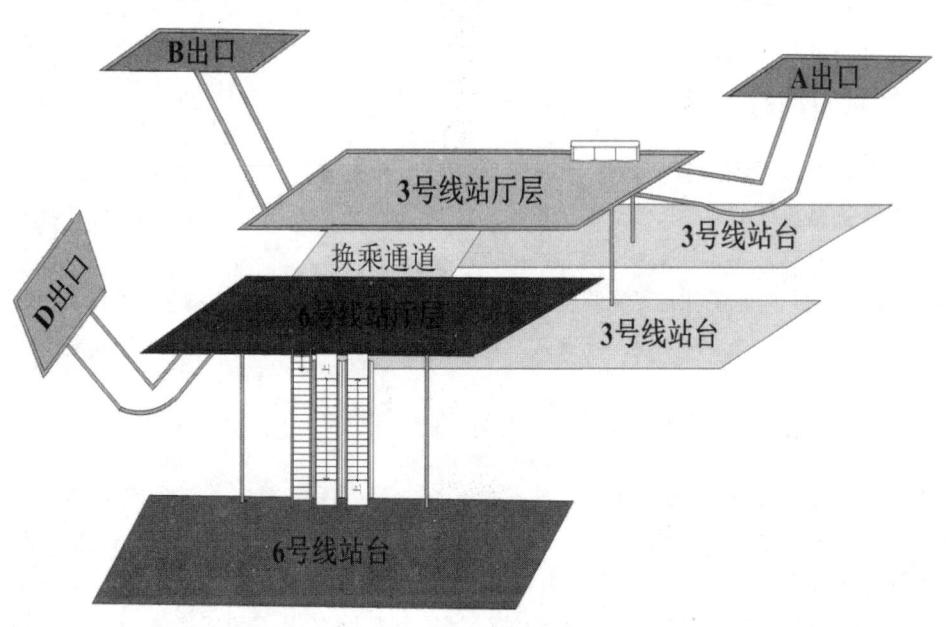

图 5-32 某站立体示意图

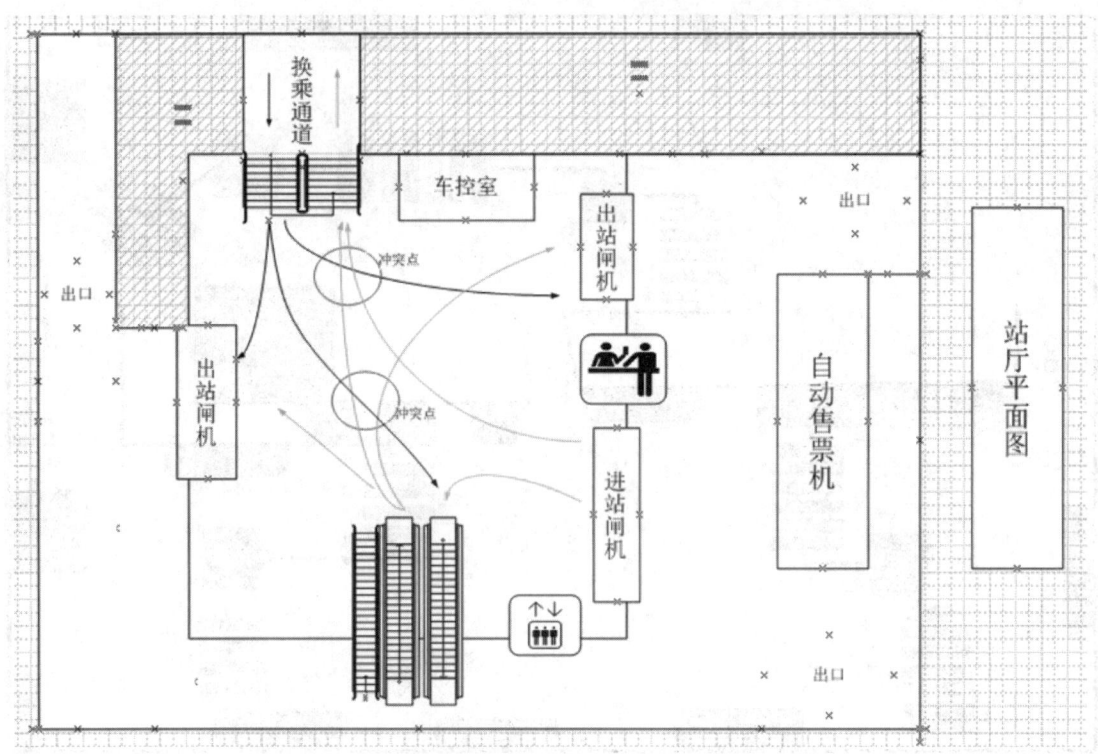

图 5-33 某站客流流线冲突点示意图-Visio 工具界面

实训项目三：某地铁站客流调查实训

一、实训目的与要求

客流调查是掌握客流数据资料、开展客流特征分析的基本方法，尽管城市轨道交通自动售检票系统具备客流统计功能，然而很多客流特征仍然无法获取，需要通过人工客流调查进一步获取资料。

通过本实训项目，能够制定客流调查方案、组织调查人员针对特定客流调查任务开展实地调查；能够设计调查问卷、选择合理调查方式、利用 Excel 数据统计工具进行调查数据录入整理。

二、实训内容、步骤与方法

通过实地调查收集所在城市轨道交通车站客流的第一手资料，对车站客流特征进行合理的分析，找出轨道交通车站服务设施在其设计和使用过程中所存在的问题，以及问题产生的原因，从而为后续完善车站设施，合理组织客流提供依据。

1、对所选车站在高峰时段主要服务设施的客流特征及各设施的通过能力进行调查，主要有以下内容：

（1）通道的客流特征及通过能力；

（2）楼梯的上行客流特征及通过能力；
（3）上行自动扶梯的客流特征及通过能力；
（4）站厅安检设施的客流分布特征及通过能力；
（5）站厅自动检票闸机的客流分布特征及通过能力；
（6）站台乘降区候车乘客的分布特征及车门位置的客流特征；
（7）站台集散区客流特征及通过能力；

2、为得到调查内容所需的上述数据，请参考教材中对应知识点，进一步明确所需要获取的数据，并设计调查表格。

3、对调查得到的数据资料进行整理、汇总，并进行计算，得到对应客流特征。

三、考核要求

1、制定详细的调查实施方案，包括调查目标、方法、调查表格设计、人员安排、调研时间，调研地点，安全注意事项等；

2、调查表格应能包括调查所需要的数据，方便记录，调查人员的安排应该科学合理。

3、提交调研方案、实训总结报告 word 文本，文本要求格式规范，内容要求包括调查所需的数据资料汇总、计算结果和必要的示意图。

4、调查工作分小组完成，6 人一组，共同完成调查计划和总结报告。

四、思考总结

1、如何在人员紧缺的情况下开展客流调查？
2、调查时间范围如何选择，是否必须连续不间断的进行调查，可否抽样调查？
3、车站客流量大，如何进行客流调查记录？
4、如何理解客流调查中存在的误差问题？

实训项目四：城市轨道交通客流预测实训

一、实训目的与要求

客流预测是开展城市轨道交通线网规划、车站规模设计等的基础数据，在后期运营中也需要对客流进行预测以指导地铁运营和组织方案设计。

通过本实训项目，掌握客流预测的常用方法，能够根据历史资料数据，利用 Excel 等预数据分析工具进行预测。

二、实训内容、步骤与方法

1、通过网络、文献检索等渠道，收集某城市地铁或者某线路历年的客流数据，运用一元线性回归法对客流进行预测；

2、表 5-6 为某线路客流量数据表，请根据历史数据，分别选择至少 3 种预测方法进行预测，并分析各自误差情况。

表 5-6 某线路客流数据表

年份	客流量（万人）	年份	客流量（万人）
2001	32	2011	93
2002	38	2012	102
2003	42	2013	110
2004	45	2014	122
2005	50	2015	135
2006	56	2016	152
2007	63	2017	170
2008	70		
2009	77		
2010	85		

3、预测工具可自由选择，建议采用 Excel 里的数据分析工具进行预测，也可以采用其他数据分析软件。

4、撰写预测报告，详细介绍选定的预测方法原理、预测过程、采用的预测软件、预测结果的误差对比分析等。

三、考核要求

1、能够通过文献检索、网络查找收集一个城市或者一条线路或者一个车站历史客流数据，并运用一元线性预测法对未来客流进行预测，要求说明数据来源；

2、针对给出的数据表格，运用至少三种预测方法得出预测结果，并进行对比分析。

3、提交预测报告 word 文本，文本要求格式规范，内容要求包括预测的目的、预测的方法、预测的数据、预测的过程、预测的结论及分析等。

4、以个人为单位，单独完成。

四、思考总结

1、如何通过 Excel 等数据分析工具或者软件实现预测方法？

2、不同预测方法的优势劣势是什么？

3、预测方法不同，预测结果也不一样，是否说明预测没有意义或者没有办法评价优劣？

4、是否可以将预测方法用在其他的领域或者学科，请举例说明？

第六章　城市轨道交通客流组织

【本章导读】

主要内容：本章介绍城市轨道交通客流组织基本概念、客流组织原则、大客流组织、客流控制、突发情况应急组织的基本内容。

本章教学目标：掌握大客运组织方法方式，客流控制的分级体系。

建议教学方法：建议采用案例分析法，结合具体的案例演示客流组织方法，客流控制的启动流程和操作措施。

第一节　城市轨道交通客运组织概述

城市交通问题实质是人、车、路线三要素之间的相互制约关系，在城市的不同时空中的反应，其核心是如何满足广泛的交通需求，并保持优质的交通服务水平。

现代化都市一年、一周、一天不同时段，城市轨道交通的客流都有自身的变化规律，随着社会的发展，客流也保持较快的增长速度，那么如何找到规律并制订合理的客流组织就变得非常重要了。

客流组织的目的是充分认识需求的多样性和不同特性，尽量满足大多数乘客的出行需求。客流组织是城市交通日常运输运营组织的基础。

一、客运组织工作宗旨

地铁客运组织工作必须实行集中领导、统一指挥的原则。控制指挥中心（OCC）负责全线的客运组织工作，车站的客运组织由车站站长或值班站长负责。具体要求如下：

安全准时：保证乘客进站、出站和乘车的安全，确保列车按列车运行图规定的时间运行。

方便迅速：导向标志清晰准确，售检票设备操作方便，确保乘客快捷到达目的地。

热情周到：耐心正确地解答乘客询问，主动热情地为乘客服务。

二、城市轨道交通客流组织的原则

城市轨道交通客运工作的核心是保证客流运送的安全，保持客流运送过程的畅通，减少乘客出行时间，避免拥挤，保证大客流发生时能及时疏散。为此，在进行客运组织时应特别考虑以下几个方面的原则：

（1）合理安排车站售检票、出入口及楼梯的位置，行人流动路线简单明确，尽量减少客流交叉、对流。

（2）完善车站内外乘客导向系统的设置，使乘客快速分流，减少客流聚集和过分拥挤的现象。

（3）乘客能够顺利地换乘其他交通工具。换乘过程中人流与车流的行驶路线要严格分开，以保证行人的安全和车辆的行驶不受干扰。

（4）满足换乘客流方便、安全、舒适的基本要求。如适宜的换乘步行距离、恶劣天气下的保护、全天候的连廊系统，对残疾人专门设计无障碍通道；又如适宜的照明、开阔的视野以及突发事件应急系统等。

三、日常客运组织办法

车站日常客流组织主要由进站组织、出站组织、换乘组织三部分组成。

（一）进站组织

（1）乘客经出入口、楼梯、自动扶梯（或垂直电梯），通过通道进入车站站厅层非付费区。

（2）乘客到达车站站厅非付费区，在自动售票机、客服中心或临时票亭购票后检票通过进站闸机进入付费区，持储值票的乘客可直接检票通过进站闸机进入付费区。

（3）持有车票的乘客经进站闸机验票进入站厅付费区后，再通过楼梯、自动扶梯（或垂直电梯）进入站台层候车。

（4）乘客到达站台，应站在黄线内候车，通过导向标识和乘客资讯系统选择乘车方向和了解列车到发时刻。

（5）列车到站停稳开门后，乘客须按先下后上的顺序乘车，站台工作人员要注意防止乘客抢上抢下。

（二）出站组织

（1）乘客下车后到达车站站台，经楼梯、自动扶梯（或垂直电梯）进入站厅层付费区。

（2）出站乘客通过出站闸机（单程票出闸时将被收回），进入站厅层非付费区后，通过导向标志找到相应的出入口，经通道、出入口出站。

（3）通过导向标志找到相应的出入口，经通道、出入口出站。

（4）车票车资不足（无效车票）或无票乘车的乘客须到客服中心办理相关乘客事务处理后，方可出站。

（三）换乘组织

1. 付费区换乘组织

乘客到达换乘站下车后，不需通过出站闸机，直接在付费区内根据换乘导向标志指引经楼梯、自动扶梯（或垂直电梯）到达另一站台层换乘候车。付费区换乘一般包括同站台平面换乘、站台立体换乘及通道换乘。

2. 非付费区换乘组织

乘客到达换乘站下车后，根据换乘导向标志指引，需经楼梯、自动扶梯（或垂直电梯）到达站厅层付费区，通过出站闸机进入非付费区或出站，到另一线路重新进入付费区或进站进行换乘。

第二节 城市轨道交通大客流组织

客流是城市轨道交通运营组织的对象，也是最终的落脚点，城市轨道交通大客流运营组织方法的研究以大客流的特征作为根本依据。

一、大客流的产生原因

大客流是指车站在某一时段集中到达超过车站正常客运设施或客运组织措施所能承担的客流量时的客流。大客流状态下，城市轨道交通车站内易出现客流拥堵、旅客无法及时疏散、站台上下车客流量过大、上下车时间增长、乘车秩序较难维持等诸多问题，极大地增加了城市轨道交通运营组织的难度。分析大客流特征可以为城市轨道交通大客流运营组织提供客流依据，使得运营组织方案的制订更有针对性。

通过调查分析可知，城市轨道交通大客流产生的原因主要有以下几个方面。

1. 早晚的日常高峰

城市轨道交通服务于城市公共交通，日常客流以上班、上学的通勤客流为主。该类客流出行具有明显规律性，因此城市轨道交通系统通常在早晚上下班、上学、放学期间会产生客流高峰，随着城市轨道交通路网规模的扩大，线路通达性增强，选择城市轨道交通通勤的居民越来越多，致使早晚高峰出现较大的客流量。该类大客流与线路途经地区的功能密切相关。

2. 节假日出行量增加

在元旦节、清明节、劳动节、端午节、中秋节、国庆节等国家法定假日期间，市民出行量会因为休闲娱乐活动的增加而增加，本地和外地游客的旅游出行量增加，往往会造成全线各站客流的普遍大幅上升。据统计分析，各站一年中最高日客流基本上都是"十一"期间创下的。这种大客流影响范围较大，一般会影响到城市轨道交通的多条线路，并且全线客流都有上升的趋势。

3. 举办大型活动

随着国民经济的发展和人民生活水平的提高，人们对物质文化生活需求逐步提升，城市大型文化体育活动、商业会展、博览会等为代表的大型活动的举行越来越多。此类活动的举办会引起大规模客流的集散，使得城市轨道交通线路客流量出现突变。

2010年上海世博会期间，上海轨道交通世博专线客运总量突破1 000万人次，2011年深圳大运会举行期间，轨道交通日均客运量近200万人次。该类大客流的影响范围视活动影响范围而定，如果活动的对象主要是市民，且全市市民的参与度较高，则可能影响到整个城市轨道交通系统。反之，若活动参与度不高，则大客流的影响范围也会缩小，一般仅影响在活动地点附近的车站和线路。需要说明的一点是，如果活动的对象不局限于本市市民，则大客流的影响范围还会波及城际轨道交通，比如2008年北京奥运会的举行，大量旅客涌入北京，进京交通变得非常的火爆，大量的出行旅客给北京交通带来了非常大的挑战。

4. 恶劣天气

在大雨、大雪、大雾等恶劣天气下，地面交通存在极大不便，这会使得较多市民选择地铁出行或进地铁车站避雨雪，造成地铁各个车站客流上升。该类大客流影响范围比较广泛。

5. 轨道交通系统发生紧急事件

地铁车站发生火灾、大面积停电、列车延误等事故时，会导致车站客流积压，此时需要及时疏散旅客，以保证安全。一般而言，此类大客流直接影响的范围较小，但是波及范围较大，其影响程度视紧急事件性质的不同而不同，严重事故会导致行车中断甚至人员伤亡，引起客流混乱。在网络化运营情况下，任何一条线路出现事故，均会影响到其他线路的运营情况，波及范围极广。

6. 线路间运输能力不匹配

城轨系统中，各条线路的运营基本独立，不同线路间的客流运输一般只能经由换乘站进行换乘，如果换乘站衔接线路的运输能力差距过大，且能力大的线路对能力小的线路的换乘量较大，则相应换乘站很难避免换乘大客流的冲击。

7. 规划阶段对线路客流预测偏差

规划阶段的客流预测是城轨系统的建设规模、系统选择、车辆选型、列车开行方案等的基础，如果该客流预测准确性不能得到保证，会对系统后续运营产生巨大的影响。当预测客流量过大，则建成的城轨系统能力会远大于运输需要能力，造成能力和资源的极大浪费；当预测客流量过小，则建成后客流成长过快，在短时间内就达到了该系统的能力极限，沿线各站将面临经常性大客流。此外，当对某些站点的客流预测不准确时，也会造成类似的情况。当预测客流量过大，会造成设备能力的浪费；反之，该车站可能因为自身能力的不足，遇到经常性大客流，甚至成为全线的运输能力瓶颈。

8. 城市功能区规划不当

城市轨道交通服务于城市居民出行，当城市功能区规划不当，例如核心功能区集中，则容易导致通勤、商务以及旅游等客流重合叠加，使该区域的运力紧张，造成高峰时段该范围内车站出现大客流的概率大大增加。

除上述原因外，大客流的产生还与网络通达性有关。随着新线的接入，城市轨道交通系统的网络通达性增强，城市轨道交通系统的客流吸引范围扩大，客流量会出现较明显的增幅。

二、大客流分类

（一）根据大客流产生的影响和后果分类

（1）一级大客流。一级大客流的判定标准：各车站根据本站的正常乘客数量进行比较，站台聚集人数达到或大于站台有效区域的80%，并且持续时间大于实际行车时间间隔。这种情况会给乘客及轨道交通运营安全造成影响，存在明显的安全隐患。

（2）二级大客流。二级大客流判定标准：各车站根据本站的正常乘客数量进行比较，站台聚集人数达到站台有效区域的70%，并有持续不断上升的趋势。

这种情况下，乘客的正常出行和轨道交通所提供的服务水平受到一定程度的影响，车站比较拥挤，乘客感觉比较压抑，但尚未对乘客及轨道交通运营安全造成影响。

（二）按大客流在城市轨道交通中集聚站点分布情况分类

大客流在城市轨道交通中集聚站点分布情况是相对宏观的分析，该情况直接影响大客流情况下线路行车方案的制订，按大客流在城市轨道交通中集聚站点的分布情况可将其分为以下几类。

1. 单一车站客流集散量大

在一条线路上，仅有一个车站出现了客流集散量明显增加的情况，如图6-1所示。该客流状态可能会在以下几种情况出现以下几种客流状态。

（1）大型活动散场时，大量乘客在短时间内涌入附近城轨站点，给车站带来巨大的客流压力，这样的车站一般为大型体育场和影剧院附近站点。

（2）处于繁华商业地段的地铁车站，在节假日和周末很容易出现大客流状况。比如广州地铁一号线长寿路站。

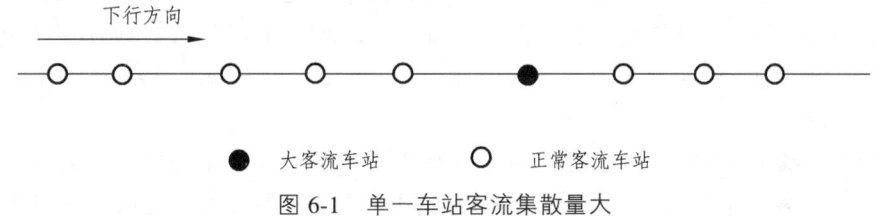

图6-1 单一车站客流集散量大

该情况下车站客流压力巨大，对城轨系统的挑战也很大。此时的运营组织的直接目标是加速该站的客流输送，大客流车站在线路中的相对位置也会影响其运营组织方案的制订，对于中间站而言，可考虑通过调整交路方案和列车停站方案来增加列车在该站的载运能力，以达到快速疏散乘客的目的；对大型换乘站而言，需要协调衔接线路列车到发间隔时间，必要时改变相应线路列车的停站方案，以减轻该站的客流压力。

2. 连续多个车站客流集散量大

在一条线路上，连续多个车站均出现客流集散量增大的情况，如图6-2所示。该客流状态可能会出现以下几种情况。

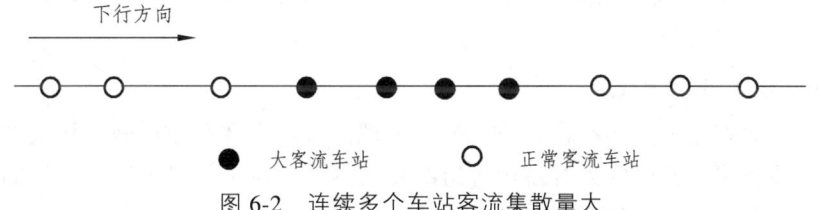

图6-2 连续多个车站客流集散量大

（1）大型活动范围较广，涵盖了几个城轨车站范围，活动结束退场期间大量乘客涌入临近几个站点。

（2）线路发生故障，列车在执行非正常交路时，在列车运行区段可能也会爆发大客流。

连续多个车站客流爆满会形成一个客流量远大于其他区段的客流区段，可以考虑采用灵活的列车交路方案来加速客流疏散。

3. 多个离散车站客流集散量大

在一条线上，多个车站均出现客流集散量增加现象，但是站点分布较为分散，如图 6-3 所示。该客流状态产生的情况和单一车站客流集散量增加的产生原因类似，在一段时间内，城市内多个地区开展相关活动，比如演唱会、展销会等，使得活动区域城轨车站出现客流激增的情况。在该情况下，可根据实际调整列车的停站方案，加快客流爆满站点乘客的输送，但是需要全面协调大客流车站和正常客流量车站的客运需求。

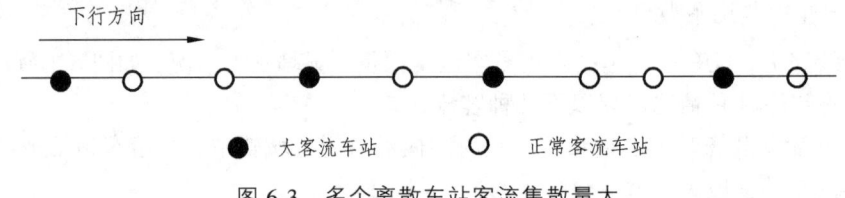

图 6-3 多个离散车站客流集散量大

4. 全线车站客流集散量大

全线各个车站客流量都明显上升，出现这种情况主要是因为一些特殊时期或特殊事件，如黄金周、国庆、元旦期间线路的客流都会增加。再如年广州亚运会前，地铁实行免费政策，该政策导致广州地铁各线路各站点客流都大幅增加。除此之外，恶劣天气时也容易出现全线客流暴增的情况。

上述的大客流分类并非一成不变，在一定的条件下各类大客流是相互转换的。比如在网络化运营阶段，某线路上的一个车站出现大客流状态，该站客流若通过相关换乘站换乘其他线路，则可能在一段时间内，若干换乘站也会受到该大客流的影响，出现多个车站客流集散量增加的现象。

（三）按城市轨道交通车站大客流来源分类

车站大客流的来源不同，其对该站的运营组织要求也会不同，因此有必要按城市轨道交通车站大客流的来源对其进行如下分类。

1. 来自于系统外的大客流

该情况下，大客流来源于城轨系统外部，表现为大量客流在短时间内从城轨系统外涌入城轨车站乘车，此时的大客流运输组织方案应尽量以增强该站的运输能力，加速客流的疏散为主。

2. 来自系统内的大客流

该情况下，大客流来源于城轨系统内部，表现为大量乘客在短时间内从其他城轨车站到达某车站出站或换乘，此时的大客流运输组织方案的制订应尽量以不增加该站的客流压力为主，同时加速乘客出站，压缩乘客在站停留时间。

（四）按城市轨道交通车站大客流构成情况分类

城市轨道交通车站大客流构成情况会直接影响大客流情况下车站具体的客流组织方案的制订，因此按城市轨道交通车站大客流构成情况对大客流进行如下分类。

1. 进站大客流

在一段时间内，大量乘客涌入某车站乘车，该情况是城市轨道交通系统中较为常见的一种大客流，多发生在文体赛事等大型活动散场时的邻近城轨站点。

2. 出站大客流

在一段时间内，大量乘客抵达某车站出站，该情况多发生在大型活动开场前一段时间的活动场馆邻近城轨站点。

3. 进出站大客流

在一段时间内，大量乘客涌入某车站乘车，同时大量乘客出站，该情况易发生在商业区或旅游景点附近的城轨站点。

4. 换乘大客流

在一段时间内，大量换乘客流抵达车站，占用换乘通道，造成车站拥挤，该情况易发生在衔接多条线路的换乘站。此外在大型活动集散时间内，相关换乘站也容易出现这种情况。

在特定情况下，某些车站也可能同时出现有进出站大客流和换乘大客流的情况，车站需要根据本站大客流的具体构成情况制订合理的车站客流组织及控制方案。

（五）按城市轨道交通大客流状态持续情况分类

除以上三种分类外，大客流状态在城市轨道交通系统中的持续情况也会直接影响到系统运营组织方法的制订。按大客流状态持续情况可将大客流分为以下两类。

1. 暂时性大客流

暂时性大客流一般是因为节假日、特殊活动、恶劣天气以及轨道交通系统发生紧急事件造成的。该种客流并非轨道交通客流的常态，一般多通过调整运营组织手段来应对。本文以讨论暂时性大客流的运营组织方法为主。

2. 常态性大客流

常态性大客流也称作经常性大客流，一般是因为线路间运能不匹配、规划阶段对线路客流预测存在偏差以及城市功能区规划不当等原因造成。作为轨道交通客流的常态，该种大客流很难单纯通过调整运营组织手段来应对。一般情况下，应对常态性大客流的方法需要从两方面着手：一方面需要对系统进行技术改造，增加系统运能；另一方面可通过技术经济手段调整大客流状态，比如实行分时段差别票价策略，组织乘客错峰出行等。

三、大客流运营组织方法研究

大客流状态是指车站在某一时段集中到达的客流超过了该站正常客运设施或客运组织措施所能承担的范围，其实质是一段时间内城轨系统内的乘客过多，使得系统能力使用紧张。

该状态下，城市轨道交通系统一方面要加速系统内客流的输送，压缩乘客在系统内的停留时间，另一方面则是要控制系统内的客流总量。图6-4从运营组织的角度描述了乘客在车站乘车的流程，由该图可知，要实现系统内的组织目标必须依靠系统运能和车站客流组织的保障以及点线运营组织的协调配合。当系统内的运输服务无法满足乘客需求时，需要采取措施将客流及时转向系统外的其他交通方式。由此可知，大客流状态下的城市轨道交通运营组织可以从以下三方面入手。

第一，调整系统的运能，使得运输能力尽可能满足大客流运输需求。

第二，合理控制系统内的客流总量及客流状态，使得客流总量与增加后的运输能力相配合。确保客流状态的稳定有序，增加系统的运输能力并降低安全事故发生几率。

第三，协同其他城市公共交通方式，妥善疏散城轨系统无法运输的客流。

图6-4　城市轨道交通系统运营组织流程

在大客流运营组织中，我们需要在安全的情况下尽快疏散大客流，并尽可能满足乘客的交通需求，这需要系统内车站和行车组织多方面的配合。当系统能提供的最大运能仍不能满足大客流需求时，我们需要调动系统外的运输能力为乘客提供运输服务。在以上三个方面中，前两方面属于系统内的组织方法，第三方面属于系统外的组织方法，如图6-5所示。本章的大客流运营组织方法研究以系统内的组织方法为主。

视频：地铁积极应对大客流

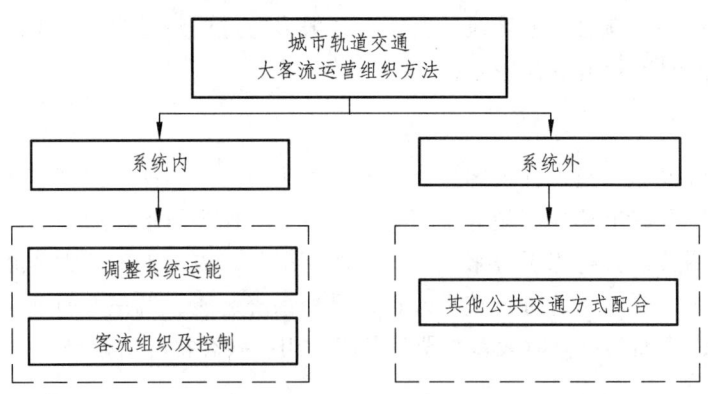

图6-5　大客流状态下的城市轨道交通运营组织

（一）运能调整

大客流状态是指城市轨道交通车站在某一单位时间内聚集的乘客超过了该站设计许可的

客流容量,并有继续增加的趋势,如不采取紧急措施将极有可能发生人员伤亡事故或意外事件。当车站大客流主要来自于系统外时,缓解该状态最根本的方法在于增加系统运能,系统运能的增加能减轻车站站台候车乘客滞留情况,加速乘客的输送,减少等待时间,进而压缩乘客在系统内的停留时间。系统运能的增加可以依靠设备改造措施,也可以依靠运输组织措施,这两类措施中,设备改造措施需要大量投资,耗时较长,系统运能增加效果明显,而运输组织措施则无需大量投资,且在短时间内能使运能提高。根据国内外轨道交通的运营实践,在扩能的措施方面,加强既有线运能通常是两类措施并举。但是本书重点讨论的大客流类型不是城市轨道交通的常态,解决此类大客流带来的交通问题不能单纯依靠加强轨道交通系统硬件建设来解决,因为这样的解决方法既难以在短时间内奏效也很不经济。采用运输组织措施,系统、科学、合理地制订、实施大客流轨道交通系统运输组织方案才是缓解大客流期间供需矛盾的关键要素。当车站大客流主要来自系统内部时,可以通过运能调整减缓列车到达该站的频率,避免进一步增加该站客流压力。运能调整措施主要从列车编组方案、行车密度、列车交路以及停站方案等方面进行。除了以上几个方面以外,车站的疏运能力对系统运能也有一定的影响,车站的疏运能力受车站设备和站内客流组织与控制方法的影响较大。

(二)客流组织及控制

系统内的大客流运营组织方法一方面要采用各种措施来调整系统运能,另一方面需要通过车站合理组织和控制系统内的客流总量及客流状态,使得客流总量与增加后的运输能力相配合,确保客流状态的稳定有序,增加系统的运输能力并降低安全事故发生概率。大客流状态下车站客流压力巨大,极易出现混乱失控的情况。车站客流组织及控制的目标是尽量避免车站客流拥堵,而产生车站客流拥堵的原因主要体现在以下三方面。

第一,车站最大客流疏运能力受个别设施设备能力限制,出现站内客流流动瓶颈。

第二,站内客流量过大,超过了车站各项设施设备的能力。

第三,站内客流量尚未达到车站能力极限,但是客流秩序混乱。

因此,为避免站内客流拥堵,车站客流组织及控制可从调整车站最大客流疏运能力、控制站内客流总量和提升客流有序性三方面进行。

1. 调整车站最大客流疏运能力

车站最大客流疏导能力决定了该站在一段时间内能输送的最大客流数,也是站内客流的控制标准。该能力受限于乘客在站乘车流程中所涉及的各项设施设备及作业场所。在大客流状态下,应根据车站客流集聚情况及时调整车站的最大客流疏运能力。

(1)调整出入口楼梯及自动扶梯通行能力。

当需要增加车站最大客流疏导能力且该能力受限于该站出入口楼梯及自动扶梯的通行能力时,车站需加派人手注意上述位置的客流情况,维持良好的乘车秩序,必要时设定出入口楼梯及自动扶梯的具体功能,引导通道内客流单向流动,以增强上述部位的通过能力。当需要降低车站最大客流疏导能力时,可临时关闭部分出入口和自动扶梯。

(2)调整售票能力。

当需要增加车站最大客流疏导能力时,车站可根据预测大客流量提前制订预制票,做好预制票亭开放前的准备工作,预计车站售票能力可能会限制该站疏运能力时,及时开放预制票亭，必要时在出入口设置临时售票点，乘客可选择在站外购票、提前通知持储值卡的乘客在站外相关地点完成充值作业，以减轻车站售票压力和站厅层乘客集聚压力。当需要降低车站最大客流疏导能力时，车站可关闭部分自动售票机和票亭。

（3）调整安检设备通行能力。

当需要增加车站最大客流疏导能力时，可以考虑增开安检通道，简化安检程序，改全检为抽检的形式，以加快安检设备通行能力。当需要降低车站最大客流疏导能力时，车站可降低安检速度。

（4）调整进出站闸机通过能力。

当增加车站最大客流疏导能力时，车站可以在增加开放的闸机数量的同时增强每组闸机的通行能力。为增强每组闸机的通行能力，减轻进出闸机处的客流压力，车站可采用灵活的检票方式。比如在大客流状态下，持预制票的乘客可采取免检方式，直接从进出站闸机边门通行，持单程票和储值卡的乘客可采取进站检票、出站免检的方式，出站闸机设为免检模式，同时保持边门开启，站务员在出站闸机旁人工回收单程票，以加速乘客离站。对回收的单程票车站进行统一处理，对储值卡用户则可根据进站记录，按平均车费进行统一扣除和票卡更新。进站闸机的通行能力的提高可加快乘客进站速度，出站闸机的通行能力的提高可以加快乘客的离站速度。当需要降低车站最大客流疏导能力时，车站可关闭部分闸机。

（5）调整车门通过能力。

如果车门通行能力可能成为车站疏运能力瓶颈时，车站一方面需加强站台乘客上下车的组织，另一方面，需及时报告情况，必要时申请延长列车停站时间，有条件时开启列车两侧车门，以保证在有效上下车时间内有尽可能多的乘客上车。

（6）调整列车在车站的载客能力。

当列车在车站的载客能力不足时，其直接影响是站台候车乘客不能及时上车，导致站台客流积压，进而导致乘客不能及时从站厅付费区下至站台候车，造成站内客流拥堵。要增强列车在车站的载客能力，一方面车站需加强站台候车客流组织，维持良好的上下车秩序，另一方面，车站方面需及时向行调报告车站情况，行调可根据车站大客流情况适时通过前述四种方法调整系统运能，进而增加列车在特定车站的载客能力。列车在车站载客能力的增加，加速了站内乘客的输送速度，也能有效将站内客流总量控制在安全水平以内。但是当车站因列车密集到发，造成站内出站客流拥堵时，可通过申请列车跳停以避免进一步增加该站的客流压力。

2. 控制站内客流总量

对站内客流总量进行控制的目标是使站内客流总量与车站最大疏运能力相协调，而站内客流总量受到系统内外两方面的影响：一方面乘客从车站出入口进出车站会导致站内客流量发生变化，另一方面列车到发、乘客在站台乘降也会使站内客流量发生变化。因此要达到站内客流控制的目标，需要从系统内和系统外两方面进行。同时由于站内客流总量处于不断变化的状态，因此在大客流状态下若要将站内客流控制在安全水平下，则需要一方面控制乘客进入车站的速度，另一方面加快乘客离开车站的速度。

（1）系统内客流控制。

系统内的乘客通过列车到发而进入某站或从某站出发，进而增加或降低该站的客流总量。

当车站大客流以进站客流为主时,需增加系统运能,尤其是列车在特定站点的载运能力,以减少乘客的候车时间,加快乘客上车离站;当车站大客流以出站客流为主时,需减缓列车到站的频率,以避免因列车密集到达而增加车站的客流总量。

(2)系统外客流控制。

系统外的乘客通过出入口进出车站,在大客流期间对系统外客流的控制一方面需加快乘客从出口离开车站的速度,这需要车站的合理组织,另一方面则需要严控乘客从入口进入车站的人数,做好站内聚集人数的控制,将系统内的客流量控制在安全范围内。车站客流控制遵循由下至上、由内至外的人潮控制原则,采取站台客流控制、站厅付费区客流控制、出入口(站厅非付费区)客流控制三级客流控制方法。三级客流控制方法会在本章第三节进行讲解。

(3)提升乘客有序性。

大客流组织的对象是在站乘客,而每位乘客作为独立的个体,其不可控因素很多。无序情况下车站客流组织的难度和风险性高,同时疏散效率较低。因此,增强乘客的有序性是车站大客流运营组织的重要原则,也是避免车站出现过度拥堵现象的有效手段。提高站内客流的有序性一般从站内流线重组以及加强引导和信息的传达两方面进行。

① 站内流线重组。

对于车站而言,站内客流有进站客流、出站客流和换乘客流三类,这三类客流的流线设计和车站本身的构造及各种设施设备的位置息息相关。在大客流情况下,为了提高客流的有序性和通行效率,减少客流流线的冲突,需要灵活重组站内流线。

当大客流主要为进站客流时,可调整部分通道、出入口的功能,增加客流进站通道,并尽量引导客流单向流动以提高客流通行效率;当大客流主要为出站客流时,可将部分通道和出入口专设为出站使用,相应调整站内流线;当车站进出站客流甚至换乘客流均较大时,应重组流线尽可能引导客流单向流动,在无法避免乘客双向流动的地点,应采取架设护栏的方式将客流分开,避免对冲;当站内设备使用率差别过大时,可通过重组流线均衡设备使用负荷,比如在一般情况下,乘客进站后会选择就近的售票地点购票、通过就近的安检门和进站闸机,因此当大客流集中在车站部分出入口时,可能出现车站中一部分自动售票机、安检门和进站闸机处出现排长龙的情况,而在该站其他的售检票地点客流压力却相对较小,此时现场工作人员可以就现场客流排队等候情况及时引导乘客到其他售检票地点完成购票安检进闸等乘车程序,缓解大客流压力;当客流进入站台的速度过高,使得站台客流集聚压力过大时,可重组乘客进站流线,利用出入口和站厅非付费区绕行,以减缓乘客进站速度,常用的措施是分别在站厅和出入口设置隔离带和铁马等设施。

② 加强引导及信息传达。

乘客行为在信息充足和信息不足的情况下有很大的差别,大客流情况下,加强站内引导,为乘客提供充足的信息能有效增强乘客的有序性,减少安全隐患。

当车站在大客流组织中对站内流线进行了重组,此时可通过设置隔离带和铁马、摆放指示牌、加派人手进行现场引导等方式进行临时流线的标示;当站内客流量过大,为避免在自动售票机、闸机、自动扶梯等设施设备处出现人员拥堵情况,车站应安排工作人员加强站厅、站台巡视,时刻留意车站瓶颈处的通行状态,维持站内秩序;在站内高频率地播放安全广播,提醒乘客注意乘车安全;采用特殊行车组织方案时,需提前在客流通行量大的位置,如出入口、换乘通道、站厅非付费区与付费区连接处等张贴公示信息，利用乘客信息系统滚动播放相关调整信息。

第三节 城市轨道交通车站客流控制

一、客流控制概述

（一）客流控制的定义

客流控制是指当城市轨道交通车站内设施设备承受的负荷超过其客流阈值（临界值），或车站服务水平超过乘客所能接受的范围时，为了保证乘客在车站内的安全和车站的服务水平，制订合理的客流控制方案，对乘客走行进行适当的引导、利用合理的站内设施布设和站内优化等方式，使得进站、出站和换乘客流能够在车站内安全和及时地接受服务，避免大客流对车站、线路或路网造成过大压力。

视频：地铁开启"微控流"

（二）客流控制基本规则

城市轨道交通客流控制的主要目的是控制客流的分布，降低运营压力，提高安全性，避免对车站、线路甚至路网造成过大的压力。整体上遵循"先控制进站客流、再控制换乘客流"和"由下至上，由内至外"的原则。此外客流控制前需做到"三早"，即早预想、早准备、早控制。客流控制前需做到"五到位"，即车站各岗位员工对本站客流组织方案、关键点、风险点及控制措施学习到位，客流控制阵形布置到位，关键部位及控制点人员安排到位，实施客流控制时的告示、广播宣传、客流疏导到位，各岗位联动机制执行到位。

二、客流控制等级划分

宏观层面的客流控制应按照严重程度和处置措施分为 3 个级别：车站级客流控制，单线级客流控制，线网级客流控制。

（一）车站级客流控制

为了更好地实现高峰期客流控制的目的和更好地结合客运组织现状，可将城市轨道交系统车站级的客流控制进行更为细分的等级划分。根据拥堵程度和处置措施不同可将客流控制分为 3 个等级，依次为一级客流控制、二级客流控制和三级客流控制。

1. 一级客流控制

车站级客流控制的最低警戒等级为一级客流控制，通过对短时间内进站客流量及车站处理客流效率的观察，计算各设施设备的服务水平，关注车站内客流变化及服务情况，表现为固定设备如站台处开始出现较为严重的排队或长时间的等待。

主要目的：缓解乘客到达站台的速度慢问题和减少站台乘客数量。

启动流程：满足本站客运组织预案启动条件后或者当站台候车乘客超过整个站台面积 2/3 时，由车站值班站长决定实施，并通报 OCC、中心站长。

主要措施：在站厅和站台的楼梯、扶梯连接处设置控制点，改变扶梯走向，引导乘客走楼梯，在付费区设置回行路线等。

2. 二级客流控制

二级客流控制是一级客流控制等级触发后一段时间情况加重的触发等级，通过计算各个通道、楼梯及站台等空间的客流密度，尤其是有对冲（双向）行人流线的通道和楼梯处，表现为固定设备处出现严重排队，通过类设施的空间内出现拥挤现象。

主要目的：缓解乘客进入付费区的速度慢问题和减少付费区乘客数量。

启动流程：满足本站客运组织预案启动条件后或者当付费区乘客超过整个付费区面积 2/3 时，由车站值班站长决定实施，并通报 OCC、中心站长。主要措施：关闭部分闸机限流，在闸机口设置铁马、分批进闸，在非付费区设置回形路线。

3. 三级客流控制

三级客流控制为城市轨道交通客流控制的最高等级，一方面需在车站出入口限制进站客流量，减缓客流增长的速度；另一方面，需迅速引导乘客出站。必要时将列车的发车间隔和停站时间根据乘客的集散规律进行调整。

主要目的：缓解乘客进入车站的速度和减少车站乘客数量。

启动流程：满足本站客运组织预案启动条件后或者当非付费区乘客超过整个非付费区面积 2/3 时，由中心站站长决定实施，并通报 OCC、请求公安协助。主要措施：在出入口用铁马措施等限制乘客进站，在出入口外设置回形路线。

（二）单线级客流控制

客流拥挤问题一般出现在线路上的部分车站，车站拥挤引起列车拥挤，并会在线路上进行传播，甚至影响路网区域。

城市轨道交通单线级客流控制，即单线多站协同客流控制，是指在城市轨道交通系统中，在给定客流需求总量和固定的车站设备设施条件下，在客流高峰时段，针对线路上的客流拥挤车站和关联车站，采取多站协同的车站限流组织与列车开行方案的调整两种形式的线路客流控制方法，以实现系统内完成上车的乘客人数最多和各个车站的上车比例方差最小的客流控制目标，提高城市轨道交通线路系统的服务人数和解决服务均衡性的问题。

线控启动流程如下。

（1）主控站中心站长以上人员上报控制中心启动客流控制，控制中心根据突发客流的线控方案向辅控站发布命令。

（2）接到启动客流控制命令时，辅控站立即执行突发客流的线控方案，在 10 min 内实施现场的客流组织，将进站客流限制在规定数值之内，保证乘客进站、购票、候车、乘车等环节的安全有序，必要时通知地铁公安到场协助。

（3）当启动后不能有效缓解大客流时，受影响主控站可结合现场需要提出增加辅控站或控制进站人数要求，经所辖部门经理同意后报控制中心实施。实施流程比照线控实施流程，新增辅控站接到限流命令后按照减少50%左右的比例限制进站客流。

（4）主控站需密切关注现场客流情况，中心站长以上人员上报控制中心取消客流控制，控制中心根据方案向辅控站发布命令。

（三）线网级客流控制

实施单线级客流联控仍无法缓解客流压力时，邻线辅控站采取客流控制措施限制进站乘客人数，缓解主控站客流压力的客运组织行为，通常被称为"网控"。

网控启动流程：

（1）主控站中心站长以上人员经报部门分管经理以上人员同意后，上报控制中心，由本线控制中心通知邻线控制中心根据突发客流的网控方案向辅控站发布命令。

（2）接到启动客流控制命令时，辅控站立即按网控方案，在 10 min 内实施现场的客流组织，将进站客流限制在规定数值之内，保证乘客进站、购票、候车、乘车等环节的安全有序，必要时通知地铁公安到场协助。

（3）当启动后不能有效缓解大客流时，受影响主控站可结合现场需要提出增加辅控站或控制进站人数要求，经所辖部门经理同意后报控制中心实施。实施流程比照网控实施流程，新增辅控站接到限流命令后按照减少50%左右的比例限制进站客流。

（4）主控站需密切关注现场客流情况，中心站长以上人员上报控制中心取消客流控制，控制中心根据方案向辅控站发布命令。

第四节　城市轨道交通车站突发事件应急组织

一、车站突发事件应急组织概述

突发事件具有突发性、危害性和非常规性的特点，往往伴随着人员的伤亡、经济的损失和环境的破坏，对公共安全造成了极大的威胁。公共场所的突发情况大致可以分为自然灾害、事故灾难、公共卫生事件和社会安全事件四种。

突发情况有狭义和广义两种解释。

从狭义上来讲，突发事件是指在一定区域内突然发生的，规模较大且对社会产生负面影响，对群众生命和财产构成严重威胁的事件和灾难，例如火灾、爆炸、暴动、塌方等。

从广义来说，突发事件是指组织或个人在原定计划之外或在其认识范围之外突然发生的，对其利益具有损伤性或潜在危险性的一切事件。城市轨道交通突发情况常见类型归纳为以下几种。

（一）火灾、爆炸

火灾、爆炸是地铁车站突发频率最高的事故。引发火灾的因素有很多，从罗列的历年地铁事故表可以看到，有精神病患者纵火导致火灾，有机房电火花引发火灾等。不管是违规操作还是人为的纵火，其产生的后果都非常严重，带来严重的人员伤亡和经济损失。

（二）设备故障

城市轨道交通的设备设施包括电力系统、通信系统、售检票系统、广播系统、引导系统、通风排烟系统等。车站内某系统出现故障时，会扰乱车站运营组织的正常秩序，导致车辆事故、客流骚乱，引发人员踩踏事故。

（三）恐怖袭击

国外发生过多起恐怖袭击事件，包括释放毒气、自杀式爆炸、破坏基础设施等。对于此类突发事件，需要加强安全检查口对易燃易爆物品的排查，加大反恐力度。

（四）自然灾害

如地震、洪水、台风等自然灾害的破坏性极强、极易造成城市轨道交通的瘫痪。

（五）列车事故

轻微的列车事故比如大面积列车晚点会影响到行人的正常出行，而严重的突发事件诸如站内起火，列车脱轨、碰撞、追尾等事故，会直接威胁到行人的生命和财产安全，相关部门必须通过加强列车运营管理来防止此类事故的发生。

视频：紧急情况下的列车内疏散

（六）运营管理

城市轨道交通车站有序组织是保证其正常运营的关键因素。运营管理包括日常的管理制度、方法和形式以及突发情况应急预案的制订等。由于人为的失误或疏忽，导致错误的操作，引起车辆、轨道等设施设备维修检测质量不合格，可能造成危害较大的安全事故。

另外，在突发事故已经发生的情况下，车站工作人员如果不能及时地采取有效措施，甚至错误的引导行人进行疏散组织，将会带来人群踩踏等衍生事故的发生，造成更严重的人员伤亡和经济损失。

突发事件发生时，车站根据实际情况可采取不同的客流组织办法对乘客进行疏导。主要有疏散、清客、隔离三种办法。

视频：紧急情况下的列车内疏散

疏散是指紧急情况下，利用一切通道和出口迅速将乘客从危险区域全部转移到安全区域。

清客是当车站或列车出现异常时,需要将乘客从某一区域全部转移到另一区域。

隔离是采用某种方式或设备人为地隔开人群或封闭某个区域。

二、车站突发事件应急组织办法

(一)车站照明熄灭应急组织

(1)向有关部门汇报现场情况。

(2)使用应急照明设备,为乘客提供照明,宣传疏导乘客向站台内侧移动,并为乘客指示明确的疏散路径引导出站。

(3)售票员停止售票,关闭售票窗口,保管好票款,锁好售票室门,协助疏导乘客迅速有序出站。

(4)监票员应立即打开特殊通道,将车站扶梯关闭,并看守出入口大门,悬挂提示牌,阻止乘客进站。

(5)广播宣传:乘客请注意,现在照明熄灭,请您不要惊慌失措,带好随身物品,照顾好老人、孩子,听从工作人员指挥,向站台中部移动,沿着疏散标志顺序出站,谢谢合作。

(6)站台人员疏导乘客向站台中部靠拢。加强巡视,密切关注站台四角及边缘地带,防止乘客发生混乱,稳定其情绪。

(7)对于进站列车、站停列车、即将出站的列车均需暂时停车,并开启列车全部照明(包括前后大灯),为疏散乘客提供照明,在得到行车值班员的允许后方可继续运行。

(8)出入口采取只出不进的措施。

视频:设备故障时的区间疏散

(二)区间疏散组织

(1)临时封站。

(2)确认接触轨停电完毕。

(3)在道床与站台之间准备扶梯架。

(4)组织人员携带应急灯进入区间,分段设人。

(5)与司机商议疏散方式。

(6)注意采取措施防止乘客进入相邻线路或不安全地带。在乘客步行的线路上应分段设人,为乘客提供照明,提示其走行路线和注意事项,严防碰伤和摔伤等情况发生。

(7)疏导完毕后,抢险负责人应指定专人对车内、区间进行检查,确认乘客及抢险人员已全部撤至站台且线路无其他障碍后,方可由行车值班员向行调报告。

(8)在区间疏导过程中,车站内留守人员应确保站内秩序,及时组织从区间疏导出来的乘客有序出站,对受伤的乘客要将其妥善安置于"候援区",通知急救中心请求救护,派专人到指定出入口迎候救护车辆,设法了解受伤乘客的身份并做好记录。

(三)车站发生爆炸应急组织

(1)在车站发生爆炸后,由就近岗位的站务员迅速准确地查明发生的时间、地点、涉及列车的车次、车组号、人员伤亡的简要情况等,立即向值班站长及行车值班员报告。

(2)立即按压 AFC 紧急疏散按钮,同时向行调、管界派出所、站区领导及客运公司生产值班室报告。拨打 120 急救电话。

(3)立即保护现场,尽量搜集可疑人员、可疑物等线索,将事发地点的乘客引至公安人员设置的控制区。

(4)在有人员伤亡的情况下,将伤者移至在安全地带设置的后援区,应及时通知市急救中心,并派专人到指定出入口迎候救护车辆。

(5)立即停止售票并保护好票款。

(6)立即打开特殊通道,将车站扶梯关闭,并看守出入口大门,阻止乘客进站,疏导站内滞留乘客使他们尽快有序地出站。

(7)利用各种广播设备做好宣传工作,稳定乘客情绪,引导乘客迅速有序地疏散出站。

(8)广播:乘客请注意,现场发生紧急情况,按照工作人员指示的方向顺序出站,注意安全,不要拥挤,谢谢合作。

(9)在出入口安排专人迎接抢险人员和上级领导。

(四)车站发生火灾应急组织

(1)当车站发生火情时,就近岗位人员应积极做好扑救工作并迅速查明事故发生的时间、地点、简要情况等,立即向值班站长及行车值班员报告,助理值班员应立即携带插孔电话、灭火器赶往现场进行确认、扑救,并随时将现场情况通知行车值班员。

(2)立即向行调、防灾环控控制中心、管界派出所、站区领导及客运公司生产值班室报告,必要时应立即按压 AFC 紧急疏散按钮,并视情况拨打火警电话报警,并将火灾报警控制主机转换到联动状态。

(3)调控权下放时,行车值班员应立即通知邻站采取扣车措施。

(4)立即取出灭火器材对火势进行初期扑救或控制,同时尽快疏散火点周围的乘客,将其引致公安人员设置的控制区。

(5)立即停止售票并保护好票款。

(6)立即打开特殊通道,将车站扶梯关闭,并看守出入口大门,阻止乘客进站,疏导站内滞留乘客尽快有序地出站。

(7)值班员应利用各种广播设备做好宣传工作,稳定乘客情绪,引导乘客迅速有序疏散出站(广播词:乘客请注意,本站发生火情,请您不要惊慌,听从工作人员指挥,按指定方向,注意安全,不要拥挤,顺序出站)。

(8)参与扑救的人员应在做好自身防护的情况下,按照消防规定参与灭火工作。扑救电气设备火灾时应注意未断电时严禁用水扑救,严防触电事故发生。

(9)在有人员伤亡的情况下,将伤者移至在安全地带设置的后援区,并应急时通知市急救中心,并指派专人到指定出入口迎候救护车辆。

(10)看守出入口大门的人员,应确保上级领导、公安消防人员随时进入车站。

> 课堂互动：请同学们扫二维码观看视频案例，并讨论。
> 案例中属于什么情况？采用了什么客运组织方法？

 视频：地铁信号故障 早高峰列车限速运行

实训项目

一、实训目的与要求

通过实训了解地铁大客流的基本类型、产生的原因，车站控制的级别及基本措施，车站内部客流控制的基本原则及方法等。该实训要求以实际地铁车站为例，进行案例式分析。

二、实训内容

1、选取任一地铁线路分析哪些车站可能出现大客流并分析原因。

2、选取任一地铁车站，分析其客运设备设施布置情况，包括电扶梯、垂梯、楼梯、AFC、站台与站厅布置及出入口分布等。

3、结合车站三级客流控制的概念，分析启动各级客流控制时，各控制关键节点及措施。

4、以换乘地铁站为例，画出大客流时客流组织流线布置图。

三、考核要求

1、调查工作可小组完成，绘图和分析工作需独立完成。

2、提交实训报告 word 文本，要求格式规范。

3、分析大客流产生的规律并得到结论。

4、车站客运组织的设备设施布置以图表形式进行展示。

5、结合车站平面布置图，画出车站客流流线，根据其性质不同使用不同类型的线型。

四、思考总结

案例：1987 年 11 月 18 日，英国伦敦地铁国王十字车站因为一只未熄灭的丢弃烟头引发了重大火灾事故。国王十字地铁车站是伦敦地铁网络中最繁忙的车站，每天有 25 万多名乘客通过。此次事故共造成 32 人死亡，100 多人受伤，另有 1 名消防员也在救火的过程中牺牲。

请你以一名地铁车站工作人员的身份，概述发生上述事件时应作出哪些应急处理措施？

第七章　城市轨道交通应急处理

【本章导读】

　　主要内容：本章介绍城市轨道交通车站火灾类、水灾类、停电类、治安类、恐怖袭击类等典型突发事件应急处理的措施。
　　本章教学目标：掌握城市轨道交通车站典型突发事件的应急处理的流程、各岗位的行动指引。
　　建议教学方法：采用案例分析法、桌面演练法，结合具体的案例进行城市轨道交通突发事件应急处理演练。

第一节　车站公共区域火灾事件的应急处理

视频：紧急情况下的车站疏散　　视频：城市轨道交通疏散门操作　　视频：列车应急疏散门及平台

一、关键步骤

（1）高架车站站台/站厅发生火灾时，采用自然排烟；地下（面）车站站台发生火灾时，根据火势大小开启站台火灾模式，启动站台排烟模式；地下（面）车站站厅发生火灾时，根据火势大小开启站厅火灾模式，启动站厅排烟模式。

（2）AIS 上执行站台/站厅火灾模式时，正常情况下相关设备的表现：垂直梯停在疏散层；进站扶梯停止运行，出站扶梯继续运行；闸机紧急释放；PIS 自动显示火灾信息；PA 播放紧急广播；地下（面）车站站台/站厅排烟风机启动，送风风机停止或部分送风风机转为排烟模式；门禁系统自动释放；TVM、AVM 停止服务。

（3）车站紧急疏散时，尽可能稳定乘客情绪，要特别关注老、幼、残等人士，防止踩踏等次生灾害事件发生。

二、处理原则

　　由于站厅和站台都属于车站公共区，发生火灾时处理步骤基本一致，下面以站台发生火灾为例，说明具体的处理原则：

（1）发现火灾：现场周边工作人员须立即疏散事发区域乘客，向车控室报告，使用灭火器材尝试灭火。

（2）火灾信息确认：值班站长/行值接到或发现站台火灾信息后，立即安排人员到现场确认是否发生火灾、火势是否可控、是否有人员受伤，或向报告的工作人员询问有关情况，如事态特征明显（浓烟、火苗）立即启动火灾应急处理程序；环调接到 FAS 系统火灾报警信息后，立即与事发车站联系，确认有关情况。

（3）火灾报告：车站人员视火势大小、事态特征以及初步判断人员受伤程度，报 110、120。

（4）确认发生火灾后，行动原则：

① 发现火灾处于初起阶段，允许"先处置，后报告"，合理选用车站配备的消防器材，尽可能将火灾遏制在初起阶段。

② 火势较小时，行动顺序原则上为：疏散周边乘客→现场扑救→在 AIS 上执行火灾模式→视火势大小、初步判断火灾原因、扑救成效，决定是否报 110、120。

③ 火势较大时，行动顺序原则上为：车站紧急疏散→尝试灭火→报 110，视需要报 120。

④ 环调远程确认排烟模式是否启动，视情况通知地下（面）车站须先打开站台屏蔽门边门，按站台火灾模式开启相应设备。环调无法在中央 AIS 上操作开启隧道风机时，应通知车站在 AIS 上操作开启。

（5）驻站机电人员接到火灾信息后，立即到车控室或着火点处理：确认排烟设备是否启动，如未启动，立即到现场启动；确定是否为电气火灾或是否需要切断设备电源，并采取相应行动；配合车站的疏散和灭火行动。

（6）疏散的原则为：

① 火灾区域有限时，引导乘客从未受影响区域疏散至站外。

② 设备区设置有疏散通道的车站可通过该通道引导乘客疏散至站外，高架段车站在确认接触轨已经停电的情况下可组织乘客通过疏散平台进行疏散。

（7）行车组织：

① 发生火灾时，立即组织列车小交路运行，禁止列车进入事发车站，进入区间的列车由行调决定退回发车站或不停站通过。

② 司机接到车站或行调通知后，配合车站做好乘客上车组织工作，尽快驶离车站。

③ 终点站发生火灾时，行调立即组织折返列车尽快驶离车站。

三、车务相关岗位行动指引

站台发生火灾事件时，轨道交通企业各岗位应配合联动，共同完成事件的应急处理，由于不同轨道交通企业的岗位设置和职责不尽相同，表 7-1 以某地铁公司为例，介绍车务相关岗位行动指引。

表 7-1 站台火灾时车务相关岗位行动指引

岗位	行动指引
站台岗	1. 应现场确认并报告车控室火灾位置、大小、火灾性质等，第一时间组织乘客往另外一端或站厅疏散乘客。 2. 尝试灭火，确认火灾不可扑救后，立即组织站台乘客向站外疏散，确认站台乘客疏散完毕后报车控室。 3. 听从值班站长安排，组织乘客疏散

续表

岗位	行动指引
巡视岗	1. 接到执行火灾应急处理程序的通知后，确认车站自动扶梯、垂直电梯的运行状态（自动扶梯已关闭、垂直电梯停在基层且轿厢门打开）并汇报情况。 2. 到站厅 A 端出入口拦截进站乘客并作好解释工作。 3. 听从值班站长安排，疏导乘客出站
售票岗	1. 接到执行火灾应急处理程序的通知后，收好钱和票，关闭客服中心电源，在站厅边门组织乘客疏散。 2. 打开站厅边门，利用手提广播到站厅 B 端拦截进站乘客并做好解释工作。 3. 听从值班站长安排，疏导乘客出站。 4. 确认站厅乘客全部疏散出站后报车控室
支援岗	1. 支援原则是就近的车站派出（但前提是不能影响车站正常运营）。 2. 听从值班站长安排
客运值班员	1. 接到执行火灾应急处理程序的通知后，立即在站厅确认火灾模式执行情况，并报车控室。 2. 组织车站乘客疏散工作，最后确认乘客全部疏散出站后报车控室。 3. 听从值班站长安排。 4. 火灾处理完毕后，做好恢复运营工作
行车值班员	1. 收到火警信息后，通知人员到报警点确认火警，并将情况报告值班站长。 2. 确认发生火灾后，确认 AIS 是否自动执行火灾模式（如系统未自动执行，可在 AIS 人工执行火灾模式），并报 OCC、110、报告地铁公安。 3. 及时将乘客疏散和灭火情况报告行车调度，并与行车调度、值班站长保持联系。 4. 设备执行状态：通过 AIS 及 IBP 盘确认电梯、闸机、TVM、广播等是否紧急模式，并使用 CCTV 对站内的设备执行情况进行确认。未执行到位的设备安排专业人员手动操作并向值站汇报。 5. 通过 CCTV 时刻关注车站动态。 6. 火灾结束后做好恢复运营工作
值班站长	1. 接到行值通知后，立即到现场确认情况[火势大小、火灾区域、火灾性质（电气/危化品/人为纵火/失火等）、人员伤亡情况、是否影响行车等]，并及时将确认结果通知行值，担任事件处理主任，组织指挥现场事故处理。 2. 火势可控情况： （1）组织相关岗位人员立即进行疏散周边乘客。 （2）在确保灭火人员人身安全的情况下，组织人员灭火（如为电气火灾或即将波及带电设备时，尝试切断相应设备电源或通知机电人员），视需要要求行值启动火灾排烟模式，视火势大小、初步判断火灾原因、扑救成效、是否有人员受伤，决定报 110、120。 3. 火势不可控情况： （1）下达车站紧急疏散命令，组织各岗位进行车站紧急疏散（注意电梯内是否有人员被困），安排人员赶往司机立岗处，及时将情况和需要配合的工作通知司机，如刚好有列车到站时，立即安排人员与司机组织站台乘客上车，尽快驶离事发车站。确认乘客疏散结果和是否开启排烟模式

岗位	行动指引
值班站长	（2）安排人员到出入口引导救援人员。 （3）如有人员受伤或窒息时，安排具备急救员资格的人员对其实施抢救。 （4）乘客疏散完毕后，如火势较大，组织车站人员撤离。 4. 火灾扑灭后，组织各岗位对站内各项设备的功能进行测试，按行调指示恢复正常运营
行车调度	1. 确定火点、火情及伤亡情况并报告控制主任。 2. 按控制主任宣布的应急处理方案指令火灾车站紧急疏散乘客，通报各站并扣停接近列车，组织退回发车站。 3. 通知火灾车站停止对外服务。 4. 如来不及扣停列车，则组织列车退回发车站或限速不停站通过火灾车站。 5. 按照控制主任要求，任命车站值班站长（或站长）担任事件处理主任。 6. 必要时通知供电调度停止该区域的供电。 7. 通报火情，要求车站执行火灾模式。 8. 火灾扑灭后，组织事发车站确认相关设备是否正常，做好恢复正常运营工作
供电调度	1. 通知变电所值班员车站火灾情况。 2. 注意监视火灾车站变电所设备的运行情况。 3. 在需要的情况下，可根据行车调度要求，切断相关的牵引电源。 4. 确保配电变压器的正常运行。 5. 协助控制主任进行通报工作。 6. 事故处理完毕，通知相关人员检查设备运行情况。根据行车调度通知，恢复相关的牵引供电
环控调度	1. 确认着火车站及着火具体位置，并立即通报控制主任及行车调度。 2. 地下车站须确认车站已经打开屏蔽门边门。 3. 通知车站按站台火灾模式开启相应设备。隧道通风系统未实现联动功能时，须手动开启隧道风机协助排烟。 4. 通知维修派人员立即到事故车站协助救灾。 5. 随时与事故车站保持联系，及时掌握现场情况，并通报控制主任。 6. 灭火后确认设备受损情况并要求维调派人抢修设备
信息调度	1. 向有关岗位收集事件的概况，向领导、TCC等相关接口单位通报有关故障信息。 2. 向车站通报火灾信息。 3. 跟进事件处理情况，向领导、TCC等相关接口单位通报控制中心采取的应急措施。 4. 如故障恢复后，及时向相关部门发布运营恢复信息。 5. 协助控制主任收集有关事故信息，做好事故事件总结
控制中心主任	1. 确认发生火灾的信息后，向各调度宣布执行站台火灾处理程序。 2. 向各调度下达列车调整运行的决策及要求行调任命事件处理主任。 3. 向值班领导及各待令人员通报事件信息，组织信息调度向TCC及接口单位通报事件信息。 4. 按规定进行通报，视情况启动应急公交接驳预案。 5. 确认现场的灭火及抢险处理情况，跟进事件变化。 6. 灭火后组织各调度做好恢复运营工作，确认事件影响情况

视频：南昌举行地铁火灾应急演练

第二节　车站水灾（水淹）应急处理程序

一、概　述

可能造成车站水灾（水淹）的原因有：地面积水从出入口、站外电梯井道、风亭、施工遗留孔洞灌入车站；站内消防水管、空调水管、排污管漏水，采光天窗、土建结构大量渗漏水等。

二、处理原则

1. 站外水害处理原则

（1）防范站外积水灌入车站的原则为：站外堵截；尽最大力量控制在站内出入口局部区域；保证设备区、站台不受影响。

（2）车务部根据车站周边地形、历史最高水位、以往车站水害情况向物资部申请常备足量的防洪沙袋，维修部须在重点车站常备水泵，并均须保持处于良好状态。

（3）车站可视出入口地面积水或渗漏水情况，关闭相关的出入口、电扶梯、电梯。

（4）台风蓝色、暴雨黄色及以上预警信号生效期间，车站须加强对出入口、风亭的巡查，根据地面积水水位上涨情况，及时对受到威胁的出入口、站外电梯房、风亭采取放置防洪沙袋、设置防洪挡板、疏通排水通道等办法，并报OCC。

（5）当地面积水水位持续上涨，情况危急时，OCC应立即报公司领导及组织各部门抢险救援，必要时可使用工程车辆运送抢险物资。在全力加强站外堵截措施的同时，以尽可能将水害控制在站台层局部区域为标准，立即在站内出入口设置后续拦截措施，并封堵设备区通道，必要时切断可能遭受水淹设备的电源，关闭相应车站。

2. 站内管道漏水处理原则

（1）发现站内消防水管、空调水管、排污管漏水时，车站应立即报告OCC及MCC，OCC、车站采取如下措施：

消防水管漏水：由环调关闭车站进水电动阀门和区间消防电动蝶阀，原则上由维修专业人员及时关闭相应区域的消防蝶阀、市政进水手动阀门和区间消防水管手动阀门，在维修部专业（抢修）人员未到现场处理前，由车站人员关闭相应阀门，以防止事故扩大。

空调水管漏水：由环调关闭冷水机组。在停止冷水系统运行后，关闭重要设备房新风系统。环调、车站要留意车站公共区及重要设备房的温湿度变化情况，必要时向设备部门提出调整环控系统运行方式或通知维修人员采取相应措施。

排污管漏水：由环调关停水泵，并通知维修人员现场确认、处理。

（2）站厅层设备区发生管道漏水时，车站须及时报 OCC 或通知 MCC 查明漏水情况并及时处理。

（3）设备房有积水时，首次进入现场人员须穿戴绝缘靴、绝缘手套等绝缘防护用品后，方可进入现场查看被淹情况。一旦发现设备被淹，应立即报 OCC、车站或直接通知设备管理责任部门确认相关设备是否已停电，确认无触电危险后，方可进入。

三、岗位应急处理操作指引

发生水灾事件时，车务相关岗位的应急处理操作如表 7-2 所示。

表 7-2 车务相关岗位的应急处理操作指引

岗位	应急操作指引
控制主任	1. 接行调报告后，立即向各调度岗位宣布启动车站水灾（水淹）应急处理程序。 2. 指示信息调度按规定发布信息。 3. 组织和协调抢修工作。 4. 协调各岗位工作，向各岗位提供支援
行调	1. 接到车站水灾（水淹）的报告后，应了解清楚水灾原因和影响程度，同时向控制主任及电、环调通报，同时通知 MCC、DCC。 2. 加强与车站及应急救援队的联系，掌握抢险进展情况。 3. 接到车站关站的报告后，通报各站和各次列车司机，并调整列车运行。 4. 如车站水灾（水淹）影响到轨行区线路时，则按线路积水（区间水淹）应急处理程序执行
电调	1. 监控好电力设备的运行。 2. 如站厅层设备区发生管道漏水时，须通知 MCC 组织供电及相关专业人员查明是否对下层供电设备产生影响
环调	1. 加强对车站集水坑水位和排水泵运行情况的监控。 2. 如消防水管漏水：远程关闭消防电动蝶阀，并通知维修人员或车站关闭市政进水手动阀门和区间消防水管手动阀门。 3. 如空调水管漏水：与车站确认关闭冷水机组；冷水系统停止运行后，留意车站公共区及重要设备房的温湿度变化情况，必要时调整环控系统运行方式或通知维修人员采取相应措施。 4. 如排污管漏水：根据车站报告，远程关停相应的水泵，并通知机电人员现场确认、处理。 5. 如站厅层设备区发生管道漏水时，通知 MCC 组织相关专业人员查明是否对下层设备产生影响。 6. 加强与车站及应急救援队的联系，掌握抢险进展情况。 7. 抢险结束后，及时组织恢复设备正常运行
行车值班员	1. 及时向 OCC 汇报事件信息和应急处理情况。 2. 根据值班站长安排或现场情况，及时通知 MCC 及驻站维修人员，根据调度指示，协作关闭相应设备或进行应急防护。 3. 确认相关排水泵工作状态。 4. 按行调指令做好行车组织工作。 5. 做好车站客服广播工作

续表

岗位	应急操作指引
值班站长	1. 恶劣天气期间： （1）按时组织车站人员对出入口、站外电梯房、风亭等重点进行巡查。 （2）地面积水威胁车站安全时，组织员工使用防洪挡板、沙袋等进行站外堵截，疏通排水通道，请求邻站支援，通知驻站维修人员。 （3）视影响情况，关闭电扶梯、电梯、出入口，引导乘客从未受影响的出入口进出车站。 （4）站外积水持续上涨，情况危急时，立即组织在站内出入口下方设置后续拦截措施，打开站内截水沟盖板，并封堵设备区通道，必要时切断可能遭受水淹的电扶梯、电梯等设备电源。 （5）维修抢险人员赶到现场后，组织车务人员配合抢险行动。 （6）站外积水一旦大量进入到站厅时，车站停止服务，担当前期事件处理主任。 2. 站内管道漏水： （1）发现风道保温棉不明原因下坠时，报驻站机电人员。 （2）发现、确认管道漏水时，立即报OCC，说明漏水管道性质，说明漏水点周边设备是否会或已受到影响。 （3）隔离相应区域，安排保洁人员清理地面积水。 （4）发现消防水管漏水，报告环调，在设备部门人员到达前，根据调度的指示车站安排人员关闭市政进水手动阀门和区间消防水管手动阀门。 （5）发现空调水管漏水，立即关闭冷水机组及重要设备房新风系统（在环调指挥下），并观察通信、信号、降压、环控等重点设备房温度变化情况，留意是否有凝露现象。 （6）发现设备房积水，现场查看时，注意首次进入现场人员须穿戴绝缘靴、绝缘手套等绝缘防护用品后，方可进入现场查看被淹情况。一旦发现设备被淹，立即报OCC、或直接通知设备管理责任部门停电，在确认相关设备已停电，无触电危险后，方可进入。 （7）站厅层设备区发生管道漏水时，要及时报OCC或通知设备管理责任部门检查具体情况。 （8）如积水严重影响车站运作，经行调同意，车站停止服务，担当前期事件处理主任。 3. 车站土建结构出现渗漏水，影响服务时： （1）立即报OCC，隔离相应区域，安排保洁人员清理地面积水。 （2）如严重影响车站运作，经行调同意，车站停止服务，担当前期事件处理主任

视频：停电时应急处理

第三节　车站大面积停电应急处理程序

一、操作关键点

（1）报行调，广播安抚乘客，不要惊慌、听从工作人员指引，并检查垂直电梯是否困人。

（2）原则上在停电 30 min 内，行调维持原有列车运行，车站引导乘客只出不进。

（3）若停电超过 30 min 后，行调组织列车越站，车站关站并做好乘客服务。

（4）OCC 及线网相关车站做好信息发布。

（5）车站人员在楼梯、扶梯或光线不足等关键处放置应急灯并引导疏散乘客出站。

（6）关站时检查垂直电梯是否有困人。

二、站务员处理要点

1. 站台岗/巡视岗

（1）收到执行大面积停电应急处理程序的通知后，立即赶到站台疏散站台乘客出站。

（2）确认站台疏散完后，报车控室，到站厅协助疏散。

（3）完成疏散、检查垂直电梯是否有困人后，与车控室保持联系，负责巡视站台。

（4）接到恢复供电的通知后，检查站台扶梯、屏蔽门等设备设施情况和线路情况，报车控室。

（5）接到恢复运营的通知后，恢复正常运作。

2. 售票员

（1）收到执行大面积停电应急疏散处理程序的通知后，收好票款和车票，锁好票亭门，打开闸机门和边门，用手提广播在楼梯、扶梯或光线不足等关键处引导乘客疏散。

（2）带应急灯（或手电筒）在楼梯、扶梯或光线不足等关键处引导疏散乘客出站。

（3）确认站内乘客疏散完后，协助客运值班员关闭各出入口，并张贴停止服务的告示。

（4）与车控室保持联系，负责巡视各出入口并做好解释。

（5）收到恢复供电的通知后，检查 AFC 设备、各种服务设备设施是否正常，关闭边门，并报车控室。

（6）接到恢复运营的通知后，撤除停止服务的告示，打开出入口，引导乘客进站。

三、各岗位处理程序（表 7-3）

表 7-3　车站大面积停电时的应急处理程序

岗位	操作程序
行车值班员	（1）报行调，通知值班站长及车站：工作人员、公安。 （2）向行调了解停电的原因及恢复时间。 （3）接到行调发布大面积停电、列车停运、车站关闭的命令后，立即通知值班站长。 （4）广播宣布执行大面积停电疏散应急处理程序，反复广播指引乘客疏散。 （5）确认站内乘客疏散完后报行调。 （6）接到恢复供电的通知后，通知各岗位做好恢复运营的准备。 （7）检查车控室设备情况，向行调报车站运营准备工作，并向行调了解列车运行恢复情况，报值班站长

续表

岗位	操作程序
值班站长	（1）确认大面积停电情况。 （2）通知行值广播宣布执行大面积停电应急处理程序。 （3）带应急灯（或：手电筒）到站台指挥疏散，确队站台乘客疏散先后到站厅确认疏散情况。 （4）确认全站乘客疏散完后报车控室。 （5）组织关闭各出入口，安排员工检查电梯是否困人，做好车站巡视。 （6）到车控室收集各岗位处理情况，做好停运安排。 （7）接到供电恢复的通知后，指挥员工做好恢复运营的准备。 （8）接到恢复运营的通知后，确认车站投入正常运作
客运值班员	（1）收到执行大面积停电应急处理程序的通知后，赶到车控室，协助行车值班员。 （2）组织巡视岗到出入口张贴停止服务的告示，关闭出入口。 （3）与车控室保持联系，负责巡视出入口并做好解释。 （4）收到恢复供电的通知后，检查AFC设备、各种服务设备设施是否正常，并报车控室。 （5）接到恢复运营的通知后，组织撤除告示，打开出口
售票员	（1）收到执行大面积停电应急疏散处理程序的通知后，打开闸机门和边门。 （2）带应急灯（或手电筒）在楼梯、扶梯或光线不足等关键处引导疏散乘客出站。 （3）确认站内乘客疏散完后，协助客运值班员关闭各出入口，并张贴停止服务的告示。 （4）与车控室保持联系，负责巡视各出入口并做好解释。 （5）收到恢复供电的通知后，检查AFC设备、各种服务设备设施是否正常，关闭边门，并报车控室。 （6）接到恢复运营的通知后，撤除停止服务的告示，打开出入口，引导乘客进站
站台岗/巡视岗	（1）收到执行大面积停电应急处理程序的通知后，立即赶到站台疏散站台乘客出站。 （2）确认站台疏散完后，报车控室，到站厅协助疏散。 （3）完成疏散、检查垂直电梯是否困人后，与车控室保持联系，负责巡视站台。 （4）接到恢复供电的通知后，检查站台扶梯、屏蔽门等设备设施情况和线路情况，报车控室。 （5）接到恢复运营的通知后，恢复正常运作
司机	按行调命令越站运行时执行

第四节　车站、列车发生严重治安事件应急处理程序

一、车站、列车发生治安事件应急处理原则

（1）立即报110，通知驻站公安、执法大队。
（2）公安需调用车站录像资料时，积极配合，立即协助其按运营分公司有关规定办理手续。

（3）如有人员受伤时，立即拨打120，必要时，进行简单的初步医务处理。

（4）隔离现场物证区域。

（5）事件发生在车站。

发生抢劫事件时，在保证自身安全的前提下，组织堵截作案人员，疏散围观人员。如作案人员已逃逸，积极寻找证人、协助当事人报案。

发生斗殴事件时，如事件涉及人数较多或持有刀具、枪械、爆炸物等，立即执行车站疏散程序，列车不停站通过。

（6）事件发生在列车。

司机得知事件信息后，立即通知乘客远离事发车厢；车站得知事件信息后，立即通知驻站公安、执法大队，组织保安到站台值守；列车到站后，如发现人群骚动、情况异常时，了解相关情况并报OCC。

（7）事件发生在车站及列车上时由行调指定的值班站长担负事件处理主任，负责设置事件控制站，并负责事件第一时间的应急处理。

二、车站、列车发生治安事件时的应急处理（表7-4）

表7-4 车务相关岗位操作指引

类别	岗位	岗位操作指引
发生在车站（含列车站停）	控制主任	1. 宣布启动本预案。 2. 指导各调度采取应急措施。 3. 立即向运营分公司有关领导报告，并通知110、TCC，通知驻站公安、执法大队。 4. 立即使用CCTV获取现场图像
	行调	1. 接到报告后，立即向控制主任报告，并确认现场已报110、120。 2. 确认车站现场混乱时，立即组织后续列车不停站通过，并通知前方车站做好解释工作。如发生在站停列车，立即扣停后续列车
	信息调度	1. 根据控制主任要求，按信息通报流程通报。 2. 跟进事件处理，根据控制主任要求，持续发布事件最新进展信息
	值班站长	1. 发生抢劫事件时，在保证自身安全的前提下，应组织堵截作案人员，须疏散围观人员。如作案人员已逃逸，积极寻找证人、协助当事人报案。 2. 发生斗殴事件时，如事件涉及人数较多或持有刀具、枪械、爆炸物等，立即执行车站疏散程序。 3. 通知车站各岗位注意自身安全。 4. 通知售票员注意保管票、款。 5. 确认是否有乘客受伤，如有转移至安全地点，等待120急救人员，必要时，进行简单的初步医务处理。 6. 公安到场后，根据其要求，配合相关工作，遇超越本职权限事宜时，立即报告。 7. 公安需调用车站录像资料时，积极配合，立即协助其按运营分公司有关规定办理手续。 8. 组织人员隔离物证区域。 9. 配合120急救人员工作，为其提供方便。 10. 车站票、款被劫时，组织客运值班员与票务室清点损失并做好记录

续表

类别	岗位	岗位操作指引
发生在车站（含列车站停）	行车值班员	1. 接报/发现抢劫、斗殴事件时，立即报110，安排人员通知驻站公安。如有人员受伤，立即报120。 2. 报值班站长，视情况通知车站各岗位人员。 3. 发生群体或持械斗殴及有人员受伤的其他治安、刑事事件时，立即报行调。 4. 车站票、款被劫时，报行调、站务室、票务室。 5. 接到本站已动车的列车内发生斗殴事件报告时，立即向行调报告，并通知前方站。 6. 执行车站疏散程序时，立即使用车站广播通知乘客疏散，远离事发区域。 7. 通过CCTV尽可能获取现场录像资料
	客运值班员	1. 接到发生抢劫事件报告后，立即前往事发地点，组织疏散围观人员。如作案人员已逃逸，协助寻找证人、协助当事人报案。车站票、款负责与售票员与票务室清点损失并做好记录。 2. 发生斗殴事件时，立即报告车控室。如事件涉及人数较多或持有刀具、枪械、爆炸物等，根据值班站长疏散指令，赶到车控室，确认SC上已设为紧急模式。 3. 拿对讲机、手提广播到站台、站厅组织乘客疏散，并对受伤乘客进行救助。 4. 配合120急救人员工作。 5. 确认站厅乘客全部疏散出站并报告车控室。 6. 接到值班站长通知车站恢复正常后，检查AFC设备、各种服务设备设施是否正常并报车控室
	售票岗	1. 发生抢劫事件时，立即报告车控室。在保证自身安全的前提下，应组织堵截作案人员，须疏散围观人员。如作案人员已逃逸，积极寻找证人、协助当事人报案。 2. 发生斗殴事件时，立即报告车控室。如事件涉及人数较多或持有刀具、枪械、爆炸物等，根据值班站长指令，立即收好票款和车票，锁好客服中心，执行车站疏散程序。用手提广播安抚乘客，并协助站厅清客。 3. 接到值班站长通知车站恢复正常后，到客服中心做恢复运营前的准备工作，并报告车控室准备情况
	站台岗	1. 发生抢劫事件时，立即报告车控室。在保证自身安全的前提下，应组织堵截作案人员，须疏散围观人员。如作案人员已逃逸，积极寻找证人、协助当事人报案。 2. 发生斗殴事件时，立即报告车控室。如事件涉及人数较多或持有刀具、枪械、爆炸物等，按值班站长指令，立即执行车站疏散程序。 3. 站台乘客疏散完毕后，协助站厅疏散乘客。 4. 接到值班站长通知车站恢复正常后，到站台检查屏蔽门、垂直电梯、自动扶梯等设备设施情况，并向车控室报告，准备运营服务
	巡视岗	1. 发生抢劫事件时，立即报告车控室。在保证自身安全的前提下，应组织堵截作案人员，须疏散围观人员。如作案人员已逃逸，积极寻找证人、协助当事人报案。 2. 发生斗殴事件时，立即报告车控室。如事件涉及人数较多或持有刀具、枪械、爆炸物等，按值班站长指令，立即执行车站疏散程序。 3. 接到值班站长通知车站恢复正常后，检查AFC设备、各种服务设备设施是否正常并向车控室报告
	票务室	接到车站票、款被劫时，立即安排人员与车站清查，并配合110处理

续表

类别	岗位	岗位操作指引
发生在车站（含列车站停）	司机	1. 接行调不停站通过命令时，做好乘客广播安抚工作。 2. 如进站时发现站台秩序混乱，立即选择车门手动开/手动关模式，汇报行调根据行调指令不开关门作业驶离车站，做好乘客广播通知工作。 3. 执行站台作业时发生站台斗殴事件时，司机立即关闭车门、屏蔽门，汇报行调根据行调指令尽快驶离车站
发生在区间列车	控制主任	1. 宣布启动预案。 2. 指导各调度采取应急措施。 3. 立即通知110、TCC，通知驻站公安、执法大队。 4. 立即使用CCTV获取现场图像，跟进事件后续处理
	行调	1. 接到报告后，立即向控制主任报告，并确认现场已报110、120。 2. 确认车站现场混乱时，立即组织后续列车不停站通过，并通知前方车站做好解释工作。如发生在站停列车，立即扣停后续列车
	信息调度	1. 根据控制主任要求，按信息通报流程通报。 2. 跟进事件处理，根据控制主任要求，持续发布事件最新进展信息
	行车值班员	1. 接到行调通知后，立即向值班站长报告。 2. 接到行调通知后，立即安排人员通知驻站公安，电台通知站台保安。 3. 如有人员受伤时，立即报120。 4. 车站票、款被劫时，报行调、站务室、票务室。 5. 执行车站疏散程序时，立即使用车站广播通知乘客疏散，远离事发区域。 6. 通过CCTV尽可能多的获取现场录像资料
	值班站长	1. 接到行调通知时，立即组织增援保安到站台处理，如确认发生涉及人数较多或持有刀具、枪械、爆炸物等事件时，须提前执行车站疏散程序。 2. 发生抢劫事件时，在保证自身安全的前提下，组织堵截作案人员，疏散围观人员。如作案人员已逃逸，积极寻找证人、协助当事人报案。 3. 发生斗殴事件时，如事件涉及人数较多或持有刀具、枪械、爆炸物等，立即执行车站疏散程序。 4. 通知车站各岗位注意自身安全。 5. 通知售票员注意保管票、款。 6. 视处理情况，向司机发好了信号。 7. 确认是否有乘客受伤，如有转移至安全地点，等待120急救人员，必要时，进行简单的初步医务处理。 8. 公安到场后，根据其要求，配合相关工作，遇超越本职权限事宜时，立即报告。 9. 公安需调用车站录像资料时，积极配合，立即协助其按公司有关规定办理手续。 10. 组织人员隔离物证区域。 11. 配合120急救人员工作。 12. 车站票、款被劫时，组织客运值班员与票务室清点损失并做好记录
	票务室	接到车站票、款被劫时，立即安排人员与车站清查，并配合110处理
	司机	1. 接到乘客报告后，立即向行调报告。 2. 发生斗殴事件时，广播通知乘客远离事发车厢。 3. 维持列车到站处理。 4. 列车停站时司机发现客室发生斗殴事件，马上汇报行调，根据站台人员"好了"信号关门，根据行调指令动车

第五节　车站或列车恐怖袭击类事件应急处理

视频：车站毒气袭击的防护

恐怖袭击类事件是指在城市轨道交通的车站或列车上发生毒气、爆炸等严重危害广大乘客和城市轨道交通工作人员人身安全的事件。这类事件虽然发生的概率很低，但由于一旦发生，危害极大，故城市轨道交通工作人员对突发反恐类事件的应急处置措施必须熟练掌握。

城市轨道交通的车站或列车一旦发生恐怖袭击类事件，控制中心应遵循"救人第一，快速、有效处置"的原则进行处置。

一、恐怖袭击类事件的先期处置措施

（1）由事件发生地负责人及先期到场的公安人员，负责组织乘客疏散等前期处置工作，尽力保护现场、维持秩序，保持与应急指挥机构的联系，及时续报事故信息。

（2）事发地车站值班站长、列车司机立即报告控制中心（OCC）和驻站民警，控制中心报城市轨道交通公司领导、相关部门负责人和城市轨道交通公安指挥室。在收到情况汇报后，指挥机构和现场处置机构成员分别赶赴制订岗位，组织应急抢险工作。

（3）控制中心（OCC）根据接报的现场事件影响程度，立即向指挥机构和现场处置机构通报信息，在接到指挥机构命令后，向各调度宣布进入紧急状态，同时向全线列车司机、各车站及车辆基地信号楼发布信息，综合调度通知相关专业救援队前往现场进行救援。

（4）各专业救援队伍应在接到综合调度的救援通知后，立即由队长带领部分队员赶赴现场，根据救援队长的指挥，后续队员携带相应的抢险救援器材迅速赶赴现场。

二、毒气袭击类事件的应急处理

（一）车站发生毒气时的处置

1. 车站的处置措施

车站值班员立即开放闸机紧急运行模式，做好车站广播和视频监控工作。所有工作人员立即佩带好防毒面具，值班站长带领车站值班员、售检票员组织乘客向站外疏散。安排人员看守车站出入口和风亭排风口，设置警戒线，禁止闲杂人员进入车站和靠近出入口及排风口。引导公安和消防队员进入车站进行抢险并听从指挥，必要时经指挥机构同意关闭车站出入口。如有人员受伤，车站值班员及时报120急救中心。车站工作人员在确认无危险的情况下将伤员抬到站外。

2. 控制中心（OCC）的处置措施

环调检查并确认车站监视系统、排风模式是否正常，列车调度员通知全线司机及各车站，组织行车方式的调整，根据总指挥的授权，发布全线行车调整的命令，并保持与事件现场的联系。

（二）列车发生毒气时的处置

1. 司机的处置措施

列车在运行中发生毒气事件时，司机获悉后，立即佩带好防毒面具，并向列车调度员报告事件信息，列车维持运行至前方车站，同时做好乘客广播，要求乘客捂住口鼻，远离事件车厢。

2. 控制中心（OCC）的处置措施

列车调度员通知前方车站疏散车站乘客。环调检查和调整隧道、车站通风模式，并通知全线列车司机和各车站做好应急处置准备。必要时，控制中心（OCC）可以根据实际情况，由总指挥授权发布车站停运和全线停运的行车命令。

3. 车站的处置措施

前方车站工作人员接报列车发生毒气事件后，车站值班员立即开启闸机紧急运行模式，并开启车站相应防灾广播，所有工作人员立即佩带好防毒面具，值班站长立即组织本站乘客向站外疏散。事故列车到达车站后，按车站发生毒气事件的有关规定组织处置。

三、爆炸类事件的应急处理

（一）列车发生爆炸时的处置

1. 列车能够继续行驶时

列车在运行中发生爆炸，司机获悉后，应尽可能将列车运行到前方车站。到达车站后，司机打开所有车门，用列车广播通知所有乘客立即离开车厢。车站开放闸机紧急运行模式，工作人员组织乘客向站外疏散。

2. 列车无法继续行驶时

若列车无法行驶、列车停于区间时，列车司机按"区间乘客疏散应急预案"组织乘客疏散，司机根据爆炸地点决定疏散方向，通报列车调度员开启相应的通风模式，相邻车站工作人员做好接应准备，并引导公安人员进入区间进行现场处置。现场处置结束后，列车调度员组织救援，将事故车退出运营。

（二）车站站厅发生爆炸事件应急处理

下面以车站站厅发生爆炸事件为例，说明各岗位的应急处理流程，站台层可参照相关原则和流程执行。

1. 关键步骤

（1）接到车站站厅发生爆炸报告时，OCC或车站立即向110、120报告。与警方保持联系，向其通报已采取的措施及现场情况。警方到场后，听从其指挥，按其要求执行。

（2）发生站厅爆炸事故后，根据警方要求，配合其对事发区域实施可疑物品搜索，待警方确认现场无二次爆炸源后，抢修人员方可进入现场实施救援。

（3）发生站厅爆炸事故后，OCC应组织相关人员或配合警方对全线各站及所有运营列车实施可疑爆炸物品的搜索工作，如发现有可疑爆炸物品，则按照《车站发现可疑物品应急处理程序》执行。

2. 处理原则

（1）车站。

① 立即执行车站紧急疏散程序，组织乘客疏散到站外安全地点，尽一切可能搜寻生还者，抢救伤者，开启站厅火灾排烟模式，本站停止服务。

② 立即向110、120报告，通知驻站公安、执法大队。

（2）OCC。

① 立即核实是否已报110、120，如未报，立即补报，并报轨道交通线网指挥中心（TCC）。

② 阻止列车进入事发车站，进入区间的列车安排退回。发生在换乘站时，同站换乘的，组织本线小交路运行并将相关情况通知其他线路。折返站发生爆炸时，组织折返站列车立即驶离或退行离开折返站。

③ 立即检查车站供电是否受到影响，排烟模式执行情况。如发现排烟模式未启动，立即通知MCC安排人员现场启动相关设备设施。

④ 通知维修部救援队出动，并要求驻站机电人员立即与事发站行值或值站联系。

⑤ 发生在通道换乘站时，立即通知非事发站关闭换乘通道。

⑥ 如站台乘客无法疏散至站外，需列车前往该站站台疏散乘客时，组织就近列车在邻站清客后前往该站站台及时疏散乘客。

（3）司机。

列车未进入站台区时，应做如下处理：

① 发现站台情况异常（站台发生火灾、充满烟雾、屏蔽门破损等），立即转换人工驾驶模式。

② 发生火灾、充满烟雾，设备设施未侵限时，如在中间站则不停站通过；如在折返站时，折返前的列车立即停车向行调申请退行离开折返站，折返后的列车立即驶离折返站。

③ 设备设施侵限时，立即实施紧急制动，能退回时向行调申请退回，不能时，立即向行调申请区间疏散。

列车已进入站台区时，应做如下处理：

① 列车进入站台区（含停站未开门）时发生站厅爆炸，中间站司机立即驶离车站，列车无法动车时，立即疏散乘客。如在折返站时，折返前的列车立即停车向行调申请退行离开折返站，折返后的列车立即驶离折返站。

② 列车停站开门上下客作业过程中车站发生爆炸，司机能确认列车未发生爆炸且没有设备侵限时，立即关门动车，不能确认时，立即组织乘客疏散。

③ 如需列车前往该站站台疏散乘客时，按OCC指令在邻站清客后前往该站站台及时疏散乘客，凭站台工作人员好了信号，待其上车后，关门动车。

（4）驻站机电人员。

接到爆炸信息后，立即到车控室确认排烟设备远程启动是否成功，如未启动，立即到就地控制柜启动，协助车站救援工作。

（5）爆炸后，发生火灾时，按相应的车站火灾应急处理程序执行。

3. 车务相关岗位操作指引

当车站站厅发生爆炸事件时，车务相关岗位的应急处理操作指引如表7-5所示。

表7-5 车务相关岗位的应急处理操作指引

岗位	操作指引
控制主任	1. 确认站厅爆炸信息后，向各调度宣布执行站厅爆炸的预案。 2. 按照运营分公司的通报程序发布相关信息，并报TCC、110和120。 3. 向各调度下达列车调整运行的决策，必要时启动应急公交接驳方案。 4. 确认现场的抢险处理情况，跟进事件变化。 5. 事件处理完毕后向各调度做好恢复运营工作，确认事件影响情况
行车调度	1. 确定爆炸地点，人员伤亡情况并报告控制主任。 2. 按控制主任宣布的应急处理方案指令事故车站紧急疏散乘客，通报各站并扣停接近列车，组织退回发车站或限速不停站通过事故车站。 3. 通知事故车站停止对外服务。 4. 任命车站值班站长（或站长）担任事件处理主任。 5. 必要时通知供电调度停止该区域的供电。 6. 向全线发布事件信息，按控制主任要求组织行车。如公安人员要求全线停运，行车调度在控制主任授权下立即组织全列车停运，并要求全线车站组织乘客疏散并封站。 7. 将了解到的现场情况及时报告控制主任。 8. 视现场烟雾情况通知环调开启相关送排风设备
信息调度	1. 向有关岗位收集事件的概况，按规定进行信息通报。 2. 事件处理完毕后，及时向相关部门发布恢复运营信息。 3. 协助控制主任收集有关事故信息，做好事件总结
供电调度	1. 通知变电所值班员车站爆炸情况，尽快了解供电系统受影响情况并报告控制主任。 2. 在需要的情况下，可根据行车调度要求，切断事故区段的牵引电源。 3. 确保其他具备供电条件的设备均已投入运行，尤其要配电变压器的正常运行。 4. 注意监视火灾车站变电所设备的运行情况，随时跟踪了解救援情况，协调现场处理有关事宜。 5. 事故处理完毕，通知相关人员检查设备情况，对具备运行条件的设备恢复送电
环控调度	1. 尽快向设备操作员了解各系统受影响情况并报告控制主任。 2. 根据现场情况及行调通知，开启相应的送排风设备。 3. 随时跟踪了解救援情况，协调现场处理有关事宜。 4. 随时与事故车站保持联系，及时掌握现场情况，并通报控制主任，确认设备受损情况并要求维调派人抢修设备。事故处理完毕，恢复正常环控模式

续表

岗位	操作指引
值班站长	1. 接到事件报告后迅速赶到现场。 2. 担任事故处理主任,宣布启动站厅爆炸应急处理程序,指挥车站做好乘客服务或疏散工作,到现场指挥处理。 3. 迅速组织人员用隔离带封锁现场,留住目击证人配合公安调查。 4. 组织车站清客,加强与车控室、行车调度的联系,及时进行信息沟通。 5. 最后确认全站清客完毕,并将现场移交给公安。 6. 到紧急出入口清点员工人数,到齐后向车控室报告。 7. 接到OCC恢复正常运营的通知后,马上组织恢复运营
行车值班员	1. 立即报告行车调度、地铁公安、执法大队。 2. 接到值班站长站厅爆炸事件发生通知后,马上通知各部门、各岗位疏散,同时进行全站广播指引乘客出站。 3. 通知各岗位,执行紧急疏散计划,拦截乘客进站,将AFC设为紧急模式。 4. 通过CCTV监控现场情况。 5. 报110,向相关上级部门、领导汇报,安排人员到紧急出入口迎接120、110人员。 6. 配合公安处理。 7. 接到车站清客完毕后,报告行车调度。 8. 接到值班站长通知车站恢复正常后,检查车控室设备设施情况。向行车调度报告车站运营前准备工作,并向行车调度了解行车运行恢复情况并报告值班站长。 9. 通知各岗位员工,车站恢复正常运营
客运值班员	1. 到站厅爆炸事件通知后,赶到车控室,确认AFC已设为紧急模式。 2. 对讲机、手提广播到站厅组织乘客疏散,并对受伤乘客进行救助\如有必要则及时向120救助,阻止站厅人员进入站台。 3. 确认车站全部乘客疏散出站并报告车控室,并安排人员关闭各出入口(除紧急出入口),张贴停止服务的告示。 4. 到紧急出入口集合。 5. 接到值班站长通知车站恢复正常后,组织检查AFC设备、各种服务设备设施是否正常并报车控室。 6. 撤除停止服务的告示,打开出入口,引导乘客进站
站台岗	得到通知或听到站厅爆炸声后,及时组织乘客从远离爆炸源的一端向站厅疏散并救助伤员
售票员	1. 站厅爆炸事件发生后,及时通报车控室并收好票款和车票,锁好客服中心,打开所有通道边门。 2. 利用手提广播安抚乘客,协助客运值班员站厅清客工作。 3. 站厅清客完毕后,关闭各出入口(除紧急出入口),张贴停止服务的告示,并报告客运值班员。 4. 接到值班站长通知车站恢复正常后,回到客服中心准备开窗,并报告车控室准备情况

续表

岗位	操作指引
厅巡	1. 接到执行应急处理程序的通知后，确认车站出入口自动扶梯、垂直电梯运行状态并向车控室汇报情况。 2. 到站厅拦截进站乘客并作好解释工作。 3. 听从值班站长安排，疏导乘客出站
支援岗	1. 支援原则是就近的车站派出（但不能影响车站正常运营为前提）。 2. 支援人员做好个人防护后，全部人员到车控室签到。 3. 听从值班站长安排

第六节　车站其他类事件应急处理

在城市轨道交通发生的影响运营秩序的突发事件中，除了前面提到的各类事件以外，还包括恶劣天气、疾病防疫、地外设施影响列车运营等发生概率较小的事件。在发生这类事件时，城市轨道交通调度指挥人员也要按照不同的预案精心组织、沉着应对，尽量减少事件对运营秩序的影响。

一、恶劣天气的应急处置

对城市轨道交通的正常运营可能造成不良影响的恶劣天气或自然灾害主要包括：强风、雷击、暴雨、冰雪、大雾、高温、地震等。

当城市轨道交通运营中出现恶劣天气或自然灾害时，运营指挥人员应控制事故区域，快速处置，尽快恢复、减少影响，最大限度地减少人员伤亡和财产损失，保证正常运营。相关人员应及时做好信息汇报，内容主要包括：事故发生时间、地点、影响程度、已采取的措施、后续跟进措施及事故处理的进展等。

（一）发生地震时的应急处置

地震灾害发生后的应急处置工作应遵循实行高度集中，统一指挥的原则。各单位、各部门要听从指挥和分工，各司其职，各负其责。在具体工作中要抓住主要矛盾，做到先全面、后局部，先救人、后救物，先抢救通信、供电等要害部位，后抢救一般设施。

发生地震灾害后，控制中心应根据当时震撼及各站上报的震情及时进行汇总，做出准确判断，报有关领导决策；发布局部或全线停运命令，安排疏散乘客、救援遇险列车、抢修设备等事宜。

由于通信、供电等原因，控制中心无法指挥时，各站长、值班站长有责任担当指挥和做好自救工作。在震情消失后，运营指挥人员应根据需要和设备损坏情况，在确保安全的情况下，尽快开通线路，恢复局部线路运营。

（二）发生洪水和暴雨导致区间线路出现积水时的应急处置

发生洪水和暴雨导致区间线路出现积水时控制中心要随时了解积水和列车运营状况，通知各部门启动暴雨预案，做好防暴雨的工作，必要时向车站发布相关的运营服务信息。

接报险情的报告后，值班主任要及时通知各部门，根据情况要求派出抢险队，通知相关影响的车站做好乘客服务工作，必要时下达关闭不具备安全运营条件的车站命令。列车调度员要组织具备运行条件的区段维持运营。必要时，还要通知公交接驳严重堵塞区段的乘客。

（三）地面、高架线路出现大雾天气时的应急处置

地面、高架线路出现大雾天气时，列车调度员要随时了解雾情和列车运营状况，值班主任通知各部门启动大雾气候预案。必要时列车调度员要向车站、司机发布相关的运营服务信息，如列车驾驶模式的变更、列车速度的限制等。

接报险情的报告后，值班主任要及时通知各部门，根据情况要求派出抢险队，列车调度员要通知相关影响的车站做好乘客服务工作，必要时下达关闭不具备安全运营条件的车站的命令。同时，列车调度员还要组织具备运行条件的区段维持运营。

（四）出现强风天气时的应急处置

如果出现强风天气，必要时值班主任向主管领导汇报，请求下达停止地面车站运营服务的命令，组织具备运行条件的区间维持运营。列车调度员要向车站发布相关的运营服务信息，通知相关影响的车站做好顾客服务工作。

若发现或接报险情报告，值班主任要及时通知各部门，根据情况要求派出抢险队，安全组织运营。

（五）冬季线路出现积雪时的应急处置

冬季线路出现积雪时，列车调度员要随时了解积雪和列车运营状况，通知各部门启动冰雪气候预案，做好防冻工作，做好运营前的准备工作，如信号、道岔的工作状态、轨道的积雪情况、接触网的状态等。必要时列车调度员向车站、司机发布相关的运营服务信息，如驾驶模式的变更、列车速度的限制等。

接报险情报告后，值班主任要及时通知各部门，根据情况决定是否派出抢险队。列车调度员要通知相关影响的车站做好乘客服务工作。必要时下达关闭不具备安全运营条件的车站的命令，同时，组织具备运行条件的区段维持运营。必要时，还要通知公交接驳严重堵塞区段的乘客。

（六）出现高温天气时的应急处置

出现高温天气时，列车调度员要随时了解高温变化情况，通知各站做好防高温、防火灾的措施。必要时向车站发布相关的运营服务信息。

值班主任要及时通知各部门，根据情况要求派出抢险队。电调要密切注意高温对接触网的影响，通知各车站及主变及牵引变电所值班人员做好防高温、防火灾的措施。必要时，综

合调度员要组织人员加强对线路的检查，防止出现钢轨胀轨跑道的现象。

二、发生疾病防疫事件的应急处置

当出现疾病防疫事件时，控制中心要尽可能及时、有效地控制发生在城市轨道交通范围内的传播，维护地铁车站和列车的正常运营秩序，保障乘客和职工的人身安全。

当车站、列车发现乘客疑似重大疫情后，应立即通知值班站长，列车司机报告控制中心。值班站长接报后，立即赶赴现场，了解事件简要情况，指令车站值班员速报控制中心、站务中心，并报 120 急救中心。车站值班员通过手持台、电话等保持与控制中心、值班站长的联系，并利用 CCTV 关注事态发展，记录有关事项。客运值班员按照值班站长指示，引导 120 急救人员到达现场。120 急救人员到达现场后，车站工作人员做好相应的配合工作。

安保部与市疾病预防控制中心联系，报告事情简要经过，初步确定城市轨道交通防疫措施。控制中心按防疫措施组织进行环控模式的调整。站务中心设立车站应急隔离房，作为疑似重大疫情患者的临时休息用房，房间内不设通风系统。若市疾病预防控制中心确认城市轨道交通发生乘客疑似重大疫情，组织事发车站当班工作人员进行隔离检查。

三、地外设施影响列车运营的应急处置

地外设施影响列车运营的事件，是指城市轨道交通建筑限界以外，属于外部单位所有的设施，由于各种原因产生位移而侵入城市轨道交通建筑或设备限界，造成或可能造成城市轨道交通设施设备损坏、影响列车正常运行的事件。

当地外设施侵入城市轨道交通限界，应遵循"先通后复"的原则，启动应急预案，尽量减少对列车运营秩序的影响。

根据地外设施侵入涉及专业的不同，将地外设施侵限影响列车运行的情形分为供电、工务、通号、机电和自动化等类别。

（一）地外设施侵入供电接触网的应急处置

地外设施侵入供电接触网的情形主要有：地面高架线路接触网上方的高压输电线突然掉落，侵入接触网限界；地面高架线路接触网附近的高压电线杆突然歪斜倒下，侵入接触网限界；地面高架线路接触网受到上方横跨立交桥坠落物的碰砸等情况。

当掉落的高压输电线在接触网上方，未碰到接触网时，控制中心值班主任在接报后，立即通知所有前往该区段的列车限速通过，司机加强瞭望并及时汇报。电力调度员联系市供电局调度抢修部门和分公司供电中心应急人员赶赴现场进行应急处置，并将有关信息报公司领导和各部门负责人。

掉落的高压输电线已砸到接触网，接触网线未断但列车已无法通过时，控制中心值班主任在接报后，立即通知电调切断该区段接触网供电，同时报公司领导，成立应急指挥部，并根据应急指挥部的指令进行行车组织的调整。

电力调度员联系市供电局调度抢修部门到现场抢修，供电中心应急人员赶赴现场检查接触网的受损情况，必要时出动接触网检修车。

（二）地外设施侵入工务类设施的应急处置

当突发事件造成高架桥桥墩、桥梁底部受损时，控制中心值班主任立即向公司领导报告，成立应急指挥部，并根据应急指挥部的指令进行行车组织调整。综合调度通知工务中心应急人员到现场检查确认受损情况，若受损部位外观无明显裂纹等损坏，列车调度员指令列车限速通过事发区段，值班主任根据应急指挥部的指令向总公司总师室报告，提请总公司联系相关检测单位对损坏的桥梁、桥墩进行检测。

当发生突发事件造成高架桥桥墩、桥梁断裂时，控制中心值班主任立即向公司领导和总公司相关部门报告。根据公司领导的指令启动《城市轨道交通事件应急预案》，具体应急处置措施按照该预案的规定执行。

（三）地外设施侵入通号类设施的应急处置

当外界无线电波对城市轨道交通的无线电频率、频段造成干扰，影响城市轨道交通正常通信时，通号中心立即向控制中心值班主任报告，值班主任通过列车调度员指令全线列车司机严格按《行车组织规则》的相关规定行车，必要时用手机和列车调度员保持联系，列车调度员的指令在必要时通过沿线车站值班员或司机的手机传达，同时值班主任通知安保部报总公司后及时通过投诉电话和当地无线电管理委员会联系，尽快查找干扰源，排除干扰现象，必要时物质设施部应给予协助。

当地外设施侵限造成信号设备损坏，造成信号无法显示时，控制中心值班主任要对现场情况进行确认，若地外设施仅造成信号机信号不显示，没有侵入列车限界，则指令列车调度员通过电台指挥列车通过该区段，并通过综合调度通知通号中心安排人员于运营结束后进行抢修。若地外设施侵限同时造成列车无法通过，值班主任应在通知相关部门进行现场处置的同时，通知通号中心应急人员对损坏的信号设备进行抢修。

【拓展阅读】

一、国外城市轨道交通应急处理经验借鉴

1. 英国地铁

英国政府拨款 1 600 万英镑，专门用于在重要的火车站和地铁站点安装闭路电视监视器。伦敦市政府也进一步增加了地铁警力配备。警方在伦敦设立一个 24 小时值班的快速反应队伍，专门处理炸弹警报。英国为消防部门筹集了 5 400 万英镑，用来配备应急车辆、大规模及便携式消毒除疫装置；卫生署还拨款 9 600 万英镑，用以储备应急药品和研究生化袭击的应对办法。

2. 美国地铁

"9·11"恐怖袭击事件后，纽约地铁原则上全部配备警察，在主要车站，每天都利用警犬进行巡逻。美国巡逻部与有关实验室合作，共同研究用于地铁、车站等公共场所的监测系统。该系统将监测有毒气体的化学传感器和网络技术融为一体，安装在车站的传感器一旦检测到某种有害物质，就会自动通过网络向管理中心通报，进行广播，引导旅客疏散并封锁入口。美国在"9·11"事件之后，大幅增加了反恐资金，其中用于防备生化袭击的资金更呈现惊人的增长，2003年的预算中有59亿美元用来防御生物恐怖，比2002年增加了45亿美元，增幅达31.9%。

3. 新加坡地铁

新加坡地铁配备了专门的武装警察部队，专职保卫地铁和车站安全，防范恐怖袭击。新加坡MRT城市轨道交通系统使用了美国国家防火准则，以提高地铁系统的防火安全性。该准则考虑了紧急出口（距离小于600米），逃生时间（不超过6分钟）、自动扶梯，以及其他一些设计特征。比如需要地铁车站建筑敞开等。

4. 法国地铁

当巴黎地区的地铁或轻轨列车遭到袭击后，警方将遵循"谨慎原则"疏散所有乘客。如果爆炸发生在地铁内，所有地铁列车都将在到达的下一站后停驶，所有乘客也将疏散到地面；如果保障发生在郊区轻轨列车内，则所有列车都将立刻停车并疏散乘客。

5. 日本地铁

日本东京地铁主要加强工作人员的自我防范。日本国土交通省等有关部门于2007年10月18日宣布，为提高日本交通系统的反恐能力，政府在地铁车站安装能够识破犯罪伪装的识别系统，这个系统是日本方面在伦敦连环爆炸恐怖袭击事件后研制的。该系统能在瞬间对监控摄像机拍下的乘客脸部图像进行解析，并与数据库中存有的人物照片进行比照加以识别。

6. 韩国地铁

由于2003年2月，韩国大邱市地铁曾发生严重纵火案，导致192人死亡。韩国相关部门及时总结检讨，在加强地铁安保防范和应急处置中的主要做法有：一是加强安保防范措施，配置并定期更新安全设备。在轨道交通的主要部位设置摄像头，包括出入口、站台、车厢等，实时掌握站内及车厢情况，消除监控死角，及时发现安全隐患和险情。每节车厢多设置三部摄像头。站内备置防毒面具、灭火器等装备，建立警报、通风、排烟、灭火等系统，定期检查，及时维修更新，设置紧急照明灯、通道指示灯等。二是进行系统安全教育，对工作人员进行经常化安全教育、培训、重点是紧急事态的处置程序方法等。对民众普及逃生等安全知识，提高个人防护能力。此外还根据国家有关法律，制定各种事态紧急应对预案，定期进行各种应急演练。

二、伦敦城市轨道交通发生恐怖爆炸

英国当地时间2005年7月7日早上8时59分，伦敦6处城市轨道交通车站和至少3辆双层大客车在人流高峰期遭爆炸袭击。爆炸造成至少50人死亡，千人受伤。多辆公交车被炸毁，所有城市轨道交通全部停驶，交通全面瘫痪。

1. 事件经过

9时15分，英国铁路警察称伦敦金融区附近的利物浦街站发生爆炸。

9时25分，警方称有伤者在伦敦金融区。

9时27分，伦敦交通局称伦敦城市轨道交通爆炸是因为高压线事故。

9时33分，目击者称伦敦城市轨道交通在高压电事故后停运。

9时41分，伦敦北部传来第二宗城市轨道交通爆炸案发生的消息。

9时47分，一辆由Stagecoach营运的30路巴士发生爆炸，据目击者透露，当时有人在车上引爆炸弹。

9时53分，城市轨道交通运营公司宣布伦敦城市轨道交通停运。警方宣布，接到爆炸报告的地点有临近利物浦大街城市轨道交通终点站的奥德门车站，伦敦北部的 Edgware 路和国王十字圣潘克拉斯站，金融区附近的老街站和伦敦中心临近大英博物馆的罗素广场站。

10时14分，新闻媒体报导一辆公共汽车在伦敦中部爆炸。

10时24分，伦敦警察厅正式承认伦敦发生连环爆炸。

10时25分，警方确认有巴士爆炸案在罗素广场附近地区发生。

10时33分，警方确认伦敦中部最少发生三起巴士爆炸案。

10时45分，警方怀疑巴士爆炸是由炸弹引起。

10时46分，目击者对天空电视台说在塔维斯托克广场听到两次爆炸。

10时46分，警方称在爆炸中有严重人员伤亡，但没有确认死亡数字。

10时47分，伦敦内政大臣称伦敦爆炸案造成惨重伤亡。

11时01分，英国首相布莱尔称这次连环袭击事件为恐怖袭击，他将赶回伦敦处理善后事务。

17时46分，BBC报导警方表示至少150重伤。另皇家伦敦医院接数了208名伤者，其中10人重伤、6人危殆；圣玛莉医院接收38人，其中17人重伤、7人危殆；Great Ormond Street医院接收22人；大学学院医院接收了约50人；皇家自由医院有55人求诊，多为轻伤；佳氏及圣多马医院接收了8位伤者。

17时58分，伦敦警方表示至少有33人死，300人左右受伤，其中14人重伤。

18时23分，BBC报导最新死亡人数37人、700多人受伤。

2. 事件原因

一个自称是"欧洲圣战组织基地秘密小组"组织宣称对7日在伦敦发生的连环爆炸事件负责。据路透社援引义大利安莎通讯社的报导，这个组织自称为「欧洲基地圣战秘密组织」，其在网站上发布声明称这起事件是为报复英国参与对阿富汗及伊拉克的军事行动。该组织并警告意大利和丹麦从伊拉克和阿富汗撤军，但其真实性尚未确认，但这一论坛上过去发表的声明都是真实的。阿拉伯国家负责监控恐怖主义组织网路的消息人士告诉BBC说，此次爆炸案很可能又是"基地组织的手笔"，因为此次爆炸案与去年发生在西班牙马德里的爆炸案手法非常相似，这同时也暗示了此次事件很可能又是基地组织所为。伦敦警察厅厅长表示，他相信此次连环爆炸案可能是大型恐怖主义组织发动的袭击，他同时还暗示说，警方此前有在爆炸发生现场找到爆炸残留物。

实训项目一：车站公共区域火灾事件的应急处理实训

一、实训目的与要求

通过本次实训，掌握车站公共区域发生火灾事件时各岗位的应急处理方法，明确岗位职责和具体行动方案。

本次实训主要是练习对应急事件处理预案的熟悉程度，能够在发生车站火灾事件时迅速响应，及时处理，避免产生严重的后果，要求各岗位能够密切配合。

二、实训内容、步骤与方法

1、设定事件背景。组长设定火灾事件发生的时间、地点、严重程度、乘客情况、各岗位当时所处位置等。

2、分配角色。11人为一个组，分别担任不同的岗位，具体岗位指引见教材中"站台火灾时车务相关岗位行动指引"相关内容，在正式训练前熟悉岗位内容，并绘制岗位操作流程图；

3、桌面演练。按照事先准备好的操作流程和岗位指引内容，设定火灾事件发生时各自的位置，演练开始后，用表演的方式，演示自己应如何行动。

4、正确梳理岗位之间的相互联动关系、先后顺序，并行的工作则轮流进行演示。

三、考核要求

1、各岗位必须根据组长设定的火灾事件发生背景，画出操作流程图、熟悉岗位行动顺序和行动内容；

2、按实训内容要求在多媒体教室或者实训室进行，事前各组可准备必要的道具增强效果；

3、现场演练，1人1岗，每个岗位必须清楚自己的工作职责和行动指引。

四、思考总结

1、城市轨道交通车站火灾事件有哪些危害？
2、城市轨道交通火灾事件处理涉及哪些岗位，有何关系？
3、城市轨道交通火灾事件发生时乘客应如何配合工作人员指引？

实训项目二：车站水灾（水淹）应急处理实训

一、实训目的与要求

地铁车站一旦发生水灾事件，将对乘客和车站设备造成严重后果，近年来，新闻和网络等渠道时常出现地铁车站水淹的相关报道，如何预防及处理车站水灾事件是城市轨道交通车站运营人员的一项重要工作。

通过本次实训，掌握地铁车站发生水灾（水淹）事件时各岗位的应急处理方法，明确岗位职责和具体行动方案。

本次实训主要是练习对应急事件处理预案的熟悉程度，能够在发生车站水灾事件时迅速响应，及时处理，避免产生严重的后果，要求各岗位能够密切配合。

二、实训内容、步骤与方法

1、调查分析。通过新闻报道和相关学术研究,总结地铁车站遭受水灾的原因及会带来哪些不利影响,并提出预防和解决建议。

2、分组练习。6人为一个组,分别担任不同的岗位,具体岗位指引见教材中"发生水灾事件时,车务相关岗位的应急处理操作"相关内容,在正式训练前熟悉岗位内容,并绘制岗位操作流程图;

3、桌面演练。按照事先准备好的操作流程和岗位指引内容,演练开始后,用表演的方式,演示自己在地铁车站发生水灾时应如何行动。

4、正确梳理岗位之间的相互联动关系、先后顺序,并行的工作则轮流进行演示。

三、考核要求

1、小组讨论,每个小组将调查结果进行总结发言,包括地铁水灾常见原因、后果、预防对策;

2、按实训内容要求在多媒体教室或者实训室进行,事前各组可准备必要的道具增强效果;

3、现场演练,1人1岗,每个岗位必须清楚自己的工作职责和行动指引。

四、思考总结

1、如何在设计阶段就对城市轨道交通车站水灾事件进行预防?

2、城市轨道交通水灾事件后如何恢复?

3、城市轨道交通水灾事件情况下,如何进行客流组织和疏导?

实训项目三:车站大面积停电应急处理实训

一、实训目的与要求

地铁车站一旦发生停电事件,由于视线变暗,乘客心里恐慌,极容易造成踩踏事故,因此工作人员必须及时处理,防止乘客受伤事件的发生。

通过本次实训,掌握地铁车站大面积停电事件时各岗位的应急处理方法,明确岗位职责和具体行动方案。

本次实训主要是练习对应急事件处理预案的熟悉程度,能够在发生车站大面积停电事件时迅速响应,及时处理,避免产生严重的后果,要求各岗位能够密切配合。

二、实训内容、步骤与方法

1、事件背景。2011年8月15日10:15,二号线A站—B站、车厂发生大面积停电,车厂微机联锁设备所有道岔红闪、轨道电路红光带,微机不能正常操作使用(转至后备电源供电后能够正常使用);车站一般照明及广告照明熄灭、扶梯自动停止、AFC设备自动关闭(闸机常开)、LOW不能正常排列进路,车站人员在楼梯、出入口通道等位置设置应急灯,并检查垂直电梯无困人,申请支援。10:35,供电恢复正常,车站人员组织开启扶梯,确认AFC设备恢复正常。

　　2、分组练习。6人为一个组,分别担任不同的岗位,具体岗位指引见教材中"车站大面积停电时的应急处理程序"相关内容,在正式训练前熟悉岗位内容,并绘制岗位操作流程图;

　　3、桌面演练。按照事先准备好的操作流程和岗位指引内容,演练开始后,用表演的方式,演示自己在地铁车站发生大面积停电时应如何行动。

　　4、正确梳理岗位之间的相互联动关系、先后顺序,并行的工作则轮流进行演示。

三、考核要求

　　1、能够结合设定的大面积停电事件背景,明确各自的岗位职责和行动方案;

　　2、按实训内容要求在多媒体教室或者实训室进行,事前各组可准备必要的道具增强效果;

　　3、现场演练,1人1岗,每个岗位必须清楚自己的工作职责和行动指引。

四、思考总结

　　查找文献,分析城市轨道交通在设计阶段采取哪些措施或做法预防车站大面积停电造成的后果。

第八章　车站各岗位职责及工作标准

【本章导读】

主要内容：本章介绍城市轨道交通车站管理架构、各岗位工作职责及工作流程、车站日常管理的内容。

本章教学目标：掌握城市轨道交通车站构架，掌握各岗位工作职责和流程。

建议教学方法：建议采用案例分析法和视频法，结合具体的案例和视频展示岗位工作职责和流程。

第一节　车站管理架构

一、车站总体人员组成

车站总体人员由车务工作人员及非车务工作人员组成。

（1）车务工作人员由中心站长、中心站副站长、站长助理、值班站长、值班员及站务员组成。

（2）非车务工作人员由驻站公安、保安、保洁、维修人员及商铺工作人员组成。

二、各岗位之间管理层次

（1）车站层级管理框架图，见图8-1。

（2）各层级之间的管理层次

① 车站实行逐级负责制，顺序依次为：中心站站长—中心副站长—值班站长—值班员—站务员。

② 信息汇报实行逐级汇报，由下至上顺序依次为：站务员—值班员—值班站长—中心站副站长—中心站站长。

③ 紧急情况下，可越级指挥、越级汇报。

第二节　各岗位的职责

车站实行由上至下的管理，实施由下至上的汇报制度。

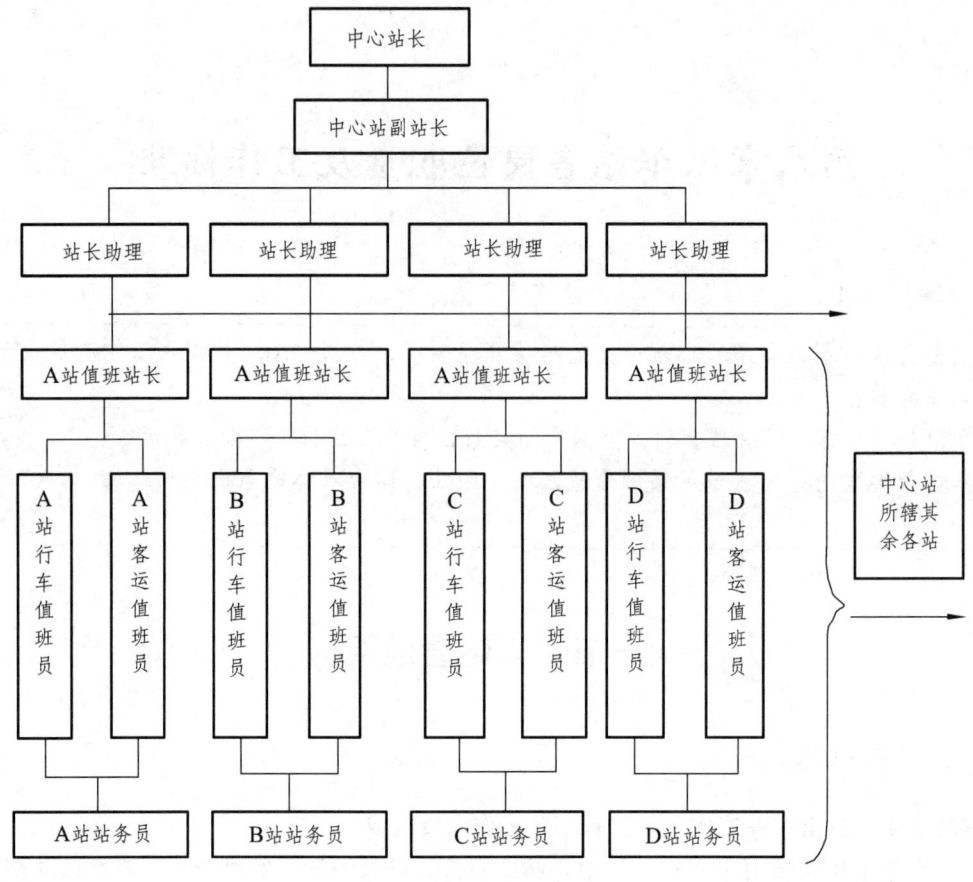

图 8-1　车站管理架构

一、站　长

站长负责车站的全面工作，包括安全管理、行车、客运和票务管理、乘客服务、班组管理、员工培训以及对外协调等工作。

（一）安全管理

（1）对车站行车、客运、票务、消防、治安及人身的安全负责。
（2）贯彻实施各项安全管理制度和措施，制订、落实各项安全工作计划。
（3）按照安全制度，检查车站安全情况，及时消除安全隐患。
（4）组织车站员工参与处理各类事件、事故。
（5）每月组织召开班组月度安全工作会议，进行月度安全工作总结和员工安全教育，并做好记录。

（二）行车、客运和票务管理

（1）组织执行车站行车组织方案、开展车站客运和票务工作。
（2）编制日常及节假日客运组织方案。

（3）定期做好车站行车、客运和票务的计划、检查、总结工作。

（三）乘客服务

（1）监督车站乘客服务工作，为乘客提供优质服务。
（2）受理并处理乘客投诉、来信、来访。
（3）汇总服务案例、总结服务技巧，提高员工服务质量。

（四）班组管理

（1）每月根据上级要求、结合车站现况制订计划，做好员工排班及考勤工作。
（2）对全站员工、保安、保洁进行管理考核。
（3）每月定期召开班组成员会议，及时解决车站出现的问题。
（4）每月汇总、公布车站考核情况。
（5）负责本站建立、实施和保持质量、环境和职业健康安全管理体系。
（6）负责本站与驻站部门、接口单位建立联劳协作关系，协调车站相关工作。

（五）员工培训

（1）根据上级的要求制订车站培训及演练计划。
（2）负责新员工和调岗、复工员工的车站级安全教育。
（3）定期进行员工教育，掌握员工思想、工作状况，按车站实际情况安排并开展培训工作。
（4）定期检查培训效果，进行培训总结。

二、值班站长

（1）服从中心站长、副站长的领导，组织本班员工开展工作，全面负责对本班车站的运营。
（2）负责对本班站务人员管理，对值班员、站务员工作进行指导、监督。负责对保洁、护卫、商铺人员、施工人员等驻站人员进行属地管理。按照规定对站内经营资源进行管理。
（3）负责本班运营组织工作，服从控制中心指挥，执行控制中心命令。
（4）负责本班生产安全工作。指导、监控行车值班员、信号设备操作员的行车工作，重点监控安全关键作业；严格执行各项安全生产规章制度，加强应急预案的培训、演练，组织开展保卫综治检查、维稳排查、反恐排查工作，发现隐患和问题，落实整改措施，做好记录和上报，同时与公安人员协作，共同做好车站综合治理。
（5）负责本班服务工作。组织车站员工为乘客提供优质服务。
（6）负责本班票务工作，严格执行票务规章制度，确保本班票务收益安全、运作顺畅。
（7）负责本班突发事件、事故的处置工作。在车站发生异常情况或突发事件时，担任负责人，及时启动预案，控制局面，减少和避免人员伤亡及财产损失，尽快恢复运营。
（8）对本班值班员、站务员的岗位业务技能培训工作负责。
（9）巡视、检查本班各项设备、设施状况和综治防范情况，发现故障及异常情况要及时处理和报告。
（10）负责本班台账的填写及相关数据的收集。
（11）负责本班文件处理，组织员工学习规章制度及新文件。
（12）对本站员工的奖惩、岗位调整、晋升有建议权。
（13）完成上级布置的其他工作。

三、值班员

值班员岗位可分为：行车值班员、客运值班员、信号设备监控员、信号设备操作员。

（一）共同职责

（1）在值班站长的领导下开展工作，对当班站务员的工作进行安排、指导、监督。
（2）向值班站长汇报本班设备、设施运作情况和各岗位工作情况。
（3）向本班组、车站、部门提出本人的建议和意见。
（4）紧急情况协助值班站长执行相关应急处理预案。

（二）行车值班员职责

（1）在值班站长的领导下，负责车站行车组织工作，按有关规定操作和监控行车设备。
（2）负责值守车站控制室，监控车控室内各项设备、设施状态，发现故障及异常情况及时按有关程序处理。
（3）负责运营生产信息的上传和下达，及时处理外部信息和报出本站信息。
（4）操作、监控信号设备运行（未设置专职信号设备操作员、监控员的车站）。
（5）信号设备停用时负责办理人工组织行车手续。
（6）对当班施工管理工作负责。
（7）协助值班站长进行人员工作安排及管理。

（三）客运值班员职责

（1）在值班站长的领导下，负责车站客运、票务管理，组织售票岗、巡视岗从事票务及客运服务工作。
（2）负责 AFC 设备补币、补票、换钱箱、票箱等工作，负责为售票员配票、结账。
（3）负责统计车站营收，填写及保管各种票务单据。
（4）负责车站收益解行。
（5）协助值班站长管理站务员，处理乘客事务，监督售票员、巡视岗的在岗工作情况。
（6）紧急情况下，协助值班站长处理紧急事务，执行应急预案。

四、站务员职责

站务员岗位包括售票岗、厅巡岗、站台岗。

（一）售票岗

（1）负责当班客服中心的售票、咨询工作。

（2）处理与乘客相关的票务事务。

（3）对填写的票务报表和当日票款收益负责。

（4）对本班客服中心内的卫生及安全负责。负责本班客服中心内的设备、备品的管理，确保客服中心门、窗随时处于锁闭状态。

（5）售票、咨询问隙，留意进站乘客动态，严防"三品"进站，5 min 以上没有乘客事务时，须走出客服中心担任站厅巡视工作。

（6）在兼任站厅巡视岗时，负责站厅巡视岗工作职责（不含出入口、通道）。

（7）完成上级布置的其他工作。

具体如表 8-1 所示。

表 8-1 售票标准化作业程序

步骤	程序	内 容
1	收	收取乘客购票的票款
2	唱	讲出票款金额，重复乘客要求的购票张数和车票类型，如未听清乘客的要求，应主动礼貌的询问
3	操作	正确、迅速的操作：① 检验钞票真伪，如怀疑钞票为伪钞，要求乘客另换钞票。② 在 BOM 上选择相应功能键，处理车票
4	确认	清楚说出找赎金额、车票张数等，将车票和找赎的零钱一起礼貌的交给乘客，并确认

（二）厅巡岗

（1）帮助有需要的乘客，主动提供优质服务。

（2）巡查乘客携带的物品行李，严防"三品"进站。

（3）发现乘客携带超大、超长、超重的物品时劝止其进闸乘车。

（4）注意乘客动态，若发现精神异常、醉酒等不宜乘车的乘客，劝止其进闸乘车，并及时汇报车控室，必要时请求警务人员或其他同事协助，注意自我保护。

（5）出入口、站厅发生治安、客伤等突发事件时，及时处置，保护现场，报告车控室，寻找两名及以上目击证人。

（6）注意站厅乘客售票情况，发现排长队或大客流时及时报车控室，协助值班站长、值班员做好客流组织工作。

（7）注意站厅乘客检票情况，开展车票稽查，防止收益流失及单程票流失。

（8）按"首问负责制"原则接受问讯及处理乘客事务，指引乘客到客服中心进行车票处理。

（9）巡视 AFC 设备的状态，发现异常及时报车控室，负责出闸机票箱的更换工作，协助更换钱箱、清点钱箱工作。

（10）巡视站厅各种设备设施、告示、贴纸等的状态，发现异常及时报车控室。

（11）负责站厅边门管理，按规定给符合通过要求的人员开边门。

（12）制止并处理违反公司规定的行为。
（13）遇紧急情况按安全应急处理程序执行。

（三）站台岗

（1）巡视消防设备设施状态；屏蔽门/安全门状态；扶梯运行状态；站台监控亭（备品间）内的所有设备设施的状态（接班后第一次巡视站台时完成）；扶梯、屏蔽门等各类安全警示标志的设置情况。

（2）发现携带违规物品的乘客时，劝其改乘其他交通工具，并及时报车控室；发现可疑人员和可疑物品及时处置，并报车控室。

（3）在巡视过程中若遇列车进站，须按站台岗接发列车的作业标准接发列车，监视列车运行状态、监控乘客上下车，处理在接发列车过程中发生的突发事件。

（4）巡视站台，对站台候车秩序、卫生和乘客安全负责，确保屏蔽门/安全门及以内区域的安全有序。

（5）车门故障时，协助司机处理，及时张贴故障贴纸。

（6）屏蔽门/安全门故障时，按"先通后复"的原则进行处理，故障未恢复时，及时张贴故障贴纸。

（7）乘客的物品掉落轨道时，立即做好乘客安抚工作，通知值班站长到场处理。

（8）车门/屏蔽门/安全门夹人时，按"一按二呼三汇报"程序执行，立即按压紧停按钮同时通知司机，再向车控室汇报事件具体内容。协助乘客离开车门/屏蔽门/安全门，了解事件原因，若有人员受伤，寻找两名及以上目击证人，做好站台乘客的引导，防止乘客围观。

（9）站台发生客伤时，立即救护受伤乘客，做好乘客安抚工作，向乘客了解受伤经过，寻找两名及以上的目击证人。

（10）收到列车需在本站临时清客的通知时，立即组织清客，引导车上的乘客到站台，维持站台乘客候车秩序，做好乘客的解释工作，清客完毕后向司机显示"好了"信号。

（11）负责维持站台乘客上下车秩序，提高乘客乘降效率。引导候车乘客按地面指示标志排队候车、列车到站开门后快上快下上车后往车厢中部走。客流高峰期时的站台乘客无法通过一列车上完时，与司机做好联控，关门前做好乘客拦截。

（四）其他特殊情况

按公司规定执行。

第三节　各岗位的工作流程

一、站务员系列各岗位工作流程

（一）站台岗工作流程

（1）早班站台岗到车控室签到，学习相关文件，领取相关钥匙及备品到站台上岗。

（2）检查站台监控亭内物品并在交接本上登记。

（3）按作业标准接发列车，组织乘客有序乘降，解答乘客问讯。

（4）在站台时，严格执行有关作业安全标准及服务工作标准。

（5）定期巡视站台，关注站台的设备、乘客及其行李物品，及时处置、报告危及行车或人身安全的事件。

（6）处理乘客事务时，严格执行《乘客服务工作标准》等公司有关的规章制度。

（7）与顶岗员工交接后到会议室休息并学习文件。

（8）休息后回岗。

（9）与顶岗人员交接后吃饭。

（10）饭后回岗。

（11）中班站台岗回站后，签到，参加接班会。

（12）早中班站台岗交接，中班员工检查钥匙、备品及设备等情况，报告车控室。早班员工签退下班。

（13）按照流程开展工作（同早班工作流程）。

（14）尾班车过后，巡查站台无乘客滞留，到车控室交还相关钥匙及备品，签走。

（二）早班售票员工作程序

（1）按规定时间到站，到车控室了解当天工作注意事项、交班提醒事项等，到点钞室配票，做好上岗前的准备工作。

（2）与夜班售票员进行交接。

（3）开窗售票。

（4）保持客服中心的整洁，票证、报表、钱袋摆放整齐。

（5）做好工作预想，当报表、硬币、车票、发票数量不够时，提前向客值或车控室报告。

（6）按规定做好现金、车票、发票的管理及客服中心安全管理。

（7）售票员兼任厅巡岗的，5 min 没有业务需处理时，须到站厅执行厅巡岗职责。

（8）严格按售票标准化作业程序工作，处理车票前后要让乘客确认显示屏，按规定给乘客 BOM 小单。

（9）顶岗吃饭时按规定进行交接，及时登陆、退出 BOM，锁闭、加封好票盒，离开客服中心。

（10）售票结束与接班售票员进行票务备品、票务钥匙、对讲设备、卫生的交接，交接完毕，将本班的报表、车票、所有现金收拾好拿回点钞室。

（11）使用手推车双人护送回点钞室。

（12）按结账程序进行结账后，听从值班站长安排，协助其他工作，或学习文件。

（13）参加车站的交班会/服务点评会后到车控室签走。

（三）夜班售票员工作流程

（1）准时到车控室签到，到车控室了解当天工作注意事项、交班提醒事项等，到点钞室配票。

（2）按流程开展岗位工作（与早班流程一致）。

（3）做好尾班车的服务工作。

（4）本站开往线网某方向列车停止服务时间已到达时，对准备进站乘车的乘客要做好提醒，告知乘客线网部分线路列车服务已终止，进闸乘客须注意各方向尾班车时间。

（5）主动做好乘客服务工作，发现有乘客购买已停止服务方向的车票或已进闸的，要及时劝止。

（6）列车服务结束，确认全部乘客已出站，退出 BOM，摆好"暂停服务"牌，做好客服中心卫生清洁，整理好客服中心内务。将所有的车票、现金整理好拿回点钞室。

（7）按结账程序进行结账。

（8）结账完毕到值班站长处报到，按值班站长安排继续工作或休息。

（9）开站前 5 min 向值班站长领取客服中心钥匙，到点钞室配票，做好开窗准备。

（10）到达客服中心，检查对讲设备能否正常使用。

（11）检查客服中心票务设备，备品的状态、数量（如验钞机、分钞盒、发票等），核对与《售票员交接班本》内的备品数量是否一致，签名确认。

（12）检查客服中心卫生、客服中心外栏杆、立柱的摆设。

（13）检查客服中心内有无来历不明的现金、车票。

（14）开窗服务。

（四）售票员交接程序

（1）退出 BOM，报告车控室。

（2）将抽屉里的钱和车票整理放入票盒。

（3）将硬币清理好装回硬币袋。

（4）拿走本班的钱袋。

（5）填写《售票员交接班本》。

（6）回 AFC 点钞室结账。

（7）交接票务钥匙，填写交接台账。

（8）登记进入 BOM，报车控室。

（9）摆放好车票。

（10）叠放好一盘硬币，将备用金放入抽屉。

（五）早班站厅巡视岗工作流程

（1）上岗前到车控室签到，了解当天工作注意事项，学习有关通知。

（2）领取相关钥匙及备品。清点扶梯钥匙、边门钥匙等。在《钥匙借用登记本》上登记。领取对讲机，在《车站备品领（借）用登记本》上登记。

（3）带齐工作备品准时到岗。

（4）工作中的注意事项。

① 早班巡视岗上岗后，立即对各出入口、站厅巡视一遍，之后每 1 h 巡视一次，按巡视制度对车站的各项设施进行巡视并向车控室汇报。

②引导乘客正确操作 AFC 设备，注意 AFC 设备故障情况，发现问题及时报车控室，并在故障设备上放置"暂停服务"提示牌。

③认真解答乘客问讯，按"首问负责制"原则给予乘客正确指引。

④定期检查出闸机，发现单程票遗留时，投放到单程票回收箱。

⑤对乘客违反乘车守则的行为进行制止。

⑥稽查乘客使用特种车票情况，抽查使用特种车票的乘客是否符合规定。

⑦不巡视时在进闸机组附近巡查，注意站厅所有人员、物品的动态，重点防止"三品"进站。

⑧离开岗位必须得到车控室同意。

⑨发生客伤、车门/屏蔽门夹人/夹物等情况时，要及时赶到现场处理，寻找目击证人，现场取证，维持现场秩序。

⑩客服中心或 TVM 前乘客排长队时，协助客服中心缓解排队客流，指引乘客到人少的一端购票或购买预制票。

（5）听从车控室安排，协助处理车站突发事件。

（6）按规定与售票员进行交接，顶岗吃饭。

（7）按照车站要求协助对设备区房间卫生进行清洁。

（8）协助客运值班员更换 TVM 钱箱、闸机票筒等。

（9）与中班交接班，把扶梯钥匙、边门钥匙对讲机等工作备品进行交接，并将交接情况报车控室。

（10）到车控室听从值班站长安排，协助其他工作或学习文件。

（11）参加车站的交接班会议，到车控室签走。

（六）中班站厅巡视岗工作流程

（1）上岗前到车控室签到，参加车站交接班会议，了解当天工作注意事项，学习有关通知。接班前巡视站厅、出入口一次，之后每一小时巡视一次。

（2）其他与早班厅巡岗工作流程一致。

（3）下班前，必须将扶梯钥匙、边门钥匙对讲机等备品交还车控室，并在相应台账上注销。

（七）早班站台巡视岗工作流程

（1）上岗前到车控室签到，了解当天工作注意事项，学习有关通知。

（2）领取相关钥匙及备品。清点扶梯钥匙、屏蔽门钥匙及站台监控亭（备品间）钥匙等，在《钥匙借用登记本》上登记。领取对讲机/无线手持台，在《车站备品领（借）用登记本》上登记。

（3）带齐工作备品准时到岗。

（4）工作中的注意事项。

①早班巡视岗上岗后，立即对站台巡视一遍，之后每半小时巡视一次，按巡视制度对站台的消防设备设施状态、屏蔽门/安全门状态、扶梯运行状态、站台监控亭（备品间）内各项

设施及警示标志等进行巡视，有异常时向车控室汇报。

②巡视的同时，引导好站台乘客上下车秩序，指引乘客按地面指示标志排队候车。

③列车进站时，按站台岗接发列车的作业标准接发列车，监视列车运行状态、监控乘客上下车，处理在接发列车过程中发生的突发事件。

④车门故障时，协助司机处理，及时张贴故障贴纸。

⑤屏蔽门/安全门故障时，按"先通后复"的原则进行处理，故障未恢复时，及时张贴故障贴纸。

⑥车门与屏蔽门/安全门之间的缝隙夹人时，按程序执行，立即按压紧停按钮同时通知司机，再向车控室汇报事件具体内容。协助乘客离开车门/屏蔽门/安全门，了解事件原因，若有人员受伤，寻找两名及以上目击证人，交值班站长处理。

⑦遇乘客的物品掉落轨道时，立即做好乘客安抚工作，通知值班站长到场处理。

（5）与中班交接班，把屏蔽门钥匙及站台监控亭（备品间）钥匙、对讲机/无线手持台等工作备品进行交接，并将交接情况报车控室。

（6）到车控室听从值班站长安排，协助其他工作或学习文件。

（7）参加车站的交接班会议，到车控室签走。

（八）中班站台巡视岗工作流程

（1）上岗前到车控室签到，参加车站交接班会议，了解当天工作注意事项，学习有关通知。

（2）其他与早班站台巡视岗工作流程一致。

（3）下班前，将屏蔽门钥匙及站台监控亭（备品间）钥匙、对讲机/无线手持台等备品交还车控室，并在相应台账上注销。

第四节　车站日常管理

一、交接班制度

以下为交接班原则。

（1）清楚明了、重点突出，尽可能做到接班人员能通过《值班人员登记本》中清楚了解上一班工作情况，重要事项不得遗漏，并交接清楚，一般事务则简明扼要。

（2）交接完毕、交接双方签认后出现因交接不清而产生的问题时由接班人员负责。

（3）班中会议内容：

①根据本日运营计划及设备维修施工计划等布置本班工作预想。

②根据车站客流和设备状况做好防范措施。

③传达学习上级有关文件及指示精神。

④培训或演练工作及落实其他相关要求。

二、车站巡视制度

1. 巡视次数

值班站长、客运值班员每班各自至少巡站三次,有厅巡的车站巡站频率原则上按每两小时一次。非运营时间加强对站外设备设施的巡视,做好防盗工作,具体时间由各站自行确定。各岗位的巡视范围如表8-2所示。

表8-2 各岗位的巡视范围

人员	主要范围
值班站长	全站、各出入口外面5 m范围内、车站风亭、冷却塔等
客运值班员	售票问讯处、站厅、各通道、各出入口
厅巡	出入口、站厅、楼梯、自动扶梯、垂直电梯等
车站保安	全站、各出入口外面5 m范围内、车站风亭、冷却塔等

2. 巡视内容

(1)乘客动态及乘车秩序。
(2)设备设施状态及运作。
(3)车站范围内的施工作业情况。
(4)可疑人和可疑物等异常情况。
(5)地铁设施防护情况。
(6)车站卫生情况。
(7)安全隐患排查。

3. 各岗位巡视要求

(1)认真:巡视人必须以认真负责的态度去巡视所管辖的范围。
(2)细致:从细微处着手,做到防微杜渐。
(3)周全:岗位内的设备、设施、人员等都必须检查。

三、车站开站程序(表8-3)

表8-3 开站程序

序号	时间	内容	责任人
1	每日4时30分后	根据规定进行运营前检查工作,并汇报行调,做好检查记录	行车值班员 值班站长
2	首班车到站前30 min	配好票,填写记录表,并检查售票员到岗情况	客运值班员
3	首班车到站前15 min	打开照明开关	行车值班员
4	首班车到站前15 min	领票、款到岗,填写记录表	售票员
5	首班车到站前10 min	开启车站大门、自动扶梯,开始服务	厅巡
6	首班车到站前10 min	开启所有TVM和闸机	值班站长
7	开站后	按要求开启环控设备,向乘客广播候车的注意事项	行车值班员

四、车站关站程序（表8-4）

表8-4 关站程序

序号	时间	内容	责任人
1	最后一班车开出前10 min	开始广播	行车值班员
2	最后一班车开出前3 min	暂停TVM，通知售票员停止售票，暂停进站闸机，并广播	行车值班员
3	最后一班车开出前	进行检查，确认站台乘客均已上车，无异常情况	值班站长
4	最后一班车开出后	清客，关闭车站自动扶梯和出入口	厅巡
5	停止服务后	收拾票、款，整理售票问讯处备品，注销BOM，回AFC票务室结账	售票员
6	关站后	与售票员结账，填写相关台账，根据票务运作规定相关规定做好车站运营结算工作	客运值班员

案例：地铁站务员的一天

8:00 出门上班

9:00 站台上岗

12:30 午饭

17:00 疏导

18:40 下班

19:00 回家

做这份工很开心。助人为快乐之本，能帮到乘客，解他们之急，这是快乐的来源。

如果再碰到突发事故，我还会挺身而出。穿上这身地铁制服，就要为乘客负责。换作其他同事，也会和我一样。

地铁是城市交通的大动脉，广州每天有近700万人次的客流奔涌其中。为乘客提供服务的，是一班以80后、90后为主的年轻员工，他们日复一日耐心地为乘客排忧解难，遇到危险更是挺身而出。

每天迎送30万客流

高高瘦瘦的小刘在地铁广州火车站站担任站务员已有3年。"平时三班倒，今天我上'顶岗班'，同事休息我就顶上，机动支援。"昨天，从早上9时就开始忙碌的小刘，一到站台上顿时就"能量满格"，这边提醒占据下车通道的乘客回到候车区，那边弯腰捡起地上的垃圾，连保洁员的活也包了。

傍晚下班又是一个客流高峰，他在站台拥挤的人流中疏导乘客，直到晚上7时多才换衣服回家，全天工作十个小时。

地铁全年无休，经常年三十也要在地铁站度过。小刘显得很平静："外地同事一年回家一次不容易，我们多值次班没什么。要是碰上大年三十上中班，家里就改成年午饭。"难得的是，家人也很理解。"爸爸说，不用刻意调班，不一定非要那天吃团年饭。"

地铁广州火车站站每天要迎送客流 30 多万人次，到了节假日，数字还要再往上蹿。每当客流过大时，车站就要执行客流控制措施。

遇突发事件挺身而出

除了耐心疏导乘客，站务员还承担着处置突发事件的职责。2014 年 4 月 11 日下午 1 时多，二号线广州火车站站，一趟列车刚关好门，小刘突然发现第二节车厢里有异动，乘客争相躲避，他马上叫司机打开车门，一个箭步冲进车厢，只见一男一女正在大声争吵，女乘客把男乘客打倒在地。暴怒的男乘客从随身的红桶中抽出一把小刀，划伤了女乘客。

小刘试图劝说男子放下利刃，可男乘客情绪激动，不听任何劝告。眼见劝说无效，小刘趁其不备，突然扑上去将他击倒，并用膝盖牢牢压住他，一举夺下其利器。

"当时情况十分紧急，没时间考虑那么多，一心想着不能让乘客受伤，尽快把伤人男子制服。"如果再发生一次，你还会挺身而出吗？"会，穿上这身地铁制服，就要为乘客负责。换作其他同事，也会和我一样。"小刘说。

在火车站，乘客来自五湖四海，站务员处理得最多的事情有四类：问路、寻人、失物、生病……

一天，一个婆婆带着四五岁的孙子搭地铁，小朋友出门格外兴奋，不等婆婆就独自冲上车。步履蹒跚的外婆看着列车开走，急得在车站大哭。小刘一边安抚老人家，一边向她了解孙子的名字和衣服特点，并通知沿途车站联合寻找，终于在嘉禾望岗站找到了孩子。看着老人家紧紧抱着找回的孙子，小刘为之动容："我是个爸爸，小孩子刚满三岁，要是自己孩子丢了，那种抓狂的感觉只有当家长的才懂。"

8 时刚过，家住白云区的小刘出门前往飞翔公园站搭乘二号线，经过 45 分钟来到广州火车站站。换上工衣，小刘开始了一天的工作。

9 时，小刘准时到五号线站台顶岗。每一趟列车入站，他都驻守临近扶梯的屏蔽门，用喇叭反复提醒乘客小心上落，注意先下后上。两分多钟一趟车，他在一边接完车，又快步走到站台另一边迎接反方向的列车。同一番话，他一小时内重复了差不多 60 遍。"没关系，我身体好，没有咽炎什么的。"他语气轻松地说。

10 时 30 分，车厢逐渐变得宽松，小刘回到车站控制室休息，帮忙清点硬币。

11 时 30 分，在同事吃午饭的时段，他又回到站台顶岗，支援了差不多 1 个小时才去吃饭。

下午 1 时 30 分，小刘才空出一点时间坐下来接受采访。

下午 2 时 30 分，小刘带着记者到现场体验。虽然已经忙了一上午，一来到站台，他却立刻如鱼入水能量满格。

下午 3 时多，他又回到控制室，回收闸机里满满的车票。一会儿又接下任务，协助调配运送物资。

下午 5 时多，地铁开始进入晚高峰，小刘再次出现在站台上疏导客流。看到一位乘客的行李太多，列车就要关门还没下来，他赶紧上前帮忙拎行李。

下午 6 时 40 分，小刘终于下班。换完衣服已经 7 时多，小刘这才踏上归途。

（来源：广州本地宝网站）

视频：地铁守夜人

实训项目：车站岗位职责模拟演练实训

一、实训目的与要求

掌握车站各岗位工作职责及工作流程和车站日常管理的内容。

二、实训内容、步骤与方法

1、选择站务员、客运值班员、行车值班员等岗位之一，模拟其工作内容，明确其工作职责。
2、模拟车站开站程序及关站程序。

三、考核要求

1、分组进行模拟，小组成员担任不同岗位角色。
2、各岗位工作内容及职责准确、清晰。

四、思考总结

1、以图表的形式展示地铁车站人员组织架构。
2、请概述站务员站台岗的工作职责。
3、地铁车站巡视制度的内容有哪些？

第九章　城市轨道交通运营危机处理

【本章导读】

> 主要内容：本章介绍城市轨道交通运营危机处理的概念、特征、类型及要素；提高运营危机处理能力的措施、典型案例分析。
> 本章教学目标：掌握如何对城市轨道交通运营危机进行处理，如何结合案例总结经验提升运营危机的处理能力。
> 建议教学方法：建议采用案例分析法，结合具体的案例进行城市轨道交通运营危机处理。

第一节　城市轨道交通运营危机处理概述

一、城市轨道交通运营危机公关处理的必要性

城市轨道交通作为公共服务型企业，城市公共交通服务的提供者之一，有着区别于一般产品或企业品牌的特殊性，在一定程度上，公众不可避免的需要与地铁产生联系，同时公众对城市轨道交通的期望值也会更高。随着城市发展和城市轨道交通线路范围的拓展，以及人们出行习惯的变化，城市轨道交通与市民的关系更趋密切，其提供的服务质量和要素与市民出行息息相关，而城市轨道交通可能面临的危机风险也会随之上升和变得更为复杂。

（一）对政府而言

城市轨道交通运营危机属于城市重要公共交通危机之一。政府是城市轨道交通建设的主要投资者，城市轨道交通作为城市公共交通系统不可或缺的一部分，她的形象代表着政府的形象，代表着城市品牌的形象。城市轨道交通运营得好，形象正面，带给市民良好的服务与口碑，是市政建设发展、迈向国际化大都市的重要条件之一。反之，将影响到市民对政府决策及城市建设的认同感和归属感。

鉴于城市轨道交通服务的公共性质，无论是在信息报送，还是资源整合方面，都需要与政府积极互动。一方面，发生危机事件时，城市轨道交通需要根据不同的危机类型和危机程度，向政府、建委、交委、区政府等不同部门进行信息报送。另一方面，危机事件的处理，离不开相关部门的配合，如票务政策制定、启动公交接驳系统、治安案件取证、法律诉讼等。

（二）对市民而言

观察国内外发达城市的发展历程，城市轨道交通在市民生活中的地位将越来越重要。随

着城市交通系统的完善与城市轨道交通线路的不断发展，城市轨道交通与市民的关系也会日趋密切，将有越来越多的市民选择城市轨道交通服务，城市轨道交通将成为市民出行和日常生活不可或缺的一部分。

作为更加"安全、舒适、准点、快捷"的公共交通工具，从城市轨道交通的诞生开始，市民就对城市轨道交通寄予了较高的期望，城市轨道交通被视为现代、先进、文明、时尚的交通载体，面对城市轨道交通的晚点、故障、服务态度，"城市轨道交通族"的不同反应会掀起不同程度的危机。

（三）对媒体而言

与民生相关，具有突发性、爆炸性的新闻，往往受到媒体和公众的热捧和关注。城市轨道交通与民生休戚相关的这一特性，决定了媒体对其高度的关注。

据监测，平均每天至少有一则以上的新闻报道内容与城市轨道交通相关。凡是与城市轨道交通相关的新闻，特别是危机事件发生时，媒体免不了会穷追猛打，力求第一时间让更多的市民了解第一手资料，争取独家新闻，甚至以爆炸的标题来吸引读者眼球。例如："地铁又瘫了！""地铁趴窝了！""地铁老总道歉了！"等。同时，媒体也起到扩散事件、强化影响的作用。市民报料、多线媒体跟进，使企业在面临危机事件时试图隐瞒事件、回避媒体的做法几乎不可能实现。

（四）对外部专家及利益相关团体而言

遇到地铁运营危机时，外部专家及利益相关团体经常会自觉或受媒体邀请，站出来发表评论。碍于企业主体与公众的利益冲突，具有公信力和独立性的外部专家或相关机构往往提供有力的第三方证言。

其对地铁的负面评价或质疑，有可能起到引导舆论的作用，演变为公众对地铁的质疑和产生信任危机。随着言论环境的宽松和对权威的关注，越来越多的专家乐于向传媒发表言论，抨击时弊。

地铁运营危机通常具有突发性、爆发力强、受媒体和公众普遍关注、影响力大、危害性大的特点。为增加地铁运营危机公关的时效性，危机在被解决之前应该比公司其他任何活动都有优先处理权。

二、城市轨道交通运营危机处理的定义

城市轨道交通运营危机处理是指对可能或已经对城市轨道交通形象和品牌声誉造成潜在或实际威胁、或影响城市轨道交通正常运营的事件，迅速反应，主动掌握，有效治疗，积极防御，转危为机。通过对危机进行公关手段、公关程序、公关艺术的处理，就可以起到力挽狂澜的效果。

在处理危机时，要将其看成是展示企业"好公民形象"的机会，并将"危机时应首先考虑公众和消费者利益"作为最高危机处理原则，以最快的速度确定危机的性质以及危机的影响范围，根据危机发生的各个阶段的特点，制定危机处理对策，力求在危机损害扩大之前控制住危机。在处理危机时应从企业的宗旨和社会责任出发，把公众的利益放在首位，尽量为

受到危机影响的公众弥补因危机带来的损失，在处理危机的过程中，主动邀请权威部门和新闻媒体参与调查和处理危机的全过程，以增强公众对企业危机处理的信赖感，恢复企业在利益相关群体中的形象。

（一）合理的应变措施

当危机发生时，打破一切常识和常规，大胆设想，小心求证，仔细分析、思索、整理存在的问题和解决问题的条件，寻求或者创造有利的条件，创造摆脱危险局面的积极因素。

（二）巧妙的媒体关系处理

通过有计划的新闻发布和媒体接触，可以有效地解决企业利益与公众利益之间的矛盾，为最终平息企业危机、重整企业奠定基础。

（三）有效的内部关系协调

员工的利益就是企业的利益，员工和企业是利益共同体，有效的内部沟通协调不仅能体现企业对员工的重视，同时，患难见真情，非常时刻的人文关怀更能凝聚团队斗志，共渡难关。

（四）正确的舆论引导

流言猛于虎，当危机发生时，应毫不犹豫地接受事实，立即调查危机产生的原因，据此做出危机处理决策，掌握对外传播主动权，赢得时间来重建有益的公共关系。

三、城市轨道交通运营危机的特征及类型

（一）危机的特征

地铁运营危机是使企业遭受严重损失或面临严重损失威胁的突发事件，这种突发事件在很短时间内波及较广的社会层面，对企业或品牌产生恶劣影响。而且这种突发的紧急事件由于其有不确定的前景会造成企业高度的紧张和压力。它的一般特征包括以下几点。

1. 破坏性

对社会或组织的生存和发展构成威胁。

2. 突发性

出乎决策者意料之外。

3. 紧迫性

应对和处理行为具有很强的时间限制。

4. 公众性

影响公众的利益、公众舆论高度关注。

（二）危机的分类

以危机的起因与性质为标准，可把地铁的运营危机分为三类：

1. 敌对事件

此类事件通常由客体引发，由于客体人为的"误操作"，带来种种社会问题，直接引发了公关危机。如乘客故意跳轨、车站/列车劫持人质等。

2. 突发事件

此类事件通常由主体引发，由于主体单位管理混乱、决策失误可能成为公众关注的焦点，引发媒体和公众的质询和批评。如列车延误、设备故障、突发大客流、票务政策受质疑等。

3. 灾难事件

此类事件很大程度上取决于自然因素或不可抗力，以及由社会群体不当行为所引发，容易引起大量人口受灾和造成巨额经济损失，甚至对社会的稳定造成重大的影响。如台风、地震、罢工、恐怖袭击等。

四、城市轨道交通运营危机公关管理构成要素

（一）危机预警系统

危机预警与准备职能是对可能发生的危机进行动态监测，是整个危机管理过程的第一个环节。在危机预警与准备阶段，开通各种信息渠道，及时对有可能影响地铁正常运营的信息进行广泛收集，为下一步信息处理、利用以及危机管理决策提供信息支持。

（二）危机公关应急预案

根据事件的危害程度进行定量分析，同时对危机预警与救援相关的资源进行评估和认证，分别编制应急处置方案、预制传播方案和沟通方案。

（三）危机工作组织机构

可为危机工作日常机构和临时机构，日常机构负责危机管理规章制度的制定和危机源的监测，临时机构是危机事件发生后，应按照事件的类型、规模和管理需要，迅速组成模式化的、功能性的危机事件指挥系统，对事件的演变进行应对指挥。

（四）新闻发言人制度

新闻发言人是组织、媒体和公众之间的桥梁。在危机发生时，通过新闻发言人这种直观、人性化的方式，向媒体和公众传达事件的即时信息、组织的态度、采取的措施和解决的程度，来保障公众的知情权，缓和公众的紧张情绪，取得公众的理解和支持，可以有效地调节公共关系，树立组织负责任的良好形象。

（五）品牌形象恢复

进行危机事后评估，从危机中学习、修正与反馈，一方面为下一次危机做准备，另一方面深入、有针对性地研究策划公关方案，与相关利益团体进行有效沟通，恢复公信力和企业形象。

细致而全面地掌握危机的定义、特点、分类及其管理构成要求，有助于城市轨道交通运营企业更进一步地完善管理，在危机发生之时，更加有效地控制和沟通，体现企业责任和人道关怀。

第二节　城市轨道交通运营危机处理方法

一、危机处理的原则

1. 以人为本原则

社会利益高于经济利益，城市轨道交通一切服务工作以市民利益为出发点，处处体现尊重市民、爱护市民，"设备出现故障，人性化要补上"。服务永无止境，城市轨道交通的运营和管理要贴近市民。如设计方面体现以人为本的理念，每个车站都设残疾人电梯、导盲带等人性化设施。遇到列车晚点时，启动公交接驳免费输送乘客到达目的地。

2. 预防为主原则

地铁贯彻预防为主、防救结合的原则，重点做好日常安全供电保障工作，准备备用电源，防止停电事件的发生。针对地铁列车、地铁车站、地铁主变电站、地铁控制中心以及地铁车辆段等重点防范部位安装监控器，制订防爆措施。

3. 时效性原则

危机到来时，必须当机立断，快速反应，果决行动，与媒体和公众进行沟通，从而迅速控制事态，否则会扩大突发危机的范围，甚至可能失去对全局的控制。

4. 诚实原则

在事件发生后的第一时间，公司管理层应向公众说明情况，并致以歉意，从而体现企业勇于承担责任、对消费者负责的企业文化，赢得消费者的同情和理解。要以诚意、诚恳、诚实的态度，向受到损失的乘客或利益相关群体表示关心，清晰地陈述事件的基本情况，确保所公布的信息没有刻意掩饰的成分。

5. 统一领导、分级负责原则

根据危机预警系统中的危机事件的应对级别，由危机管理小组主席或组长统一指挥、调度和协调，各级部门分别按各自专业各司其职，各方联动，共同应对不同级别的危机。

二、提高城市轨道交通企业危机处理能力的措施

（一）危机公关管理机制需定期识别和更新高危议题

将高危议题按照可能发生的轻重缓急加以排序并制订相应的危机公关行动方案。识别高危议题和划分危机的等级，目的是有效利用资源进行危机管理，还能为危机处理保留一定的

弹性。危机发生后，有可能会升级。这时要根据不同的危机等级划分启动相应的危机处理机制，启动高层的协调及更多的资源和支持，这样就能够强化危机公关的处理能力。

（二）加强危机公关管理小组成员危机演习和培训

运营部门应定期或不定期地组织事故灾难应急救援演练，而且参与人员不仅要落实在事故应急的实操层面，总公司层面的危机公关管理小组成员也要参与其中，并开展相应的媒体应对训练。开展危机演习和培训可提高危机公关管理小组成员参与危机管理时的应对能力，提高其对突发事件的熟悉程度，增强危机处理的信心；有效的培训还可以增加对潜在突发事件的警惕性，增加处理突发事件的经验，及时发现危机管理机制本身的弱点和不足并进行纠正；帮助打破原有的思维和管理方式，对危机管理小组成员有一定的激励作用。

（三）改善沟通机制和信息发布机制

面对多元化的信息传播渠道，城市轨道交通企业应该通过各种传播媒介及时地开展对外沟通和对内沟通，有针对性地发布权威信息。目前各城市轨道交通运营企业还存在一些普遍弊病，如危机发生后，内外界沟通较为滞后，尚未充分利用媒体快速传递权威的信息，尚未较充分地利用现有的官方网站与公众、媒体、员工进行信息沟通与交流；在危机现场，车站管理人员作为第一现场、第一时间、第一责任人、第一新闻人，"该说什么、不该说什么、怎么说"有待培训及规范；信息发布机制需优化，接收岗位的信息群组要规范，"什么样的信息该发哪一级别领导""目前的上报语言过于专业，术语太多，非专业人员看不懂"等。

（四）完善危机事件事后评估机制

危机得到处理和控制并不意味着危机管理过程已经结束，危机的善后处理机制也是危机公关管理机制的一个重要部分。企业不仅要对重大危机事件进行事后总结，一般事件在危机解决后对危机所带来的损失也要开展有效的评估，建立相关记录跟踪，系统地总结经验。在危机的善后处理阶段，要配套地解决和控制与危机问题相关的、可能导致危机再度发生的各种问题，巩固危机管理成果。要学会从危机中学习、修正与反馈，为下一次危机的到来做准备。如建立对以往发生危机的资料库，包括危机问题库、模板库等。

（五）加强规划和维护媒体公关

与新闻媒体建立良好的合作关系是城市轨道交通运营企业开展危机沟通的重要基础之一。尤其在现代信息社会，新闻媒体的影响力达到前所未有的高度，市民热衷于向媒体报料，任何企业的负面消息都会被迅速传播。所以建立良好的媒体关系，是企业取得社会舆论支持、树立良好社会形象的首要任务。

1. 深入了解媒体

为了能够实现与媒体的有效合作，应当对各大主流媒体的运作有一个较为深入的了解。如记者需要什么样的素材和通稿，危机期间的媒体运作，如何有效与记者进行交流。不一样性质的媒体，内部运作程序和工作习惯差异较大，企业需经常性地保持与媒体各级人员的沟通和联系，才能知己知彼。

2. 选择最佳媒介模式进行信息传播

信息传播的主要媒介模式有新闻通稿、新闻发布会、卫星连线采访、电话或网络连线采访、群发电子邮件或传真、官方网站、电话回复等。危机期间情况瞬息万变，外部条件也千差万别，地铁公司需根据各种媒体的特点，选择最佳的媒介模式获得传播效果和收益的最大化。

3. 与媒体各级人员建立良好的互动关系

地铁公司除了要与负责交通的专线的记者建立良好的互动关系，还要自下而上地与媒体各层级人员都要建立好关系。因为关于版面和标题的"话事权"不在专线记者手中，为避免经常出现负面标题失控的局面，无论是要闻部、机动部，还是总编辑室、社长、台长，都要定期或不定期地双向沟通。可通过投入广告费用、邀请媒体参加地铁公司重大活动、拜访座谈、举办联谊会等方式，加强彼此之间的了解和信任。

4. 尊重媒体，善待媒体

只有了解媒体，尊重媒体，才能最终善用媒体。根据记者反映，地铁公司在危机发生时，媒体沟通滞后，未能快速传递权威的信息，有时企图封锁信息，危机结束后，向媒体及时反馈改进措施的情况不多。这些都是不尊重媒体的表现，媒体作为社会舆论监督的载体，地铁公司要时刻谨记一点就是永远做到诚实、准确、反应迅速，对于媒体的追问要坦然处之，对于媒体的错误报道要予以谅解，另外，需多以市民乘客的人文关怀的角度进行发布信息。

针对平时对市民的安全宣传教育不足，地铁公司可适时加大投入媒体广告经费，培养市民良好的危机意识，提高应对危机的各种能力。在平时加强对广大市民的危机教育，让教育与经常有可能发生的危机议题结合起来，培养人们居安思危的忧患意识。这样做的好处是，一方面能让市民提高对危机的心理承受能力和提高应对危机的道德意识；另一方面能增强市民在突发事件中自救与互救的意识与技能，增强危机应变能力。

地铁公司还需要加强日常的企业形象宣传教育，充分利用各类媒体积极主动地通过传播企业正面形象，从而在媒体和市民心目中树立一个良好的企业形象，减少被"攻击"的几率。

（六）建立外部专家资源库

拓展外部专家资源渠道，建立外部专家资源库，在危机预警期或危机发生时充分寻求专家的支持证言。在危机处理的过程中，外部专家的介入，具有以下好处：一是填补某些方面知识、能力和经验的不足和空白；二是在与公众进行沟通的过程中，外部专家由于其特殊的身份，具有较强的权威性和公正性，更容易取得公众的信任；三是由于外部专家可充当企业的"智囊团"，分析和处理问题更为冷静和理性。如忽视对外部专家资源的利用，往往造成能力、经验的不足，决策缓慢，沟通不畅，执行不力，甚至产生决策失误。

在平时建立好各类专家资源库后，要发挥其危机预警的辅助决策功能。通过运用专家在专业上的知识和经验，预测社会变迁可能性、频率和强度，帮助地铁公司制订并完善危机预案。在该过程中，要注意的是企业决不能放弃其独立抉择的权力，不能由他人做出最终决策。

 拓展阅读：媒体应对管理办法

第三节 典型案例分析

一、案例1：地铁塞车现象，凸显地铁危机处理不成熟

案例回顾

2006年3月1日17时50分，广州地铁二号线月台挤满了候车人群，当时约有一千人滞留，而一号线列车仍源源不断输送乘客到站，导致二号线站台，包括梯间、走廊都站满乘客。此时地铁广播并没有做出任何疏导指示及原因说明，人群开始鼓噪。期间，只见一名穿着地铁制服的人员不停地拨打手机，而其他实习导乘员则显得手足无措，对于众多乘客的问询，仅以"列车发生突然故障，情况未明"作答复，但对具体情况及解决办法并无任何解释。随着候车乘客越来越多，地铁广播终于播放：二号线万胜围方向列车发生故障，将有延误，请乘客耐心等候。直至18时12分才有第一班疏导列车（全空列车）进站，但由于候车人数太多，未能一次性疏导完毕。第二天，广州的几大媒体如《南方都市报》《新快报》《信息时报》等都在显著位置刊登了这一消息，引发对广州地铁的设备维护问题及运营水平的质疑。

案例评析

这次广州地铁大塞车事件，虽持续短短半小时，却突显广州公共交通系统在危机处理公共关系手法方面未够成熟，有待完善。这次事件当中，出现了以下几个关键的危机处理要点。

（1）地铁公司显然对该次突发事件缺乏足够的应对措施，未对一号线班次作出适当的调度，造成过千人滞留于二号线月台，虽未发生人踩人事件，但情况也十分堪忧。

（2）地铁广播未及时对该情况做出阐述，并且未有提供有效的疏导建议。

（3）未开展必要的危机形象消除和重塑工作，在随后的广播中，并未就该次事故对候车乘客造成的不便做出道歉，仅以敬告作为事故声明。在其他先进的国家及地区如发生同类型事件，处理机构必先向公众做出道歉及疏导指示，而地铁公司的该做法显然与国际都市公共交通系统形象不符，更有甚者广播当中的语音表达亦未够专业，令候车乘客不明所以对自身所处环境的安全性产生质疑。

二、案例2：广州地铁家属免票事件

案例回顾

2005年12月，广州地铁公司就即将投入运营的广州地铁三号线票价问题而举行听证会，原本非常普通的一场价格听证会，却因听证代表提出的一个尖锐问题和广州地铁方面"极富

想象力"的回应而引起媒体和公众的广泛关注，也令广州地铁公司及其总经理卢某卷入舆论旋涡的中心。

在听证会上，有市民代表提出质疑："地铁公司除了政府规定的票价优惠政策以外，对地铁员工也实行免票政策，每个员工还有3名直系亲属的名额可以免票。"

根据地铁公司的介绍，共有员工6 000余名，这样算来就有18 000名地铁直系亲属可以享受免费乘坐地铁的待遇。"如果地铁员工因为工作需要可以免单，那18 000名地铁的直系亲属免费乘车也是保证地铁正常运营所必需的成本吗？"

广州地铁公司总经理卢某在会后回应："众所周知，目前国际恐怖势力猖獗，地铁又是恐怖分子的重点袭击对象，所以必须加强地铁车站、月台、车厢内的反恐力度，地铁员工的力量毕竟有限，而地铁公司又希望每趟列车在碰到任何情况时都有人能够及时地指导救援，那么这些地铁家属就义不容辞地担负起了地铁义务安全员的重要职责。"

不鸣则已，一鸣惊人。广州地铁的"反恐论"一出，全国民众哗然，更迅速成为媒体追逐评论的焦点。从平面传媒到电视广播，从新华社到各地方媒体，从各大网络论坛到平民百姓的茶余饭后，一时间广州地铁家属免票事件和"反恐论"成为2005年底国内最热的话题。仅仅在百度的中文搜索页面输入"广州地铁，反恐"后，在0.068 s内便找到相关网页约47 700篇。在巨大的舆论压力面前，广州地铁公司决定从12月16日起，取消地铁家属免票"福利"，这意味着实行了9年之久的广州地铁员工家属坐地铁免费的政策正式取消。事情本身虽告一段落，但广州地铁免费事件却成为相当长一段时期内社会公众的笑料，而此事件带给广州地铁以及卢某的影响则远未结束。

案例评析

客观来说，作为广州城市建设及城市形象的代表之作，近年来广州地铁的高速发展在很大程度上改善了城市交通布局、方便了市民出行，地铁方面为此做出的大量工作和努力有目共睹。但广州地铁公司在危机应对上的表现却差强人意，不仅缺乏价格听证会前的充足准备，更重要的是违背诚实原则。地铁员工家属免费乘车明明是一种不正常现象，勇敢承认说成自身"福利"也就算了，却非要冠冕堂皇推出"反恐"作为挡箭牌，结果只能引来多方指责，徒增笑柄。

处于危机风波中的企业，应该切记：在不能回避的问题面前，态度至上。某些重要场合，组织高层人物需要向媒体和公众进行回应和答复时，如果确实存在自身失误及疏漏，则绝对不能推辞。只有表现出勇于承认错误的勇气和承担责任的态度，才能赢得公众的尊重。

三、案例3：大洋网事件

案例回顾

2006年3月，一名网友以"苦涩的地铁工人"为主题，在大洋网论坛上反映广州地铁总公司员工福利和工作条件等问题，网上点击率非常高，引发了广州市委市政府的关注，市委宣传部以内参的方式上报给了市委，市委主要领导在报告上批示要求调查此事，直至报告批转到广州地铁总公司，公司高层才获悉此事。虽后期采取了很多方式弥补，通过开展系列的座谈会、基层调研等手段对员工进行调查了解，并出台了一系列措施改善基层员工的福利和工作条件，同时向市委市政府高层领导进行了专题汇报。但本属企业内部的矛盾被公之于众，对广州地铁总公司造成相当的被动，广州地铁总公司一度被政府部门予以批评，当年的评奖等事宜也被耽搁。

案例评析

该事件反映了广州地铁总公司在处理内部客户（员工）的公共关系危机管理上存在很大的欠缺。

（1）只关注外部公共关系危机，不关注内部公共关系危机，内部员工是企业直接面对而又最接近的公众，是公司赖以存活的细胞，员工与公司的目标和利益关系最为密切。内部公共关系危机不仅会严重影响公司的正常生产经营活动，而且还会严重地破坏公司形象，威胁公司的生存和发展。

（2）对网络等新媒体传播方式缺少了解，企业没有专职的部门和人员对网络媒体进行监控和缺乏相应的报告途径。

（3）缺少应对网络危机管理的应对措施，该事件发生后，公司采取的是"堵"的方式，一味要求大洋网的主管部门撤销该帖子，殊不知互联网时代实际就是"眼球时代"，点击率就是网站的生命线，撤下一个点击率相当高的帖子会严重影响一个网站的声誉，因此沟通过程相当艰难。事实上，与其"堵"不如"疏"，"让人说"不如"自己说"，发动自己内部的联络员在各大论坛上采取跟帖的方式发表有利于企业的声音的效果绝对是好过于"堵"的效果。

四、案例4：上海地铁屏蔽门夹死人事件

案例回顾

2007年7月15日下午3时34分，上海轨道交通一号线上海体育馆站下行（莘庄方向）站台上，一名青年男性乘客在上车时被夹在屏蔽门和已开动的列车之间，跌入隧道当场死亡。随后，死者母亲将上海申通地铁股份有限公司、上海地铁运营公司和西屋月台屏蔽门（广州）有限公司告上法庭。

上海市政府新闻发言人在危机事件发生9天后，才出面回应说，对乘客被地铁车门和屏蔽门夹住造成的事故表示痛心。除乘客不文明乘车的因素之外，地铁运营公司也要总结经验教训，督促有关方面通过技术手段的改进防止类似事情再次发生。上海地铁运营公司没有就该次运营死亡事故召开新闻发布会，只是向媒体披露"死亡乘客身带毒品且血液中含有毒品成分"，并暗示事故责任主要在死者方面。当死者母亲将地铁公司告上法庭后，地铁公司或其政府新闻发言人依然没有就此事件做出回应。

上海严格的新闻管制发挥了重要作用，新闻媒体基本遵循政府的统一新闻口径报道，各家媒体的报道内容大同小异，没有过多的评述。上海地铁方面一直没有就此危机事件做出正面回应。

媒体反应方面，虽然媒体没有对事件进行评述，但着力点则是放在死者身上、上海地铁存在的运营痼疾，以及死者母亲对地铁公司的控诉上。论坛的负面舆论一波接着一波。上海地铁方面迟迟没有对事件做出正面回应，让外界感受不到上海地铁关注公众安全的诚意。尤其是当"死亡乘客身带毒品且血液中含有毒品成分"的信息披露，引发恶评如潮，上海地铁

被批评此举是故意转移视线，为自己开脱，是小人行径，完全缺乏社会责任感。

案例评析

本案例可以作为危机公关管理中的负面教材。这起事故的发生，死者是存在过失行为的，并不能把责任完全归咎于地铁公司，这一点，公众是清楚的。然而地铁公司对此重大事故回应迟缓，并缺乏必要的真诚的人文关怀，而且没有及时提出改善措施，其中最大的败笔是希望把主要责任推到死者身上，就此给事件下一个定论，以上种种，都引起了公众的强烈不满。

事实上，如果上海地铁此时能够理解公众对一个生命消逝的同情心理，换位思考了解媒体和公众需要，公司方面对事件做出表态，快速对危机事件做出反应，承认存在的问题、认真整改、及时抚恤死者家属的话，整体舆论就不会把上海地铁应负有的事故责任部分无限放大，从而对公司的声誉造成严重的负面影响。

当地铁运营发生客伤事件，而责任介乎地铁公司与事故死伤者之间时，地铁公司要避免轻率地对媒体或公众描述事故责任界定以及伤害程度鉴定，此举容易激起公众同情弱者，排斥强者的心理。

遇到此类情况，地铁公司可以考虑采取的措施为：一是主动与死伤者家属通报情况，同时对死伤者家属表示慰问和关怀；二是尽快收集有关事故证据，召开适度的新闻发布会或媒体沟通会，介绍事故发生时的情况，对事故死伤者表示人文关怀；三是出具第三方专业机构，例如安监机构或医院等的事故责任/伤害程度鉴定报告，如果可能的话，向媒体公布事故发生时的监控录像带；四是主动向媒体披露，为避免类似意外的再次发生，地铁公司所计划采取的措施，充分体现地铁公司的专业形象。

在处理整个危机事件的过程中，地铁公司要做到有理有情，有礼有节。

五、案例5：新加坡地铁站乘客坠轨身亡事件

案例回顾

2007年8月7日下午6时30分左右，新加坡淡滨尼地铁站发生一起乘客坠轨事故。死者是一名近50岁的华裔男子，他从月台坠落在西向轨道上，被刚进站的列车撞到，当场死亡。事故导致新加坡淡滨尼与白沙地铁站之间的双向列车服务中断，一直到晚上7时35分才恢复正常。

事故发生后，新加坡地铁公司立刻安排免费巴士接送往返淡滨尼及白沙地铁站的乘客，同时，在接下来的三个工作日期间，给予因地铁服务中断而无法坐完整段车程的乘客进行退款，安排受影响的职员接受心理辅导，协助他们消除内心的阴影，尽快返回工作岗位。

新加坡地铁发言人对外表示，从2004年至2006年10月底，总共发生了53起乘客坠落轨道的事件。这类事故对公司职员心理产生了很大的冲击。尽管地铁列车撞死坠轨乘客，不是列车驾驶员的过失，但有些驾驶员会因此感到很内疚，责怪自己没能及时刹车，避免悲剧的发生。地铁公司把月台上闭路电视录像带交由警方调查。警方把案件列为"非自然死亡"处理。

新加坡主流媒体，包括《海峡时报》《新加坡联合早报》等报道均属中性报道，没有对事

件本身进行评论,却较大篇幅援引地铁公司发言人发出的呼吁外界关注受此事件影响的地铁公司职员的身心健康的呼声。或许是地铁公司发言人的"死者长已矣,生者常戚戚"的舆论引导策略发生效力,公众对此次事故保持静默思考的心态。

案例评析

在本案例中,新加坡地铁公司的表现专业,尤其在舆论导向方面,不仅主动转移媒体和公众的视线,而且公关手法娴熟巧妙,体现高度专业技能。但另一方面,地铁公司缺乏必要的人文关怀,发出"对于此次事件,我们深表遗憾,对于死亡乘客,我们深表同情。新加坡地铁再次呼吁,生命要珍惜,行为要负责!"等类似的声音,在提升或巩固企业声誉方面,未能给自身充分加分。

地铁公司在应对乘客坠轨事件时,有如下经验可以借鉴:

第一,对于乘客身亡事件的性质,地铁公司仅负责把月台上的闭路电视录像交给警方调查,事故的定性权则交由警方,并由警方作为对外发布方,避免了地铁公司内部操纵的嫌疑。

第二,地铁公司发言人避谈事件本身,却呼吁媒体和舆论关注受乘客自杀事件影响的地铁职员的身心健康。这一方面,体现了公司对员工的人文关怀,另一方面,巧妙地把舆论引离乘客死亡事件这个备受外界关注的"暴风眼"。

第三,新加坡地铁为了阻止乘客跳轨轻生的歪风,在软硬件方面都做出了很多的努力。在软件设施方面,于三年内,每年分批派遣地铁站职员到拯救协会受训,学习如何观言察色,辨识哪一些人显露寻死的迹象,然后及时行动,给予他们基本辅导。在硬件设施方面,在所有高架轨道旁,放置四种语言的告示牌:"生命要珍惜,行为要负责",希望这能对有意轻生者起到开解作用。

第四,除新加坡地铁外,国外许多大城市为了预防和阻止类似的自杀案例发生,也设置了一些软性设施,比如日本的地铁和火车站沿站台都放置有镜子,让那些想自杀的人再看看镜中的自己,三思而后行;首尔地铁站每天播放 76 首轻音乐,实施"音乐疗法",目的是抚慰欲自杀者的心灵;加尔各答为了防止地铁自杀,在 17 个地铁站罩播放印度古典音乐,并在宣传画上写下泰戈尔的诗:"生活如此美好,我为什么要选择死亡呢?"

六、案例 6:伦敦地铁爆炸案

案例回顾

2005 年 7 月 7 日上午 8 点 51 分,英国伦敦地铁市中心金融城的罗素广场地铁站和国王十字路地铁站发生连串爆炸事件。根据伦敦警方公布的数字,爆炸造成至少 56 人死亡,700 多人受伤。

8 时 50 分,伦敦地铁发生爆炸案。

8 时 51 分,伦敦交通局的一位新闻官已到达新闻控制中心,并与各个部门联络,通告最新的事态发展情况。

9 时 10 分,伦敦交通局对外事务部门派出其 20 位新闻官中的 6 位,赶赴事发现场,协助地铁公共事务部进行危机公关事件处理,包括协助现场处理和维持现场媒体采访的秩序,14

位新闻官留在总部启动媒体对外联系，其第一家联系的媒体是电台广播。

伦敦消防局的新闻官也分为两组人马，一组驻守在办公室，负责随时和媒体保持电话联络，另一组新闻官则统一穿戴制服，赶赴事发现场，协助地铁有关部门，负责在现场应对媒体。

9时12分，地铁公共事务部负责人与公共危机公关管理小组、政府紧急事务委员会、交通局、市长办公室和内阁办公室有关负责人碰头，各方就相关新闻口径达成一致。

9时16分，伦敦电视台Sky News发布了爆炸的有关情况，并公布爆炸的具体地点。

9时25分，地铁公共事务部对外发布第一份官方声明表示，警察已介入调查。

9时26分，公共危机公关管理小组进行第一次电话会议。

9时30分，伦敦皇家医院（距离事发地点最近的医院），制订危机公关应对计划大纲。

9时40分，地铁对外事务办公室得到来自事发地点的最新的详细情况汇报。

9时45分，地铁控制中心告知其对外事务部，伤亡情况汇报并告知全伦敦医院进入紧急状态。

9时46分，电视台直升机空中现场直播，伤亡人员救出事发地点情况。

10时15分，经多方讨论设立新闻中心，内阁办公室负责整个中心的筹备工作。

11时，内阁办公室设立跨政府部门的新闻办公室——新闻合作中心，负责处理公众咨询服务。在试运作时的5 min之内，就接到200个要求采访的电话。

12时00分，地铁对外事务部对外澄清，有四次爆炸，而非此前宣布的六次爆炸。

12时25分，媒体方面被允许对现场进行拍摄，但要对血腥镜头进行处理。

13时，新闻合作中心正式运作。同时，报摊已开始销售报道了伦敦地铁爆炸案的报纸。

15时，政府紧急事务委员会和交通局在新闻合作中心举行联合新闻发布会。

15时50分，伦敦当局授权伦敦地铁向媒体宣布，此次爆炸与恐怖袭击有关。

在爆炸发生后，伦敦市公共危机公关管理小组"Gold Communications Group"迅速建立了一个家庭联络中心，为有需要的伦敦市民联络失散的亲人；政府临时设置一处灵堂，为伦敦市民举行集体追思会，悼念在爆炸案中丧生的受害者。

爆炸案发生45 min后，伦敦地铁公共事务部发布第一份官方声明，告知公众地铁内发生爆炸，警方已介入调查，并提醒公众注意收听广播和电视；当天上午12时，地铁对外事务部对外澄清，有四次爆炸，而非此前宣布的六次爆炸；当天下午15时50分，伦敦当局授权伦敦地铁向媒体公布，此次爆炸与恐怖袭击有关。

爆炸案发生后，经过几小时的全面封闭，当天下午，伦敦地铁即实现部分运营。7月8日早晨，13条地铁线路中有5条已经全部恢复运营，另外4条则是部分恢复运营，7日遭到爆炸袭击的4条线路仍然关闭修整。同时，伦敦的大批警察进驻伦敦地铁站。

英国媒体在这次危机事件中表现了很高的素质。英国各媒体几乎都刊登和播报各色人种、各种宗教背景的受害者头像，目的是告诫公众，恐怖袭击者的目的是离间文明社会的和谐共存，让人人自危、彼此怀疑，因此呼吁公众保持冷静，应更好地与身边的朋友、邻居、同事保持沟通，彼此尊重，互相理解，从而能够很好地化解种族之间或者民族之间的矛盾，共同度过这个危机时刻。

公众的恐慌情绪仅仅持续了很短的一个时间段，就恢复了平静。由于政府和媒体的正确引导，使公众在危机面前很快就消除了恐惧感，表现出超常的冷静和团结，不同宗教信仰和文化背景的人们之间没有筑起怀疑和误解的高墙，相反，比往常更加互相关心。一度被迫关闭的伦敦金融城的交易也很快恢复，社会秩序井然。

案例评析

虽然伦敦地铁爆炸案的性质已经上升到国家安全危机层面，且整个危机公关管理也上升到由政府危机公关小组牵头进行，但伦敦地铁展现了其危机公关方面的重要作用，包括通过媒体积极表态，争取政府授权发表声明，积极配合政府危机公关小组应对媒体等，这为伦敦地铁尽快恢复公司声誉和重塑公司形象都起到积极作用，同时也体现了伦敦地铁公司完善的危机公关管理机制，及危机公关管理小组人员高度专业和高度负责的精神。

地铁和所有公交系统一样，是最容易遭受袭击的对象之一。当地铁遭遇恐怖袭击而转变为国家安全危机事件时，由地区乃至国家政府部门启动应急预案，地铁公司的角色则转变为积极协助政府危机公关领导小组化解危机的辅助机构之一。地铁公司要做到既能与政府相关部门开展协同合作，同时又能保持自身运作的独立性。

本案例给地铁公司的借鉴经验有以下几点。

第一，保持积极投入，勇于应对危机的态度。由于危机公关事件发生在地铁范围内，因此地铁公司应该以积极投入的态度应对危机，启动相关应急预案，地铁工作人员更需拿出比平时强百倍的信心、耐心、热情以及精湛的服务技术，提供更多的人道主义救援，对死者家属/伤者体现更细致入微的人文关怀，尽最大努力争取在最短时间内引导市民走出危机的困境。

第二，与政府密切配合，掌握危机传播信息的主动权。地铁公司要与相关政府救助部门紧密合作，密切沟通，联动作战，地铁公司要增派更多的人力物力支援，积极主动寻求政府机构支持和支援，地铁公司良好的企业形象，将通过与政府有关部门共同应对危机事件，而得到提升或巩固。要注意避免信息传播的不畅通，及由于部门间的分歧而导致信息发布混乱，甚至自相矛盾的情况出现。地铁公司和政府机构从一开始就要掌握危机传播信息的主动权，媒体作为同政府、公众、企业共同架构起的互动系统，成为危机公关管理体系中不可或缺的一部分。当危机发生时，积极主动的媒体危机事件报道策略可以从很大程度上帮助企业和政府处理公共危机。

第三，加强与媒体的沟通和联系，选择最高效的媒体发布信息。在危机发生后，比如伦敦爆炸事件发生后，第一选择发布的媒体是电台，而非大家通常想象的平面媒体、网络和电视媒体，原因在于：一是爆炸的时间是在上班时刻，很多群众是自己开车，开车的人习惯听收音机，这样可以让上班族第一时间知道发生了什么事，减少因猜测带来的恐慌；二是电台媒体可以一拿到官方新闻稿，就能很快把新闻公布出去，相反，平面媒体和电视媒体需要相当长的制作时间，不能及时传递新闻；而在上班的时段，网络媒体反而不如电台受众多。

第四，组建高效的危机公关团队。伦敦城市公共危机公关管理小组其重要使命是在发生公共危机事件时，负责起整个危机公关工作。该机构由伦敦警察署公共事务部主管任主席，组员构成包括伦敦交通局属下的地铁司高级代表、市长办公室、伦敦市政府紧急事务委员会。平时各成员机构各司各职，一旦伦敦发生重大公共安全危机事件，这个机构就会立即运作起来，事实证明，在重大公共危机事件发生时，高效默契的跨部门危机公关合作，对于稳定公众的情绪，遏止危机事态的继续蔓延，起着极其重要的作用。对地铁公司而言，关键在于伦敦城市公共危机公关管理小组将自己列入成员之一，这样有利于地铁公司开展跨部门的政府合作。

【拓展知识】

新媒体语境下的危机传播与应对策略——以"9·27"上海地铁事故为例

2011年9月27日的14点30分左右，上海地铁10号线发生了追尾事故，有200多名乘客受伤。在"7·23"温州动车事故的舆论尚未平息之时，上海地铁事故又再一次把了民众的注意力引向了对公共交通安全问题的担忧。此次危机事件的传播，表现出新媒体时代的鲜明特点；此次危机事件的应对，地铁运营方在应对态度、信息公开、新媒体的运用等方面的表现都可圈可点。

一、自媒体发力——网友微博提供信息源

随着新媒体技术的发展，信息发布不再是政府、组织和传统媒体的特权。微博、博客、播客、个人空间等赋予了公众个人通过新媒体来平等地获取和传播信息的权利。原先处于被动接受者地位的公众参与到了新闻制作和传播的过程中来，把所见所闻所感用文字声音或者是图像的方式记录下来，表达出来，信息来源的方式和手段变得更加丰富和多样化了。自媒体语境下，全民微博带来了大范围并且迅速的全民围观，政府或企业已经很难再掩盖新闻事实。和温州动车事故的传播一样，地铁事故发生后，最初的报道是由事故列车上的网友自发通过微博进行发布的。危机事件发生的那一刻，每一个身处新闻现场的当事人都化身成为了媒体记者，任何一个身处现场的微博用户都可以使用手机终端第一时间进行信息发布。同时，因为微博有实时信息更新功能，每时每刻微博使用者所发布的信息会第一时间出现在即时信息更新一栏，被其他的微博用户接收。当突发公共事件发生时，信息本身具有极大的新闻性，比较容易被微博用户关注，易于迅速形成规模效应，第一时间发挥信息在突发公共事件中的作用。但是这次和之前的动车事故相比表现出一些新的特点。一些网友表现出了较高的新闻素养：一方面除了迅速发布主要新闻事件之外，还@了新闻媒体和粉丝数量众多、影响力较大的意见领袖，迅速扩大了传播效果；另一方面一些网友还为新闻配发了有较大冲击力的现场图片，"有图有真相"，直观报道了现场的详细情况和事件的进程。

二、微博成为传统媒体战场

对于传统媒体而言，新媒体技术的发展拓展了其信息来源以及信息发布的途径。微博时代，传统媒体也纷纷抢占微博市场。除了媒体自身为了抢占报道先机抢头条，媒体的官方微博也纷纷加入到了争抢微博报道先机和从微博中寻找新闻点的行列中。在上海地铁追尾事故中，东方早报和新民晚报的微博是较早发布事故报道的媒体微博。笔者观察到的一个比较特别的现象是，东方早报官方微博关于此事的报道，是通过手机发布的。时效性是新闻媒体的生命，在新媒体时代，一切可能简化传播流程的传播工具都被用来使得传播更为便捷速度。

三、官方微博把握话语权——发布权威信息及时、透明

新媒体平台上发布的新闻主要来自于非专业媒体的公众，虽然有助于信息来源多样化，

满足公众知情权，但是也会出现滥用话语权、散步谣言等现象。危机本身就很能引起恐慌和不安，而新媒体对不良、失实信息的传播，更有可能会在危机时刻造成信息失控，加剧危机的严重程度。

相对于温州铁路事故处理事故遮遮掩掩的态度，上海地铁官方对此次的事故应对表现出了较为开明和开放的特点。在上海地铁事故发生后，上海地铁的官方微博在事故发生的四十分钟后积极运用新媒体，发布了确认地铁发生事故的第一条官方消息。在突发事件的始发阶段，给公众提供了官方的真实的信息，在很大程度上满足了处于慌乱和猜测中公众的信息饥渴，也遏制了流言、谣言的传播，避免恐慌不安等负面舆论的导向。

自事故发生至9月28日夜，官方微博更新频繁，多达200余条的更民对官方微博的信赖感加强，并密切关注官方微博的一举一动。上海地铁运营方化被动为主动，抢占舆论制高点，运用新媒体的信息发布平台为自己取得了正面形象也把握了话语权。

四、舆论的胜利——进程监督与推动

广大微博用户打破了传统媒体对信息的垄断和舆论的控制格局，使得传播过程中的传受双方变得更加自由和平等，公众拥有了更多自主发表言论的机会。这样的互动式交流不仅能够充分反映来自社会各方的愿望、意见和呼声，而且有利于社会舆论的引导和监督。

在上海地铁官方微博发布的第一条关于事故的微博中，使用了"碰擦"一词作为定语来形容此次事故。由于用词欠妥，该微博被大量转发并遭到微博网友的质疑和反对。上海地铁的运营方获得负面评论的反馈后，于16分钟后迅速调整用词，发布了第二条官方微博，将碰擦改为追尾。因为新媒体互动性良好和反馈及时的优势，上海地铁运营方迅速反应及时采取措施，将碰擦更改为追尾。

同样，地铁方面在抢修5个小时后宣布恢复通车的微博也遭到广大网友的一致批评。经过任志强等意见领袖的评论转发后更是形成了巨大的舆论场。随后地铁运营方便微博宣布10号线暂停通车彻底检修。

这是舆论的胜利，也是新媒体的胜利，从另一方面来说，地铁运营方以一种敢于面对问题、知错就改的态度赢得了公众的好感，也是一次危机应对的胜利。

五、官方微博致歉体现人文关怀

在事故发生两个多小时后，上海地铁运营方发布了反复修改措辞的道歉微博，因为用词真诚、态度恳切，被许多网友肯定道："像人一样说话，不说官话""感到了一种人性化的新鲜感"。上海地铁运营方充满人文关怀的这一做法是值得肯定的。突发事件中的人文关怀主要体现在是否关注灾难事件中的生命个体，引发人们的同情和关注；是否弘扬灾难中人性善良的一面，批判人性中丑恶残酷和冷漠；是否提供人性化的救助、服务信息。道歉体现的是对事故的一种诚恳态度。正因为道歉常常是责任方勇于承担责任、使事情向好的方向转化的起点，所以道歉也经常被用于危机公关之中，试图以诚恳态度赢得公众的好感和谅解。尽管上海地铁的道歉微博，由一开始的真诚人性化，到后来暴露出来的技术性和舆论引导的目的性使得公众发现了仅仅是作为一种危机公关手段的道歉。虽然手法略显生硬，但是此举也一定程度地起到了转移公众注意力的作用。取得了不错的效果。舆论普遍对上海地铁方面事故应对态度提出赞誉，认为上海地铁方面第一时间迅速致歉的态度值得嘉许，给事故的调查、解决赢得了舆论空间。

> 在新媒体环境下，危机的传播展现出前所未有的新特点，面对新情况和新问题，政府、企业或组织要积极和新媒体合作，一方面可以通过新媒体为公众提供有关危机治理的最新政策措施，争取信息的公开透明并迅速作出反应，使危机事件信息和主流意见在最短时间内覆盖全社会的公众，主动引导舆论，消除流言；另一方面可以获得公众的最新反馈信息，加大与公众的沟通，及时调整危机管理策略，提升危机管理的效力。

实训项目一：城市轨道交通危机处理案例分析

一、实训目的与要求

通过典型案例学会城市轨道交通危机的处理方法，当在实际工作中遇到影响城市轨道交通企业形象的危机事件时能够恰当的处理，能够根据自己所在的岗位职责，快速反应，将危机事件影响降低到最小。

要求能够收集城市轨道交通运营事件案例，对涉及地铁的新闻事件能够及时关注，并分析提出自己的处理方案。

二、实训内容、步骤与方法

1、选择近三年所在城市新闻报道过的地铁运营中的危机事件，开展危机分析，撰写事件分析报告，主要包括该事件的发生过程、该事件的社会影响、该事件涉及的相关人员处理方式、该事件的经验教训，防范措施等；

2、分别站在乘客、当事人、工作人员、新闻媒体、政府部门的角度，分析各自对该事件的看法和立场。

三、考核要求

1、选择的案例具有代表性，是近年发生的真实案例，要求详细了解案例发生的整个过程和相关报道；

2、按实训内容要求撰写危机处理分析报告，要求内容全面，能有借鉴意义。

3、提交报告 word 文本，文本要求格式规范，字数 2000 字以上。

4、以个人为单位，单独完成。

四、思考总结

1、城市轨道交通危机的特征是什么？
2、城市轨道交通危机的类型是什么？
3、城市轨道交通运营危机公关管理构成要素有哪些？

实训项目二：新媒体在城市轨道交通危机处理的应用分析

一、实训目的与要求

随着微博、微信等新媒体的出现，各行各业，无论是政府机关、企事业单位还是个人，日益暴露在媒体的聚光灯下，公共危机事件往往会被放大甚至产生诸多不良后果。因此在新媒体环境下如何避免公关危机的出现及危机出现时如何进行应对是摆在企业、政府、团体面前的一道必须面对、解决的难题。当前，很多城市的地铁进入多线建设和多线运营局面，地铁建设对城市交通、城市环境、居民生活带来的影响，地铁运营对市民出行带来的快捷和舒适同时冲击了各阶层，当中若出现突发危机事件处理不当，将会给正在修建中的地铁工程以及已经运行的地铁线路带来极大的阻碍。

本实训要求能够认识各新媒体的传播特征，并提出如何发挥新媒体的正面作用，争取处理地铁运营危机事件。

二、实训内容、步骤与方法

1、调研分析当前主流的新媒体有哪些，分析各自的优势和特点，并举例说明其在危机事件传播中的影响。

2、以微信空间、微信公众号、手机 APP、小程序为例，说明如何利用这些新媒体处理地铁运营危机，开展地铁品牌宣传和形象维护。

3、2017 年 5 月 6 日下午，广州地铁六号线区庄站，一名 72 岁女乘客下车时踏空，脚被夹在站台与车体之间的缝隙中，最后工作人员和乘客一起成功救出。请根据这一事件写一篇微信小短文，主要消除乘客乘坐地铁安全顾虑，倡导安全乘车，200 字左右，图文并茂。

三、考核要求

1、对近年运用较为广泛的新媒体形式进行调查，分析各自的特点，并结合地铁运营说明如何应用；

2、按实训内容要求撰写新媒体在城市轨道交通危机处理的应用分析调查研究报告。

3、按实训内容要求提交微信小推文 word 文本，图文并茂，主题突出，字数 200 字左右。

4、以个人为单位，单独完成。

四、思考总结

1、微博在突发事件传递中的作用和效果？

2、哪些城市的地铁有微信公众号？使用效果如何？

3、目前哪些城市的地铁推出了手机 APP 终端，分别是什么 APP，效果如何？

参考文献

[1] 赵龙. 轨道交通危机管理在武汉地铁运营中的应用研究[D]. 福建师范大学，2014.

[2] 尹玉龙. 地铁车站超大客流流线设计与优化[D]. 西南交通大学，2013.

[3] 王帅. 新媒体语境下的危机传播与应对策略——以"9.27"上海地铁事故为例[J]. 经营管理者，2012，（17）：26. [2017-08-18].

[4] 李朴. 城市轨道交通运营网络客流分布特性及客流拥堵传播规律研究[D]. 北京交通大学，2012.

[5] 张成. 城市轨道交通客流特征分析[D]. 西南交通大学，2006.

[6] 陈艳艳. 地铁运营危机公关管理分析[D]. 中山大学，2008.

[7] 姚世峰. 公共关系危机管理在广州地铁的应用研究[D]. 中山大学，2008.

[8] 广州地铁培训部. 站务员应急处理[M]. 广州地铁，2016.

[9] 广州地铁培训部. 站务员客运组织[M]. 广州地铁，2016.

[10] 陈尚云. 我国特大城市客运交通系统结构和发展战略研究[D]西南交通大学，2004.

[11] 马杰. 城市轨道交通车站通行设施通过能力研究[D]. 北京交通大学，2010.

[12] 冉晓夕. 突发大客流城市轨道交通运营组织研究[D]. 西南交通大学，2014.